不急不吼 儿童时间管理全书

周圣超 ◎ 编著

清华大学出版社
北京

内 容 简 介

本书作者为儿童时间管理特训营导师，曾以"儿童时间""少年领袖"为主题，在线下开办了300多场特训营，与6万个家庭共同成长，深知儿童和青少年在时间管理方面存在的各种问题，并在书中以108招的方式，分享提升效率的方法。

本书从孩子心理、做事拖拉、时间管理、父母智慧、亲子沟通、做事效率、劳逸结合和重点疑难答惑等11个方面深入展开，内容丰富，可操作性强，适合想让孩子提高效率的父母，以及教师、咨询师等陪伴孩子成长的相关人员参阅。

本书封面贴有清华大学出版社防伪标签，无标签者不得销售。
版权所有，侵权必究。举报：010-62782989，beiqinquan@tup.tsinghua.edu.cn。

图书在版编目(CIP)数据

不急不吼：儿童时间管理全书/周圣超编著. —北京：清华大学出版社，2020.9
ISBN 978-7-302-56412-6

Ⅰ.①不… Ⅱ.①周… Ⅲ.①时间—管理—儿童教育—家庭教育 Ⅳ.①C935 ②G782

中国版本图书馆CIP数据核字(2020)第170385号

责任编辑：张　瑜
封面设计：李　坤
责任校对：王明明
责任印制：宋　林

出版发行：清华大学出版社
网　　址：http://www.tup.com.cn, http://www.wqbook.com
地　　址：北京清华大学学研大厦A座　　邮　编：100084
社 总 机：010-62770175　　邮　购：010-62786544
投稿与读者服务：010-62776969, c-service@tup.tsinghua.edu.cn
质量反馈：010-62772015, zhiliang@tup.tsinghua.edu.cn

印 装 者：三河市龙大印装有限公司
经　　销：全国新华书店
开　　本：170mm×240mm　　印　张：14.75　　字　数：350千字
版　　次：2020年11月第1版　　印　次：2020年11月第1次印刷
定　　价：59.80元

产品编号：044786-01

自序
让孩子更加优秀

我的人生中有很多梦想，不过从事教育行业是我一开始就没有想过的事情。回想这十年，源于自我教育和人的思考洞见，我认为做教育是一件伟大的事情，也是一件不容易的事情，这关乎我们每一个人一生的命运，关乎每一个孩子的命运，关乎每一个家庭的幸福美好，从而关乎着一个国家和一个民族的未来发展。

天生我材必有用，每个人都有自己的天赋和才华，发挥每个孩子的天赋和才华才是培养一个孩子最大的捷径，所以我开启了时间管理、少年领袖特训营的课程，连接世界一切可用资源，旨在感知、发现、开启孩子的天赋和才华，训练孩子持续成长的能力和本事。

每个父母都爱孩子，但很多父母的爱和教育却是分开的，而且容易走极端。爱的时候，想把整个世界搬到孩子面前，对孩子千依百顺，甚至超前满足以显示自己对孩子的爱。教育起来的时候，又肆意打骂，并且美其名曰爱孩子才严格要求，实则是家长没有自我学习、自我提升，没有找到教育孩子的真正方法，以简单粗暴的打骂代替教育。这样的"严厉"不仅不能培养出优秀的孩子，还将对孩子的内心造成极大的伤害。

当家庭教育出现问题时，绝大部分父母都把矛头指向了孩子，并为其加上一堆让自己难过、让孩子痛苦的"罪名"，却很少自我思考和角色换位，缺少分析问题和解决问题的智慧。

而孩子的培养和成长更需要正确的方向和正确的方法，比如：父母如何在孩子教育中不急不吼，掌握科学有效的方式方法？如何在孩子的培养过程中做好时间管理？如何有技巧有方法地面对孩子教育中遇到的各种棘手的难题？

本书就能帮父母排忧解难。在书中我特意挑选了一部分当下家庭教育面临的共性难题给予剖析讲解。本书针对孩子心理、做事拖拉、时间管理、父母智慧、亲子沟通、做事效率、劳逸结合和重点疑难答惑等方面，通过一系列科学的理念和方法以及一个个经典的案例，为父母提供了行之有效的育子之道。概括来说，本书重点为父母们提出了五大内容。

内容一　找出问题的真相

寻根问底，探其究竟，为什么孩子做事情磨磨蹭蹭？为什么孩子时间观念不强？为什么亲子关系不好？……这一系列问题的背后真相我帮助大家逐一破解。

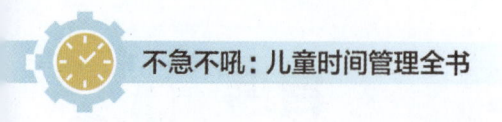

内容二　做一流的智慧父母

每个孩子获取的成长能量是不同的，这直接决定了孩子的人生高度。托尔斯泰曾经说过：全部教育，或者说千分之九百九十九的教育都归结到榜样上，归结到父母的智慧上，归结到父母自己的端正和完善上。真正的教育，从来不是一蹴而就的成功，而是一段春风化雨的过程，学家庭教育，做精英父母。

内容三　亲密的亲子关系

孩子从出生开始就需要一个对他来说有重要意义的人关心他、帮助他，而父母就起到了帮助者的作用。父母经常注意孩子的心理变化及需求，在孩子需要帮助的时候，能够及时出现在孩子身边，帮助孩子解决问题。

内容四　提高做事效率

合理地安排时间，会让孩子做事更有效率，也会让孩子有更多的自我空间。时间是生命的成本，帮助孩子快速学会合理安排时间是孩子提高效能的关键内容。

内容五　关于百问百答

在孩子成长的过程中，有许许多多的"为什么""如何""怎么办"困扰着父母，孩子们的成长和对外在世界的感知能力已远远超出父母们的想象。为此，我们在"生命惊喜"线上系统中特别准备了家庭教育的百问百答栏目，有上百个关于孩子教育问题的疑难答惑，真正帮助父母排忧解难。

最大的智慧都在人世，你需要做的就是行走于人世间，在人与人（人与书）的碰撞中发现解决问题的思想和方式。我知道这是不容易的，因此我把学习成长和帮扶贡献当成我修行的法门，把遇见生命中出现的每个人当成提升爱的等级，把做每件事情用来提升自己的智慧。

这本书很难说是我人生的经典，祈愿这本书带给您新的思考和感悟，我也邀请您把学习到的美好瞬间记录下来，分享给更多人。

做好孩子的时间管理，让我们的孩子更加优秀，活得更加精彩！

编者

是自我安慰："孩子还没到承受这些压力的年纪。"父母之所以产生这样的想法，完全是因为他们只站在自己的角度揣摩孩子，而没有站在孩子的角度去思考问题，没有为孩子未来的成长做考虑。

我清楚记得有一首民谣是这么唱的："安安七岁在绿林，周瑜九岁去带兵。甘罗十二为丞相，解缙十四入朝门。"除此之外，我们还可以从历史或电视资料里了解到康熙八岁登基临朝，十四岁亲政智擒鳌拜。从这些例子里不难发现，年龄太小并不是孩子不能独自面对苦难和挫折的原因。

根据清朝宫廷资料记载，清朝很注重皇子的教育，哪怕已是弱冠之年，在没有通过皇帝的考验之前，皇子也是没有任何爵位的，只能跟着老师一起读书。

而相反的例子是，李氏朝鲜时期，英祖立刚出生不久的李愃为世子，并从小对他进行严格而全面的君王教育，对世子有极高的期待，要求他在人格和政治上做到完美无缺，成为一代明君。然而讽刺的是，年纪轻轻的世子无法承受这种巨大的压力，开始出现精神问题；加之皇宫侍女等人的宠溺，导致学业荒废，与父亲英祖产生冲突，最终被英祖关进米柜，活活饿死。

看完以上两则历史故事，笔者相信很多父母都会感慨万千。可以这么说，处于青少年时期的孩子就是一根橡皮筋，他们既不是什么挫折都不敢面对，也不是什么压力也无法承受。他们的承受能力是有一定范围的，如果外界压力过大或者父母用力过猛，橡皮筋就会崩断，导致孩子最终像朝鲜李愃世子一样，精神崩溃，出现严重的心理疾病。

2 孩子能力不够

父母除了会担心孩子年龄太小外，还会担心孩子的能力。如果父母没有深入了解过自己的孩子，就会过分高估或低估孩子的能力。

笔者就见过一些父母高估孩子能力或者对孩子期望值太高，而导致孩子患上抑郁症；笔者还见过一些父母低估自己孩子的能力，认为孩子这也干不了，那也干不成，久而久之孩子内心就会自卑，认为自己差人一等，不敢大胆尝试，不敢主动与人交流，甚至无法真正融入一个集体。

记得有老师做过一个小调查，调查对象是小学生，他发现偌大一个班集体，竟然只有寥寥数人会系鞋带。这些不会自己系鞋带的孩子当然是父母"教育"的结果，是父母不相信孩子能力而导致的问题。

我相信，父母在生活中有过这样的经历：孩子可能会主动提出自己煮菜做饭，或者提出自己独自打扫、整理房间，抑或是提出自己乘车去外婆家……当孩子提出这些请求时，有些父母会犹豫，有些父母则断然拒绝。

在笔者看来，父母正确的做法是在考虑方案可行性之后，同意孩子的请求，并对孩子做出相应的监督，等孩子相对熟练后，就可以彻底放心地让孩子独立完成这些事情。

002 故意拖拉磨蹭

有些父母发现自己孩子干什么事都拖拉磨蹭后，就对我抱怨："我家孩子干什么都磨磨唧唧，老师你有什么方法提高他的效率？"每当我遇到这种问题，都会先对孩子的状况作出判断，提出相对应的建议。

根据笔者的经验，一般先会观察孩子到底是故意拖拉磨蹭，还是由于专注能力不强、慢性子、对事情提不起兴趣等一般原因导致的拖拉。如果是后者，笔者会在下文进行详细讲解，这里先来稍微了解一下前者：

晓晓和涛涛是邻居，两人在同一个中学上学，每天清晨，一辆黄色的校车会停在小区门口来接他们。晓晓妈妈和涛涛妈妈每天都会做好早餐，把他们送到小区门口，目送他们上校车，直到校车在前面巷子口拐弯消失，才放心地回到家里收拾餐具，准备上班。

不过，晓晓妈妈和我反馈说："晓晓虽然和涛涛差不多都是7点30分去小区门口等校车，但是晓晓这孩子懒散磨蹭，闹钟响了三遍他都不起床，到7点20多才爬下床，晃晃荡荡地走进卫生间洗漱。而且他脾气倔，不能催他，你越催他越磨蹭。更令我气愤的是，人家涛涛会提前打卡进学校，他偏偏要在学校门口买各种零食，磨磨蹭蹭到晨读课铃响起，才慢悠悠地走进教室。"

米兰·昆德拉在《生命中不能承受之轻》一书中提到："负担越重，我们的生命就越贴近大地，它就越真切实在。"如图1-2所示，这本20世纪八九十年代风靡全国的书所要表达的主旨可以简单地概括为：人生需要沉重的负担才能真切地感受生命的存在和意义，如果生命所承担的东西太轻，那么就会感觉自己的人生轻飘飘的，失去了意义。

父母对孩子的教育也是一样，需要一张一弛，既要给孩子施加适当的压力，又要给孩子适当的喘息时间。

经笔者的观察，晓晓出现这样的情况是因为压力过大：晓晓妈妈给他很多压力，期中期末考试每门功课必须达到多少分以上，全校排名必须多少名以上，晓晓达不到预期就会受到责骂。正是由于这种压力，才让晓晓产生了叛逆心理，做事故意拖拖拉拉。

图1-2 《生命中不能承受之轻》

孩子在对应的年龄阶段，有自己做事的方式和逻辑，父母如果不了解孩子，像晓晓妈妈一样盲目地对孩子提过高的要求，矫枉过正，就会导致孩子产生逆反心理，做事情故意拖拉磨蹭。

003 孩子思想松懈

笔者接触过很多非故意拖拉磨蹭的孩子，他们出现这种问题的首要原因是思想松懈。思想松懈的原因主要有两种，分别是注意力不集中和缺乏兴趣。

1 注意力不集中

《世说新语》我相信大家都听说过，这里将南朝宋刘义庆《世说新语》里的一个小故事作为引子。故事是这样的：

管宁和华歆共同在菜园中为菜锄草，他们看见地上有一片金，管宁继续挥动锄头，跟看见瓦砾石块没有什么区别，华歆却立马捡起金片，在瞥见管宁脸色后才丢弃了金片。

还有一次，他们一起坐在同一张席子上读书，刚好有一乘华丽的马车从门前经过，管宁看到后依然正襟危坐地读书，而华歆却立马丢弃书卷，跑出去围观马车去了。管宁就割断席子，对华歆说："你不是我朋友了。"

——笔者译自《世说新语》

这个故事就是著名的"管宁割席"。在这个故事里，管宁因为华歆注意力不集中和贪慕虚荣而割席断义。父母们也可以从故事中得到启发，注意培养孩子的专注力，做事情要有始有终，决不能让孩子对待事情"三分钟热度""心血来潮"或者"三天打鱼两天晒网"。

下面来看一个具体案例：

晓晓妈妈虽然工作很忙，但是十分关注孩子的学习，除了在学习上严格要求晓晓之外，还会亲自盯着他完成家庭作业。甚至她会忙里偷闲，找个机会去学校，在教室窗口观察晓晓的听课情况。

晓晓妈妈对我说，她不止一次看见晓晓上课时无法集中注意力，听课的时候不是东摸西看，就是摇头晃脑。甚至做笔记时不是在玩橡皮，就是咬笔筒、转笔头。

晓晓这种情形是最典型的注意力不集中的案例。我培训青少年这么多年，很多家长向我诉苦的内容都是关于孩子注意力不集中。像晓晓这种注意力不集中的情况不仅会影响他的学习成绩，日后可能还会影响他的日常生活。

2 缺乏兴趣

俗话说："兴趣是最好的老师。"兴趣能够促使孩子主动去学习或领会一件事，它是孩子成长过程中最大的助力。

很多父母都会抱怨自己的孩子对手机游戏着迷，一玩就是几个小时，甚至晚上还躲在被窝里偷偷拿手机打游戏。而一提到作业和学习，孩子立马就蔫头耷脑，跟泄了气的皮球一样，根本提不起任何兴趣。

下面我以涛涛的案例来分析：

涛涛可以说是一个文静而又听话的好孩子，小学成绩非常优秀，经常名列前茅。到了初中之后，他的成绩开始下滑，涛涛妈妈用了很长时间才找到原因，原来上初中之后，老师的授课方式改变了，更多要靠自主学习。于是，涛涛对学习慢慢地失去了兴趣，心思开始不在学习上了。

与此同时，涛涛妈妈发现，涛涛虽然对学习提不起兴趣，但是对动漫、言情小说这类东西却很感兴趣。

孩子天性爱玩，这是不能强行去改变的，鲁迅先生就说过："游戏是儿童最正当的行为，玩具是儿童的天使。"孩子在玩的过程中，可以发挥他们天马行空的想象力，获得无可比拟的乐趣。

因此，在辅导孩子学习的过程中：父母必须摒弃那种呆板的填鸭式教学，寓教于乐，将孩子的兴趣和学习结合起来，让知识更加生动起来，充分调动孩子学习的积极性。

笔者可以更直截了当地告诉父母们：在学习和辅导过程中，要让孩子感觉学习并不是枯燥乏味，而是充满乐趣的。"纸上得来终觉浅，绝知此事要躬行。"这种寓教于乐的学习方法并不是那么容易就能实现的，它需要父母根据孩子的特性，调整学习的技巧，此外还需要父母有足够的耐心和信心。

004 时间观念薄弱

"一寸光阴一寸金，寸金难买寸光阴""子在川上曰，逝者如斯夫，不舍昼夜""人生在世如白驹过隙，忽然而已""莫等闲，白了少年头，空悲切"……古人这些发自肺腑的名言，至今读起来都能让我们心头一紧，感受到时间的重要性。

我们小时候也和孩子一样，懵懵懂懂，无知无畏，不知天高地厚，不明白时间是什么东西，只知道太阳落山了，还会有太阳升起的早晨；燕子飞走了，还会有飞回来的时候；枫叶红了，还会有重新长出青叶的时候……甚至在这个时候，我们感觉到这个世界是循环的，一切逝去的东西都有重新回归的时候。

直到年纪稍大，看到风筝脱手直入云霄，却再也看不到风筝再次落回来的时候；

CONTENTS 目录

第1章 破解原因，10招找出磨叽的根源 ... 1
- 001 年龄能力较小 ... 2
- 002 故意拖拉磨蹭 ... 4
- 003 孩子思想松懈 ... 5
- 004 时间观念薄弱 ... 6
- 005 过于催促责骂 ... 8
- 006 任务枯燥繁重 ... 10
- 007 父母包办过度 ... 11
- 008 父母焦虑投射 ... 13
- 009 缺乏学习榜样 ... 15
- 010 长辈思想不一 ... 17

第2章 揭秘真相，8招了解时间管理 ... 23
- 011 时间管理概念 ... 24
- 012 时间管理历史 ... 26
- 013 时间管理方法 ... 29
- 014 时间管理表现 ... 30
- 015 时间管理金律 ... 31
- 016 四象限法则 ... 33
- 017 儿童时间心理 ... 36
- 018 时间管理软件 ... 37

第3章 反思自己，10招做好聪明父母 ... 45
- 019 制作孩子档案 ... 46
- 020 父母自我检测 ... 48
- 021 主动释放压力 ... 50
- 022 学会控制情绪 ... 53
- 023 心智思维成熟 ... 55
- 024 新型思维养成 ... 57
- 025 了解孩子秘密 ... 60
- 026 心里父母画像 ... 61
- 027 儿童习惯测试 ... 62

| 028 | 时间观念测试 | 66 |

第4章 与其交好，12招就能推心置腹 69

029	学会平等尊重	70
030	确立独立人格	74
031	学会换位思考	74
032	树立孩子自信	77
033	懂得倾听心事	78
034	注意沟通方式	80
035	分阶段了解孩子	81
036	不与别人比较	82
037	父母以身作则	83
038	引导比包办重要	84
039	"禁果"要正确引导	85
040	恩威并施教育	87

第5章 分清阶段，10招梳理孩子的时间观念 89

041	掌握年龄阶段	90
042	告诉孩子时光如流水	90
043	制作时间档案	92
044	时间感知训练	93
045	确定训练目标	95
046	让孩子自己管理时间	97
047	培养自主时间管理的热情	98
048	化繁为简，层层递进	99
049	建立时间观念	100
050	短期时间管理流程	101

第6章 克服缓慢，10招提高做事速度 107

051	制定明确目标	108
052	适当进行比赛	110
053	采用计数督促	111
054	培养高效率习惯	112
055	制作任务表格	114

056	制作优点清单	116
057	红星奖励制度	117
058	制定时间表格	119
059	制定礼物清单	120
060	适当惩罚强化	126

第7章 克服粗心，10招增强做事准确性 ... 129

061	让孩子自愿多做事	130
062	学会鼓励孩子	133
063	目标要适度	134
064	制作粗心集	135
065	养成检查习惯	139
066	寻找粗心根源	141
067	三思而后行	143
068	重视所做事情	144
069	训练孩子的注意力	145
070	保持适度的紧张情绪	146

第8章 克服懒散，10招提升做事效率 ... 149

071	以故事为引导	150
072	保持心情愉快	151
073	激发学习兴趣	153
074	提高挑战意识	154
075	分清事情主次	155
076	从小事做起	159
077	纠正"双重标准"	160
078	适时调整红星表	162
079	制定黑星对照表	164
080	成绩管理法	167

第9章 学会管理，10招提高孩子自控力 ... 169

081	讲解情绪链	170
082	提前打好预防针	173
083	情绪合理宣泄	174

- 084 兴趣吸引法 ... 177
- 085 自控力测试 ... 179
- 086 游戏辅助培养 ... 181
- 087 矫正孩子的行为 ... 183
- 088 给孩子立规矩 ... 186
- 089 有效的惩罚方式 ... 189
- 090 科学的教育方式 ... 190

第10章 劳逸结合，10招让孩子更会学习 ... 193

- 091 番茄工作法 ... 194
- 092 激发孩子的竞争意识 ... 197
- 093 制造生动的课堂 ... 199
- 094 克服"拖延症" ... 200
- 095 学会科学用脑 ... 203
- 096 学会消除疲劳 ... 204
- 097 作息时间科学 ... 207
- 098 合理安排周末时间 ... 209
- 099 合理使用电子产品 ... 210
- 100 运动释放压力 ... 213

第11章 答疑解惑，8个妙招解决问题 ... 215

- 101 孩子蛮不讲理怎么办 ... 216
- 102 长辈过于干预怎么办 ... 217
- 103 孩子不按表格执行任务怎么办 ... 218
- 104 孩子黑星多于红星怎么办 ... 220
- 105 孩子太小听不进话怎么办 ... 221
- 106 孩子忘性太大忘记时间表怎么办 ... 222
- 107 孩子注意力太弱总是分心怎么办 ... 223
- 108 明明任务很少孩子总是完不成怎么办 ... 224

第1章

破解原因，
10招找出磨叽的根源

学前提示

　　为人父母是最不容易的，从孩子呱呱坠地、牙牙学语到成家立业，这是父母的付出，也是父母的收获。当然，在孩子成长的过程中，最容易遇到的就是孩子拖拉磨叽的毛病，笔者列出了孩子磨叽的十大原因，可供父母们参考。

要点展示

- 年龄能力较小
- 故意拖拉磨蹭
- 孩子思想松懈
- 时间观念薄弱
- 过于催促责骂
- 任务枯燥繁重
- 父母包办过度
- 父母焦虑投射
- 缺乏学习榜样
- 长辈思想不一

001 年龄能力较小

笔者从事青少年教育将近10年，亲眼见过不少溺爱孩子的家长，也曾看过无数起孩子因被娇宠而走向极端的例子……都说"孩子是祖国的花朵，是祖国的未来"，我每每见此情形，或看到相关的新闻事例，都会痛心疾首。

回想过往，笔者当初之所以立志从事青少年教育事业，完全是想要改善青少年教育的现状，让父母和孩子都明白青少年教育的重要性。如图1-1所示，为笔者对青少年教育的认知。

图1-1 笔者对青少年教育的认知

关于青少年教育的重要性，父母可以这么去思考：人类赖以生存的精神、文化、思想、知识，甚至是财富，都是靠年轻人去继承和发展的。

在笔者所见所闻中，见过富家子弟常年养尊处优，娇宠懒散，以至于家道中落，家财败尽，这不正验证了古人那句"自古英雄多磨难，从来纨绔少伟男"？

古人这句话，并不是指家长要在孩子成长的过程中故意制造磨难，而是孩子在成长过程中总会遇到磨难，父母的责任不是袖手旁观，也不是为孩子扫清成长道路上的所有障碍。

1 孩子年龄太小

当孩子在遇到挫折或苦难时，笔者常常听到父母会说："孩子年龄太小。"或者是自我安慰："孩子还没到承受这些压力的年纪。"父母之所以产生这样的想法，完全是因为他们只站在自己的角度揣摩孩子，而没有站在孩子的角度去思考问题，没有为孩子未来的成长做考虑。

我清楚记得有一首民谣是这么唱的："安安七岁在绿林，周瑜九岁去带兵。甘罗十二为丞相，解缙十四入朝门。"除此之外，我们还可以从历史或电视资料里了解到康熙八岁登基临朝，十四岁亲政智擒鳌拜。从这些例子里不难发现，年龄太小并不是孩子不能独自面对苦难和挫折的原因。

根据清朝宫廷资料记载，清朝很注重皇子的教育，哪怕已是弱冠之年，在没有通过皇帝的考验之前，皇子也是没有任何爵位的，只能跟着老师一起读书。

而相反的例子是，李氏朝鲜时期，英祖立刚出生不久的李愃为世子，并从小对他进行严格而全面的君王教育，对世子有极高的期待，要求他在人格和政治上做到完美无缺，成为一代明君。然而讽刺的是，年纪轻轻的世子无法承受这种巨大的压力，开始出现精神问题；加之皇宫侍女等人的宠溺，导致学业荒废，与父亲英祖产生冲突，最终被英祖关进米柜，活活饿死。

看完以上两则历史故事，笔者相信很多父母都会感慨万千。可以这么说，处于青少年时期的孩子就是一根橡皮筋，他们既不是什么挫折都不敢面对，也不是什么压力也无法承受。他们的承受能力是有一定范围的，如果外界压力过大或者父母用力过猛，橡皮筋就会崩断，导致孩子最终像朝鲜李愃世子一样，精神崩溃，出现严重的心理疾病。

❷ 孩子能力不够

父母除了会担心孩子年龄太小外，还会担心孩子的能力。如果父母没有深入了解过自己的孩子，就会过分高估或低估孩子的能力。

笔者就见过一些父母高估孩子能力或者对孩子期望值太高，而导致孩子患上抑郁症；笔者还见过一些父母低估自己孩子的能力，认为孩子这也干不了，那也干不成，久而久之孩子内心就会自卑，认为自己差人一等，不敢大胆尝试，不敢主动与人交流，甚至无法真正融入一个集体。

记得有老师做过一个小调查，调查对象是小学生，他发现偌大一个班集体，竟然只有寥寥数人会系鞋带。这些不会自己系鞋带的孩子当然是父母"教育"的结果，是父母不相信孩子能力而导致的问题。

我相信，父母在生活中有过这样的经历：孩子可能会主动提出自己煮菜做饭，或者提出自己独自打扫、整理房间，抑或是提出自己乘车去外婆家……当孩子提出这些请求时，有些父母会犹豫，有些父母则断然拒绝。

在笔者看来，父母正确的做法是在考虑方案可行性之后，同意孩子的请求，并对孩子做出相应的监督，等孩子相对熟练后，就可以彻底放心地让孩子独立完成这些事情。

002 故意拖拉磨蹭

有些父母发现自己孩子干什么事都拖拉磨蹭后，就对我抱怨："我家孩子干什么都磨磨唧唧，老师你有什么方法提高他的效率？"每当我遇到这种问题，都会先对孩子的状况作出判断，提出相对应的建议。

根据笔者的经验，一般先会观察孩子到底是故意拖拉磨蹭，还是由于专注能力不强、慢性子、对事情提不起兴趣等一般原因导致的拖拉。如果是后者，笔者会在下文进行详细讲解，这里先来稍微了解一下前者：

晓晓和涛涛是邻居，两人在同一个中学上学，每天清晨，一辆黄色的校车会停在小区门口来接他们。晓晓妈妈和涛涛妈妈每天都会做好早餐，把他们送到小区门口，目送他们上校车，直到校车在前面巷子口拐弯消失，才放心地回到家里收拾餐具，准备上班。

不过，晓晓妈妈和我反馈说："晓晓虽然和涛涛差不多都是7点30分去小区门口等校车，但是晓晓这孩子懒散磨蹭，闹钟响了三遍他都不起床，到7点20多才爬下床，晃晃荡荡地走进卫生间洗漱。而且他脾气倔，不能催他，你越催他越磨蹭。更令我气愤的是，人家涛涛会提前打卡进学校，他偏偏要在学校门口买各种零食，磨磨蹭蹭到晨读课铃响起，才慢悠悠地走进教室。"

米兰·昆德拉在《生命中不能承受之轻》一书中提到："负担越重，我们的生命就越贴近大地，它就越真切实在。"如图1-2所示，这本20世纪八九十年代风靡全国的书所要表达的主旨可以简单地概括为：人生需要沉重的负担才能真切地感受生命的存在和意义，如果生命所承担的东西太轻，那么就会感觉自己的人生轻飘飘的，失去了意义。

父母对孩子的教育也是一样，需要一张一弛，既要给孩子施加适当的压力，又要给孩子适当的喘息时间。

经笔者的观察，晓晓出现这样的情况是因为压力过大：晓晓妈妈给他很多压力，期中期末考试每门功课必须达到多少分以上，全校排名必须多少名以上，晓晓达不到预期就会受到责骂。正是由于这种压力，才让晓晓产生了叛逆心理，做事故意拖拖拉拉。

图1-2 《生命中不能承受之轻》

孩子在对应的年龄阶段，有自己做事的方式和逻辑，父母如果不了解孩子，像晓晓妈妈一样盲目地对孩子提过高的要求，矫枉过正，就会导致孩子产生逆反心理，做事情故意拖拉磨蹭。

003 孩子思想松懈

笔者接触过很多非故意拖拉磨蹭的孩子，他们出现这种问题的首要原因是思想松懈。思想松懈的原因主要有两种，分别是注意力不集中和缺乏兴趣。

1 注意力不集中

《世说新语》我相信大家都听说过，这里将南朝宋刘义庆《世说新语》里的一个小故事作为引子。故事是这样的：

管宁和华歆共同在菜园中为菜锄草，他们看见地上有一片金，管宁继续挥动锄头，跟看见瓦砾石块没有什么区别，华歆却立马捡起金片，在瞥见管宁脸色后才丢弃了金片。

还有一次，他们一起坐在同一张席子上读书，刚好有一乘华丽的马车从门前经过，管宁看到后依然正襟危坐地读书，而华歆却立马丢弃书卷，跑出去围观马车去了。管宁就割断席子，对华歆说："你不是我朋友了。"

——笔者译自《世说新语》

这个故事就是著名的"管宁割席"。在这个故事里，管宁因为华歆注意力不集中和贪慕虚荣而割席断义。父母们也可以从故事中得到启发，注意培养孩子的专注力，做事情要有始有终，决不能让孩子对待事情"三分钟热度""心血来潮"或者"三天打鱼两天晒网"。

下面来看一个具体案例：

晓晓妈妈虽然工作很忙，但是十分关注孩子的学习，除了在学习上严格要求晓晓之外，还会亲自盯着他完成家庭作业。甚至她会忙里偷闲，找个机会去学校，在教室窗口观察晓晓的听课情况。

晓晓妈妈对我说，她不止一次看见晓晓上课时无法集中注意力，听课的时候不是东摸西看，就是摇头晃脑。甚至做笔记时不是在玩橡皮，就是咬笔筒、转笔头。

晓晓这种情形是最典型的注意力不集中的案例。我培训青少年这么多年，很多家长向我诉苦的内容都是关于孩子注意力不集中。像晓晓这种注意力不集中的情况不仅会影响他的学习成绩，日后可能还会影响他的日常生活。

2 缺乏兴趣

俗话说："兴趣是最好的老师。"兴趣能够促使孩子主动去学习或领会一件事，它是孩子成长过程中最大的助力。

很多父母都会抱怨自己的孩子对手机游戏着迷，一玩就是几个小时，甚至晚上还躲在被窝里偷偷拿手机打游戏。而一提到作业和学习，孩子立马就蔫头耷脑，跟泄了气的皮球一样，根本提不起任何兴趣。

下面我以涛涛的案例来分析：

涛涛可以说是一个文静而又听话的好孩子，小学成绩非常优秀，经常名列前茅。到了初中之后，他的成绩开始下滑，涛涛妈妈用了很长时间才找到原因，原来上初中之后，老师的授课方式改变了，更多要靠自主学习。于是，涛涛对学习慢慢地失去了兴趣，心思开始不在学习上了。

与此同时，涛涛妈妈发现，涛涛虽然对学习提不起兴趣，但是对动漫、言情小说这类东西却很感兴趣。

孩子天性爱玩，这是不能强行去改变的，鲁迅先生就说过："游戏是儿童最正当的行为，玩具是儿童的天使。"孩子在玩的过程中，可以发挥他们天马行空的想象力，获得无可比拟的乐趣。

因此，在辅导孩子学习的过程中：父母必须摒弃那种呆板的填鸭式教学，寓教于乐，将孩子的兴趣和学习结合起来，让知识更加生动起来，充分调动孩子学习的积极性。

笔者可以更直截了当地告诉父母们：在学习和辅导过程中，要让孩子感觉学习并不是枯燥乏味，而是充满乐趣的。"纸上得来终觉浅，绝知此事要躬行。"这种寓教于乐的学习方法并不是那么容易就能实现的，它需要父母根据孩子的特性，调整学习的技巧，此外还需要父母有足够的耐心和信心。

004 时间观念薄弱

"一寸光阴一寸金，寸金难买寸光阴""子在川上曰，逝者如斯夫，不舍昼夜""人生在世如白驹过隙，忽然而已""莫等闲，白了少年头，空悲切"……古人这些发自肺腑的名言，至今读起来都能让我们心头一紧，感受到时间的重要性。

我们小时候也和孩子一样，懵懵懂懂，无知无畏，不知天高地厚，不明白时间是什么东西，只知道太阳落山了，还会有太阳升起的早晨；燕子飞走了，还会有飞回来的时候；枫叶红了，还会有重新长出青叶的时候……甚至在这个时候，我们感觉到这个世界是循环的，一切逝去的东西都有重新回归的时候。

直到年纪稍大，看到风筝脱手直入云霄，却再也看不到风筝再次落回来的时候；

经历家里的小狗在外面跑丢，从此杳无音信的时候；对我们极其慈爱的爷爷奶奶忽然之间音容消逝，回荡在空中的只有自己哭声的时候……我们才恍然大悟，时间像洪水猛兽，带走的东西是真的回不来了。

笔者一直都觉得，孩子的成长和对时间的理解是一个缓慢的过程。他们可能和我们小时候一样，根本不明白时间是什么。还可能存在这么一类孩子，即使已经年纪稍长，心智依然不够成熟，客观上对时间没有太大的感知。

一般来说，这类孩子不是故意拖拉磨蹭，他们明白当下事情的重要性，知道要完成手头的事情，但无法明白不准时完成这件事所产生的后果。正如《明日歌》所言："明日复明日，明日何其多。我生待明日，万事成蹉跎。"这类孩子会一直拖着这件事，将来可能会养成懒惰或不守时的性格。

下面用阿福的案例来进行分析：

阿福是个勤奋的孩子，在做事情之前他都会将事情谋划好，然后才动手。最让阿福妈妈头疼的是，阿福考试时也是这么一副慢性子。

阿福妈妈通过晓晓妈妈找到了笔者，笔者才知道阿福不仅考试时卷面工整，连草稿纸上的字迹都工工整整，一行行，一列列，像书上印刷的铅字一样。

阿福妈妈说，正是因为阿福这种慢性子，才导致他时间观念不强。他不仅难以在固定的时间内完成家庭作业，而且无法在规定的时间内完成考卷。通常，语文考试时，他基本没有时间完成阅读理解和作文。

老师为了让阿福准时完成语文考试，便让阿福尝试先做阅读理解和作文，再挤出时间完成前面的考卷。老师想法虽好，但是并未意识到阿福慢性子的严重性。阿福采用老师所说的策略去考试，结果还是无法及时完成考试——作文完成了，阅读理解只做了 2/3。

等到铃声响彻整个校园，监考老师手一挥说交卷的时候，阿福一脸茫然地看着监考老师劈手夺走了自己手中的考卷，水性笔也在考卷上划出一道黑色的痕迹。阿福这时才渐渐收敛脸上茫然的表情，慢吞吞地整理好文具，失落地走出考场。

每当阿福妈妈批评他做事太慢时，阿福都会先"哦"一声，然后为自己辩解道："这个怨不得我，时间不够。"如果阿福妈妈逼急了，让阿福自己反思，他会回敬一句："我就是这么个慢性子，我快不起来……"

从以上案例我们可以看出，阿福不仅有强迫症，而且时间观念薄弱，他总是会为了做好一件事而不断重复整个过程，犹犹豫豫，影响自己做决策。《史记》里说："当断不断，反受其乱。"指的就是阿福这种情况。

我记得作家老舍先生说过这么一则故事。老舍先生有个朋友，他和老舍先生一样，酷爱文学写作，但是他对稿子要求极高，只要自己不满意，就会将稿子反复修改，以达到自己的预期。然而最终的结果是，老舍先生这位朋友的稿子一直处于修改之中，从没有发表过他的文章。

可以这么说，如果一个孩子和阿福一样，时间观念不强，那么在生活中极有可能会像老舍先生的朋友一样，做事效率不高。更甚者，他可能还会在生活和工作中遭受别人的白眼，被当成一个异类对待。

005 过于催促责骂

"你实在是太慢了，能不能稍微快一点。"

"你怎么跟蜗牛一样，校车都开走了你还没开始刷牙。"

"这孩子我要是不监督他，他就心猿意马了，无法专注在一件事情上，写着写着作业就拿起手机打游戏了。"

"你再这么拖拉下去，我可就要……"

"你写作业能不能快一点，你弟弟都写得比你快！"

……

在生活中，我们总能看见这样的父母，他们会频繁地催促和责骂孩子。中国自古就是一个拥有"棍棒下出孝子""三句好话不如一马棒棒"文化的国家，虽然时代在发展，很多旧思想已经被革新，但是很难避免有些父母笃信这类传统文化，因而导致孩子焦虑和恐惧，甚至影响亲子关系。

1 父母催促责骂对孩子影响巨大

虽然，父母适当地催促和责骂有利于孩子减少犯同类错误的概率，但是如果频繁地催促和责骂，甚至大打出手，会加速孩子分泌可体松（英文名为cortisone，人在紧张或感受到压力时分泌的激素），影响孩子的记忆和思考能力。

简而言之，当父母催促过度时，不仅不能帮助孩子改正错误，反而会让孩子处于焦虑之中，效果适得其反。

笔者举一个最简单的例子。在陈凯歌导演的《霸王别姬》电影中，小豆子在学《思凡》的时候，总是把其中的唱段"小尼姑年方二八，正青春，被师傅削去了头发。我本是女娇娥，又不是男儿郎"唱成了"小尼姑年方二八，正青春，被师傅削去了头发。我本是男儿郎，又不是女娇娥"，师傅打他、纠正他，甚至骂他"真是入了化境，连雌雄都不分了"。可是师傅越打越纠正他，他越固执地唱错。

电影《霸王别姬》虽然只是影视作品，但它是现实生活的影子，或者说是现实生活的投射。因此，父母们很容易从这个电影片段中明白，孩子在过度的催促和责骂下，会惊慌失措，会固执地犯同一个错误。

父母的催促和责骂会使得孩子紧张焦虑，而这种焦虑会给孩子带来什么样的后果？笔者举两个例子来进行类比。

案例一： 在过去的北京四九城里，那些老炮儿都会提笼架鸟，在胡同里转悠。他们笼子里的鸟一般都是鹦鹉、百灵鸟之类，绝不会是麻雀。这是什么原因？除了麻雀显得档次低，还有一个重要的原因，麻雀性子急，在笼子里会过度焦虑，一般来说活不过两三天。

案例二： 我们再来看一种生物——沙鼠。有一类沙鼠生活在撒哈拉大沙漠里，一到旱季，它们会储存草根，因为环境和自身的原因，它们储存的草根量一般会大大超过自己的需求。如果有人将这种沙鼠关进笼子里，那么它们会由于不能衔草根而过度焦虑，很快就会死亡。

从这两个例子我们可以看出，过度焦虑是非常可怕的，会影响孩子的成长和日后性格的形成。在日常生活中，父母也要留意孩子有没有这类焦虑症，比如动不动就摔东西，急急躁躁，或者故意远离人群，莫名其妙就生气，还经常和朋友拌嘴，甚至因为一件很小的事情受到刺激而大打出手。

2 父母催促责骂会导致孩子不专注

孩子的成长是一个过程，需要循序渐进。每个孩子的心智成熟程度不一样，学习和掌握事物所需的时间也不一样，父母不能用一种成年人的思维去苛求孩子，甚至对孩子进行谩骂。有些孩子可能心智发展比其他孩子慢一些，他需要更多的时间去了解这个世界，了解自己，了解自己所要完成的事情。

法国生物学家拉马克提出的"用进废退"观念，虽然已经被达尔文的"进化论"所取代，但是用在思考上，"用进废退"和韩愈说的"业精于勤荒于嬉，行成于思毁于随"就很类似了。如果父母不催促责骂，而是鼓励孩子，给他们更多的时间去思考，让他们去开发自己的大脑，则孩子的大脑就会越用越灵光。

父母不仅需要给孩子一些时间去思考，而且在孩子思考的过程中，尽量不要去催促和责骂，让孩子养成独立思考问题和深入分析问题的习惯。

有时候孩子进入状态缓慢，做事效率可能不高，但是他们正在努力寻找一种正确而有效的方法解决问题。这个时候，如果父母突然催促或责骂，相当于否定了孩子这种解决问题的方式，让孩子失去对思考的兴趣，不能专注于思考。

③ 父母催促责骂会导致孩子手足无措

1967年，美国心理学家马丁·塞利格曼(Martin E. P. Seligman)提出了"习得性无助"概念。这一概念是在研究动物时提出来的，并在狗的身上得到了实验验证。

实验过程是这样的：塞利格曼将狗放进笼子里，锁好笼子，只要笼子里的蜂鸣器一响，实验人员就给笼子通电，电得狗嗷嗷大叫。在反复实验多次后，实验人员打开笼子门，然后打开蜂鸣器，这时哪怕并没通电，狗一听到蜂鸣声也会立即倒在地上颤抖。它从未想过逃出笼子，哪怕笼子门是打开的。

笔者引用"习得性无助"这个心理学概念，旨在说明在实际生活中，人类也会出现这种"习得性无助"现象。如果父母多次催促孩子，甚至否定孩子的做事方式，那么孩子就会习惯性地放弃思考，放弃努力，甚至放弃尝试。

006 任务枯燥繁重

笔者以晓晓的案例来分析枯燥繁重的任务对孩子的影响：

"孩子最盼望的是假期，假期来了他们就可以尽情地玩耍，而令我头疼的事情就来了。"晓晓妈妈如是说。

假期一旦到来，晓晓妈妈就忙着给晓晓安排时间，除了对学校布置的七本寒假作业进行安排，晓晓妈妈还会自己掏钱去新华书店买一些下学期的参考书，要求晓晓进行预习。

晓晓妈妈对孩子的假期进行了周密安排，尽量在时间上做到劳逸结合。晓晓对妈妈的这个安排也感到认同，但在具体执行时却出了问题。

原来问题不是出在计划安排上，而是出在假期作业上。晓晓妈妈督促晓晓，他才会去做作业，一旦晓晓妈妈没有在场，他就开始心猿意马，坐在书桌前发呆。

即使晓晓妈妈守在他面前，晓晓也完成不了几个题目——他爸爸在隔壁房间看电视的声音，他弟弟打游戏时偶尔的呐喊，都会影响他写寒假作业的进度。

通过"晓晓的假期作业"这个案例，笔者发现，晓晓不仅专注力不足，而且更多的是对繁重的假期作业有抗拒倾向，以至于使晓晓妈妈倍感煎熬，晓晓同时也感到焦虑，严重影响了亲子之间的和谐关系。

① 辅导孩子的父母倍感煎熬

不仅在假期作业辅导和督促上，在平时家庭作业上，父母也感受到了巨大的压力，尤其像晓晓这种自主学习能力差的孩子，没有父母的陪同或监督，很容易三心二意，完成不了作业。

但是，父母时时刻刻对孩子进行监督和提醒，孩子虽然不三心二意了，但同时父母也在担心："长此以往，会不会导致孩子一味依赖父母，失去独立自主的能力。"辅导晓晓这种自主能力差的孩子，父母们都会产生这种矛盾心理。

从有些父母的反映来看，他们几乎一致切齿拊心地说："平日里挺乖巧的孩子，在做作业时的那副模样，真的令人火冒三丈。"孩子做其他的事情很积极，做作业时却很磨蹭，父母们是不是要反过来想：可能真的不是孩子不专心，而是作业过于枯燥繁重。

2 不光是不专注，还有可能是任务枯燥繁重

除了孩子本身不专注、缺乏自觉性外，还有可能就是作业太过于枯燥。对于孩子来说，玩耍是他们的天性，绷着神经忙碌了一个学期，被作业、考试、训练压得喘不过气来。本想着放一个月假，能够放松下来，得到一段时间的休整，结果父母安排的假期作业比学校的还要枯燥繁重，严重打击了孩子的积极性。

在这种枯燥繁重的作业的影响下，加之正处于青春期，孩子可能会出现一些别样的心理状态，如图1-3所示。

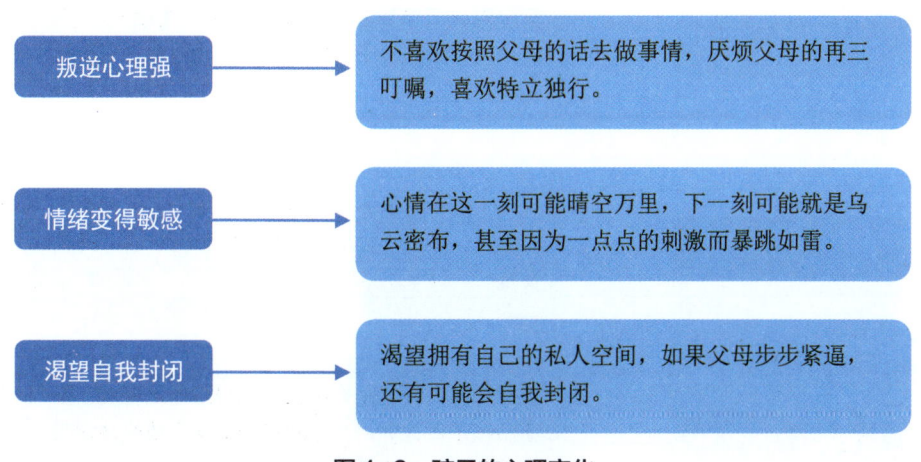

叛逆心理强	→	不喜欢按照父母的话去做事情，厌烦父母的再三叮嘱，喜欢特立独行。
情绪变得敏感	→	心情在这一刻可能晴空万里，下一刻可能就是乌云密布，甚至因为一点点的刺激而暴跳如雷。
渴望自我封闭	→	渴望拥有自己的私人空间，如果父母步步紧逼，还有可能会自我封闭。

图1-3　孩子的心理变化

007 父母包办过度

笔者认为父母首先要了解"放手"和"放任"的区别，如图1-4所示。

笔者是性善论者，相信"人之初，性本善"，相信每个孩子最初都是一颗饱满的种子，

只是有的种子长成了笔直的参天大树，而有些却稍微长斜了。像006节中提到的晓晓的案例一样，晓晓妈妈难以忍受晓晓做寒假作业拖拉磨蹭，特意给他制定了周密的假期计划。

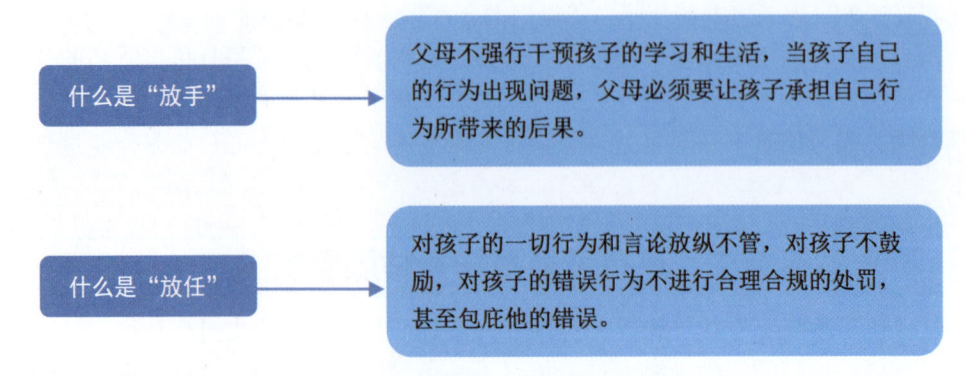

什么是"放手"	父母不强行干预孩子的学习和生活，当孩子自己的行为出现问题，父母必须要孩子承担自己行为所带来的后果。
什么是"放任"	对孩子的一切行为和言论放纵不管，对孩子不鼓励，对孩子的错误行为不进行合理合规的处罚，甚至包庇他的错误。

图 1-4 "放手"和"放任"的区别

但是晓晓妈妈这类父母不明白的是，父母全方位的督促，事事要包办，事事靠计划，其效果会适得其反，如图 1-5 所示。

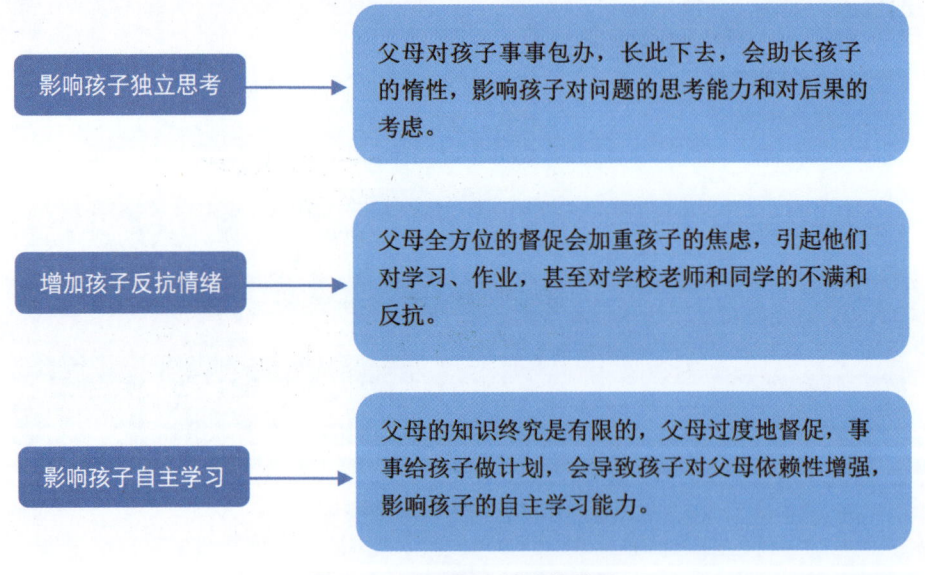

影响孩子独立思考	父母对孩子事事包办，长此下去，会助长孩子的惰性，影响孩子对问题的思考能力和对后果的考虑。
增加孩子反抗情绪	父母全方位的督促会加重孩子的焦虑，引起他们对学习、作业，甚至对学校老师和同学的不满和反抗。
影响孩子自主学习	父母的知识终究是有限的，父母过度地督促，事事给孩子做计划，会导致孩子对父母依赖性增强，影响孩子的自主学习能力。

图 1-5 父母包办过度的后果

在笔者的建议下，晓晓妈妈对晓晓采取了"放手"策略，如图 1-6 所示。

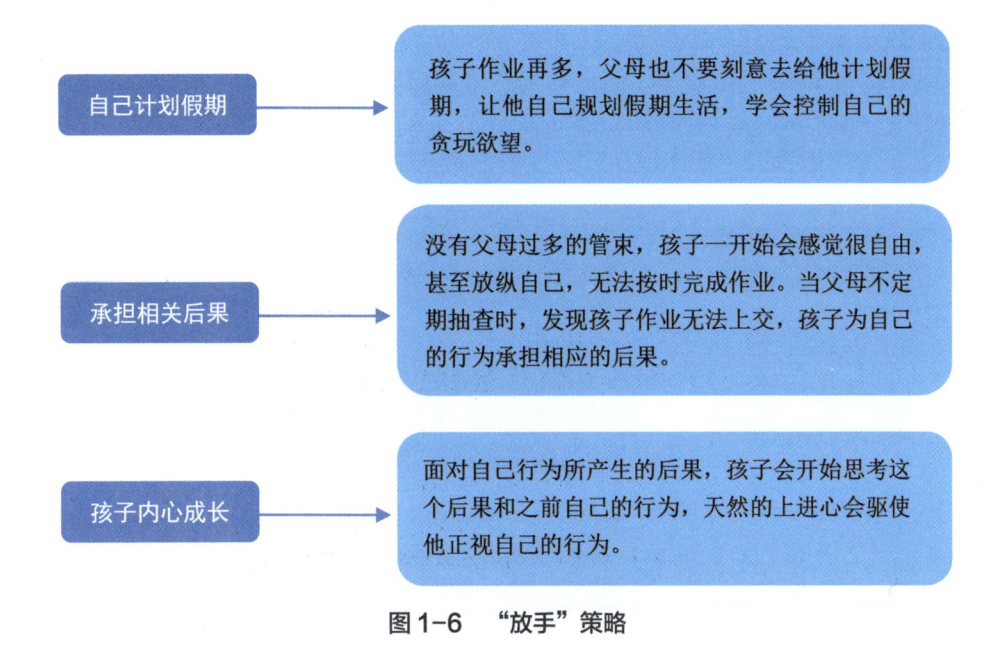

破解原因，10招找出磨叽的根源 第1章

| 自己计划假期 | → | 孩子作业再多，父母也不要刻意去给他计划假期，让他自己规划假期生活，学会控制自己的贪玩欲望。 |

| 承担相关后果 | → | 没有父母过多的管束，孩子一开始会感觉很自由，甚至放纵自己，无法按时完成作业。当父母不定期抽查时，发现孩子作业无法上交，孩子为自己的行为承担相应的后果。 |

| 孩子内心成长 | → | 面对自己行为所产生的后果，孩子会开始思考这个后果和之前自己的行为，天然的上进心会驱使他正视自己的行为。 |

图1-6 "放手"策略

008 父母焦虑投射

有人做过一个跟踪调查，时间跨度为20年。调查员随机抽取了一个幼儿园，并对所有的孩子说：我们现在来做一个智力测试，这场智力测试中得分最高的孩子就是跟踪对象。

20年后，这些得分最高的孩子在各自擅长的领域都取得了不错的成绩，有的成了作家，出版了好几本畅销书；有的成了建筑工程师，在各个城市设计了知名的商场；有的成了三线明星，在各种热播剧中当配角……

可是当年的调查结果一公布，令所有人都大跌眼镜：这个智力测试就是一张白纸，这些孩子只不过是调查者随机抽取出来的对象而已。

这个跟踪调查其实讲的就是"心理暗示"，当父母在鼓励和肯定孩子的时候，相当于是给了孩子一种积极的心理暗示，他就会努力地朝这个方向前进；如果父母不断地否定自己的孩子，甚至诋毁自己的孩子，相当于是给了孩子一个消极的心理暗示。

1 父母情绪会影响孩子

孩子出生时，有的父母害怕他输在起跑线上，给他报各种学习班，压得孩子喘不过气来。殊不知孩子的起跑线不是什么学习班，而是父母自己，从某种意义上来说，

父母的高度决定了孩子的起跑线。

父母是孩子的第一任老师,父母如果产生焦虑的情绪,那么这种情绪很有可能就会感染孩子,孩子接收到这种消极的情绪,自然就无法改正拖拉磨蹭的毛病。在生活中,父母对孩子的焦虑投射主要体现在以下3个方面,如图1-7所示。

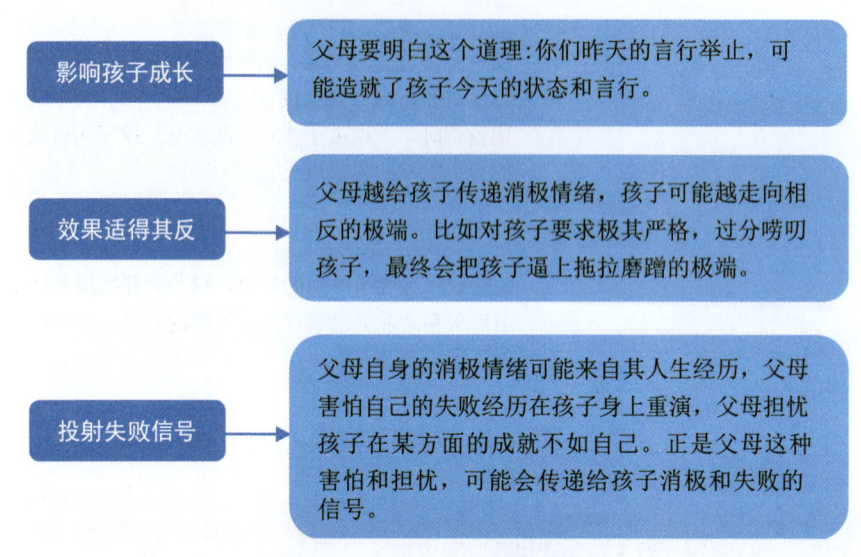

影响孩子成长	父母要明白这个道理:你们昨天的言行举止,可能造就了孩子今天的状态和言行。
效果适得其反	父母越给孩子传递消极情绪,孩子可能越走向相反的极端。比如对孩子要求极其严格,过分唠叨孩子,最终会把孩子逼上拖拉磨蹭的极端。
投射失败信号	父母自身的消极情绪可能来自其人生经历,父母害怕自己的失败经历在孩子身上重演,父母担忧孩子在某方面的成就不如自己。正是父母这种害怕和担忧,可能会传递给孩子消极和失败的信号。

图 1-7　父母对孩子的焦虑投射

"蓬生麻中,不扶而直;白沙在涅,与之俱黑""近朱者赤,近墨者黑",古人的这些名言,反映了父母在孩子面前扮演的角色的重要性。笔者认为,在处理孩子的事情时,父母尽量不要有太大的情绪波动,不要杞人忧天,终日为孩子的未来焦虑,俗话"儿孙自有儿孙福,莫为儿孙当马牛",说的就是这个道理。

2　父母给孩子传递自信

记不记得曾经的万里长征,爬雪山,过草地,红军依然是乐观积极的,一句"更喜岷山千里雪,三军过后尽开颜"鼓舞了多少人,"自信人生两百年,会当水击三千里"让多少人重拾自信,心潮澎湃?

父母既然可以给孩子投射焦虑,当然也可以给孩子投射健康自信的生活心态。笔者建议父母可以从以下几个方面着手,让孩子了解自信,学会自信,如图1-8所示。

笔者记得某个电视剧中的一个母亲,因生活窘迫,内心苦楚无处诉说,她转过身掩面哭泣,但回来看着孩子的时候,已擦干泪水,以一副自信乐观的面孔面对孩子,她生怕将自己的负面情绪感染给孩子。用哲学家王尔德的话来说:这位母亲虽然自己身处泥淖,但却教会了孩子仰望星空。

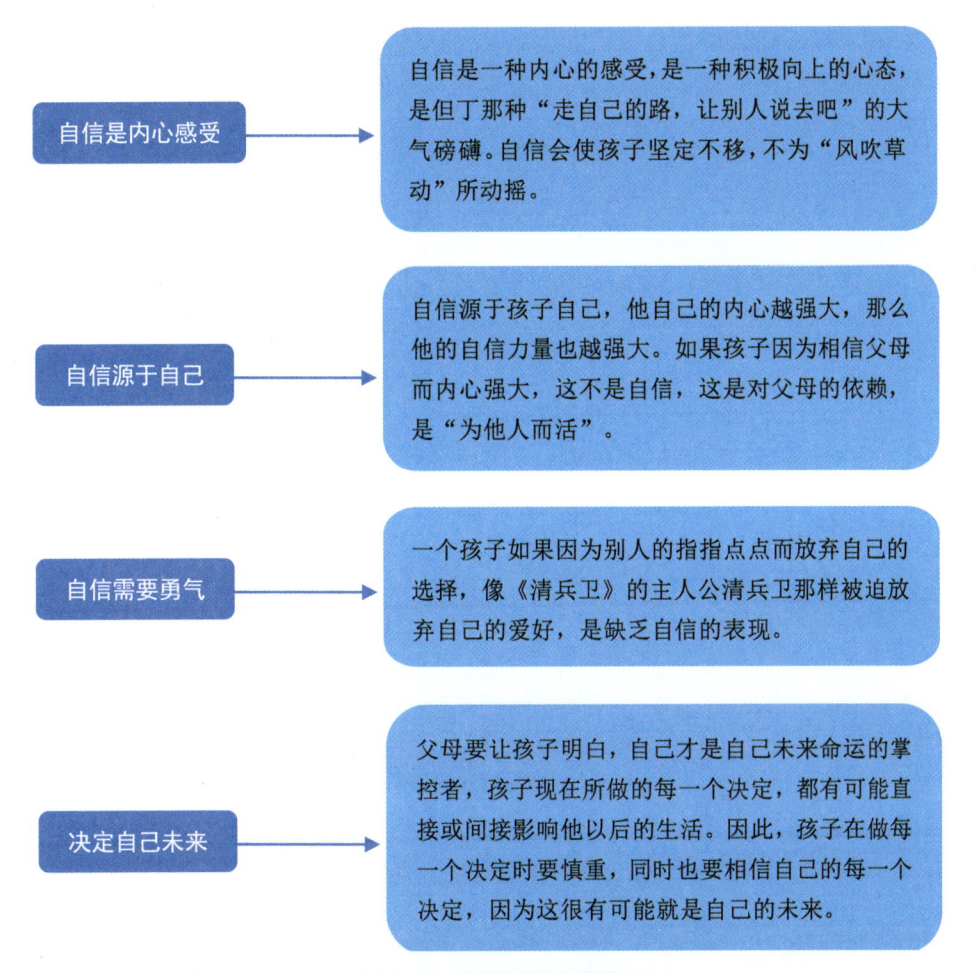

破解原因，10招找出磨叽的根源 第1章

自信是内心感受 → 自信是一种内心的感受，是一种积极向上的心态，是但丁那种"走自己的路，让别人说去吧"的大气磅礴。自信会使孩子坚定不移，不为"风吹草动"所动摇。

自信源于自己 → 自信源于孩子自己，他自己的内心越强大，那么他的自信力量也越强大。如果孩子因为相信父母而内心强大，这不是自信，这是对父母的依赖，是"为他人而活"。

自信需要勇气 → 一个孩子如果因为别人的指指点点而放弃自己的选择，像《清兵卫》的主人公清兵卫那样被迫放弃自己的爱好，是缺乏自信的表现。

决定自己未来 → 父母要让孩子明白，自己才是自己未来命运的掌控者，孩子现在所做的每一个决定，都有可能直接或间接影响他以后的生活。因此，孩子在做每一个决定时要慎重，同时也要相信自己的每一个决定，因为这很有可能就是自己的未来。

图1-8 让孩子学会自信

009 缺乏学习榜样

俗话说："榜样的力量是无穷的。"在孩子心中，父母就是超人，他会朝着父母确定的方向前进，能激发内心最大的潜能。

在历史电视剧《六龙飞天》中，日后贵为朝鲜太祖的李成桂前往高丽都城开京寻求政治前途。在一次晚宴上，李成桂被奸臣李仁谦抓住把柄，向李仁谦低了头，而这一幕刚好被不远处的李芳远(李成桂第五子，日后的朝鲜太宗)目睹，犹如一道晴天霹雳，劈在年幼的李芳远心头，父亲伟岸的形象顿时崩塌，为日后他对父亲的不满和杀弟弑父埋下了伏笔。在剧中，李芳远因为这件事的打击，很长一段时间都没能振作起来。

可想而知，父母在孩子心目中的形象是多么伟大而高尚。人生路上的很长一段时间里，孩子成长的动力就是来自父母。伊坂幸太郎说过这么一句名言："一想到为人父母居然不用经过考试就觉得太可怕了。"但是在现实生活中，很多父母是不合格的，他们只会盲目地、无限制地要求孩子听话，要求孩子考第一名，却不曾想过自己在孩子心中是否为优秀榜样。

我们先来看一个耳熟能详的小故事：

曾子的妻子前往集市，他的儿子跟在后边哭泣。母亲说："你回去，我待会回来杀猪给你吃。"妻子从集市上回来，曾子拿刀想要杀猪。

妻子阻止曾子说："我这是故意和孩子开玩笑。"曾子回答说："不可以和孩子开玩笑。孩子现在还什么都不懂，只会学习父母，听从父母的教导。现在你欺骗孩子，就是教导孩子欺骗别人。母亲欺骗孩子，导致孩子不相信他的母亲，这不是教育孩子的方法。"于是曾子把猪杀了煮了。

——笔者译自《韩非子》

这是一则发生在两千多年前的故事，曾子为了兑现承诺，不树立一个"欺人"的坏榜样，真把猪杀了。身为父母的我们，应该认同曾子这种言传身教、给孩子树榜样的行为。

笔者从事青少年教育多年，将父母树立良好榜样对孩子的重要性总结为3点，如表1-1所示。

表1-1 父母榜样对孩子的重要性

重要性	阐　释
影响孩子三观的形成	俗话说："龙生龙，凤生凤，老鼠的儿子会打洞。"孩子几乎无时无刻不和父母相处，随时受到父母的言传身教。在孩子成长的过程中，父母的三观和言行举止都会影响孩子三观的形成。
影响孩子性格的形成	我们经常能看到有的孩子胆怯，害怕自己周围的陌生事物；有的孩子自卑，永远无法融入集体，喜欢独处；有的孩子飞扬跋扈，在校园里惹是生非，让老师父母头痛…… 父母们有没有想过，其实孩子这些行为可能和自己是有很大关系的，和父母平日里的行为是分不开的。因此，孩子的行为在一定程度上可以反映出父母在孩子面前的所作所为。
影响孩子的生活习惯	如果父母在孩子面前不体面，不注重个人卫生和形象，那么会给孩子带来潜移默化的影响。有人就说过，孩子日后的生活习惯可能是受到父母生活习惯的影响，也有可能是受到生活中其他环境的影响。

"孟母三迁"的故事，父母们都是知道的：

> 在战国时期，邹国孟子的母亲被后世人称为"孟母"。在孟子年纪很小的时候，他家靠近坟山，孟子就学习祭拜鬼神。孟母说："这里不是孩子居住的地方。"于是离开了这里，住到了离集市很近的地方，孟子就跟在别人后面学习吆喝做生意。孟母说："这也不是孩子居住的地方。"于是孟母迁徙到了学宫旁边，孟子开始跟着教师学生学习祭祀礼仪、揖让谦逊的态度。孟母说："这里适合我的孩子居住。"于是就在学宫旁居住了下来。
>
> 等到孟子长大之后，他学会了礼乐射御书数六艺，最终成就了一代大儒的名声，后世人都说孟母善于渐染教化孩子。
>
> ——笔者译自《列女传》

"昔孟母，择邻处"，这是《三字经》中的一句话，"孟母三迁"是一个妇孺皆知的历史故事。笔者用这个故事作为"曾子杀猪"的补充，旨在说明父母除了要树立一个好榜样外，还需要给孩子寻找一个适合他个性发展的环境。

010 长辈思想不一

父母虽然是在同一个屋檐下，但是两人的人生经历、人生目标、世界观都不一样，在生活和工作中难免会产生摩擦。笔者曾见过许多父母发生龃龉，甚至几乎闹到离婚的田地，不过幸好都能互相包容，发现对方的优点，最终挽救了自己的婚姻，如图1-9所示。

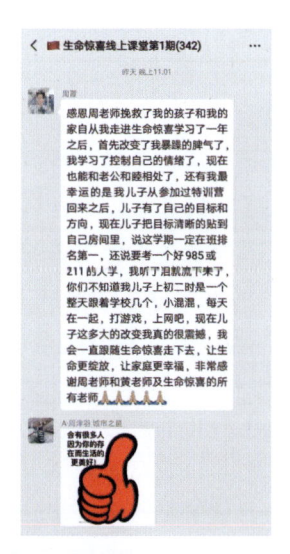

图1-9 家庭和谐需要互相包容

1 父母关系不和谐

父母之间因为思想不同而产生矛盾，甚至互相争吵打骂，这对孩子会产生多大的影响？笔者总结为以下3点，如图1-10所示。

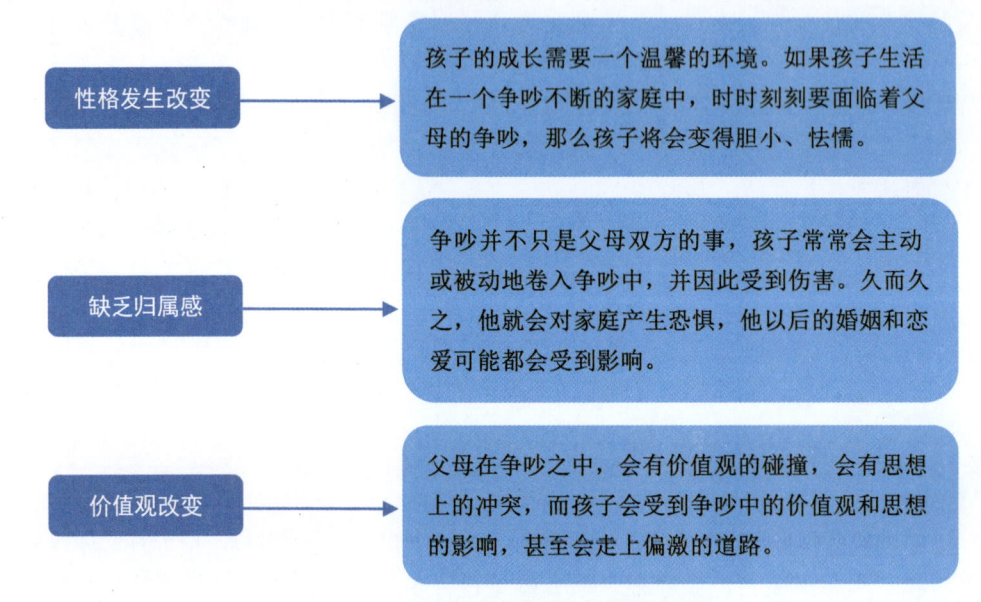

性格发生改变 → 孩子的成长需要一个温馨的环境。如果孩子生活在一个争吵不断的家庭中，时时刻刻要面临着父母的争吵，那么孩子将会变得胆小、怯懦。

缺乏归属感 → 争吵并不只是父母双方的事，孩子常常会主动或被动地卷入争吵中，并因此受到伤害。久而久之，他就会对家庭产生恐惧，他以后的婚姻和恋爱可能都会受到影响。

价值观改变 → 父母在争吵之中，会有价值观的碰撞，会有思想上的冲突，而孩子会受到争吵中的价值观和思想的影响，甚至会走上偏激的道路。

图1-10 父母关系不和谐对孩子的影响

下面我们来看晓晓的案例：

晓晓父母曾经是同学，他们完成了从校服到婚纱的完美转变。晓晓从家庭相册里看到，父母在结婚之前曾四处旅游，两人紧密拥抱的身影和灿烂的笑容似乎预示着日后婚姻生活的美满。

然而，事与愿违，两人结婚之后，在生活上的摩擦越来越多，吵架的次数也越来越多，他们吵架的主题能从双方父母吵到今晚吃什么菜。一开始，他们吵架还会背着晓晓，渐渐地，他们也不再回避了，直接在晓晓面前就能吵起来。

有一次，两人的矛盾升级，晓晓爸爸砸椅子，晓晓妈妈砸盘子，这一切全部被刚放学的晓晓看在眼里。晓晓本想过去劝劝爸爸妈妈，却不小心踢到了椅子脚，摔倒在碎瓷盘上，鲜血染红了整个地面。

不过，幸好晓晓只有手受伤了，但是因祸得福的是，父母终于明白了事情的严重性，纷纷给晓晓道歉。之后，父母开始参与婚姻咨询，增进相互了解，减少生活中的摩擦，尽量给孩子提供一个良好的成长环境。

在这个案例中，笔者庆幸的是晓晓的父母终于悬崖勒马，冰释前嫌，没有酿成更大的灾祸，为晓晓日后考出优异的成绩提供了良好的家庭环境。

2 父母期望过高

父母责任心很强的话，他们对孩子的期望是很高的。如果给孩子设立适当的目标，父母这种思想对孩子的成长是有利的。但是，有些家长盲目地给孩子设置过高的目标，寄予过高的期望，容易给孩子带来极大的心理负担。父母对孩子寄予过高期望的原因，主要有以下 3 点，如图 1-11 所示。

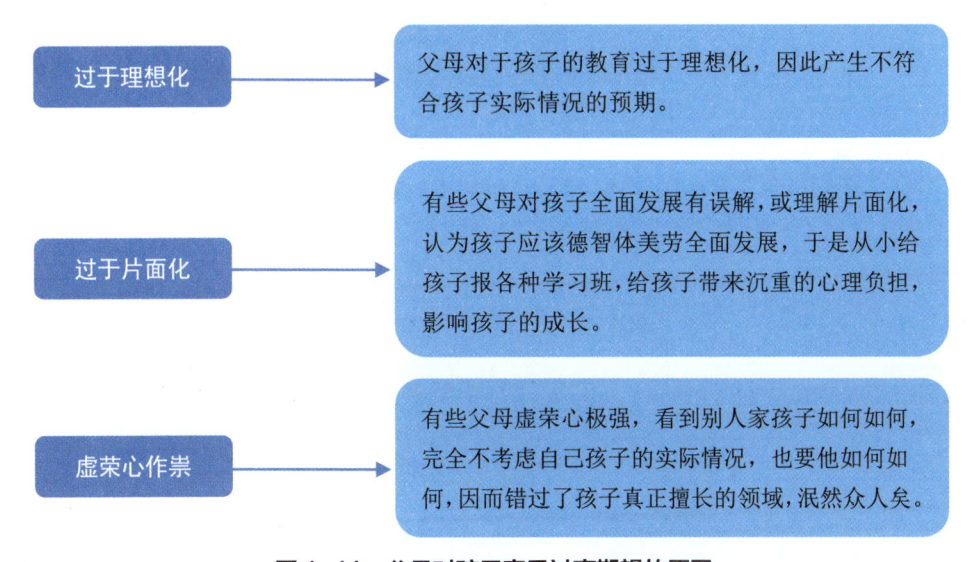

过于理想化	父母对于孩子的教育过于理想化，因此产生不符合孩子实际情况的预期。
过于片面化	有些父母对孩子全面发展有误解，或理解片面化，认为孩子应该德智体美劳全面发展，于是从小给孩子报各种学习班，给孩子带来沉重的心理负担，影响孩子的成长。
虚荣心作祟	有些父母虚荣心极强，看到别人家孩子如何如何，完全不考虑自己孩子的实际情况，也要他如何如何，因而错过了孩子真正擅长的领域，泯然众人矣。

图 1-11　父母对孩子寄予过高期望的原因

父母对孩子寄予过高期望会产生以下 4 种不良后果，如图 1-12 所示。

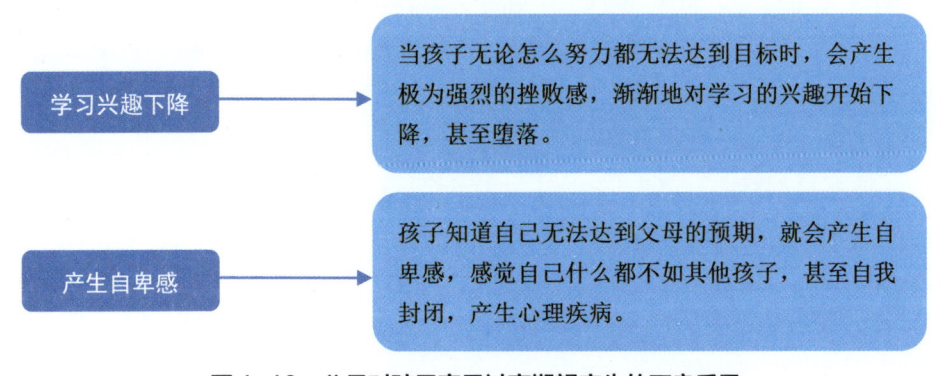

学习兴趣下降	当孩子无论怎么努力都无法达到目标时，会产生极为强烈的挫败感，渐渐地对学习的兴趣开始下降，甚至堕落。
产生自卑感	孩子知道自己无法达到父母的预期，就会产生自卑感，感觉自己什么都不如其他孩子，甚至自我封闭，产生心理疾病。

图 1-12　父母对孩子寄予过高期望产生的不良后果

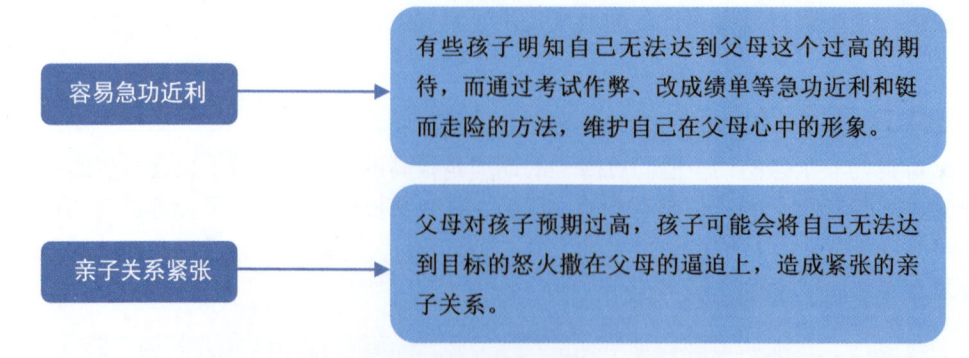

```
容易急功近利  →  有些孩子明知自己无法达到父母这个过高的期
                待，而通过考试作弊、改成绩单等急功近利和铤
                而走险的方法，维护自己在父母心中的形象。

亲子关系紧张  →  父母对孩子预期过高，孩子可能会将自己无法达
                到目标的怒火撒在父母的逼迫上，造成紧张的亲
                子关系。
```

图 1-12　父母对孩子寄予过高期望产生的不良后果（续）

3 父母急于求成

有些父母只会看到孩子当前的成绩，忽视对孩子的长期培养，其主要原因有以下 3 种，如表 1-2 所示。

表 1-2　父母急于求成的原因

原　因	阐　释
父母固化的名利思想	有些父母名利思想十分严重，对孩子有着近乎偏执的鼓励。而他们只不过是享受孩子成绩优异、某方面突出而带来的表扬，有时候孩子只是他们炫耀的资本。
父母受媒体宣传影响	随着互联网的快速发展，自媒体也越来越多，很多自媒体会写和孩子教育相关的话题。有些自媒体宣扬一些不正确的价值观，父母盲目相信这些自媒体，可能会严重影响孩子的教育规划。
缺乏正确的教育观念	对于一些父母而言，那些不正确的教育不是来自网络自媒体，而是根深蒂固地存在于父母自己的脑海中，比如有些固守传统的父母仍相信只有打骂才能促进孩子的进步。

父母急于求成的思想观念，会对孩子产生如下的影响：
(1) 导致孩子对学习失去兴趣；
(2) 影响孩子成长过程中的性格形成；
(3) 对父母依赖过强，难以适应社会；
(4) 影响孩子心理素质的形成和智力发育。

4 父母溺爱孩子

在幼鹰刚出生时，老鹰会竭尽全力去喂养和保护自己的孩子，这是一种天然的母性。而到了幼鹰学习飞翔的时候，老鹰就会变得极其严格，在我们人类看来甚至觉得有些残忍。

老鹰会把幼鹰一只只推下山崖，幼鹰在空中学着展翅飞翔的老鹰，扑棱着翅膀，本能地挣扎着，直到掌握了飞翔技能，在空中盘旋一阵后，冲向更高更远的蔚蓝天空。

"幼鹰学飞"这个故事，我相信父母们在自己很小的时候就听说过，或者是在故事书里阅读过，其中的道理也能够领略一二，但是真正到自己为人父母的时候，却无法做到像老鹰那样该放手时就放手。

如果总是带着"孩子太小"的思想来溺爱孩子，会对孩子造成哪些不良的后果？如图1-13所示，为父母溺爱孩子的3种不同后果。

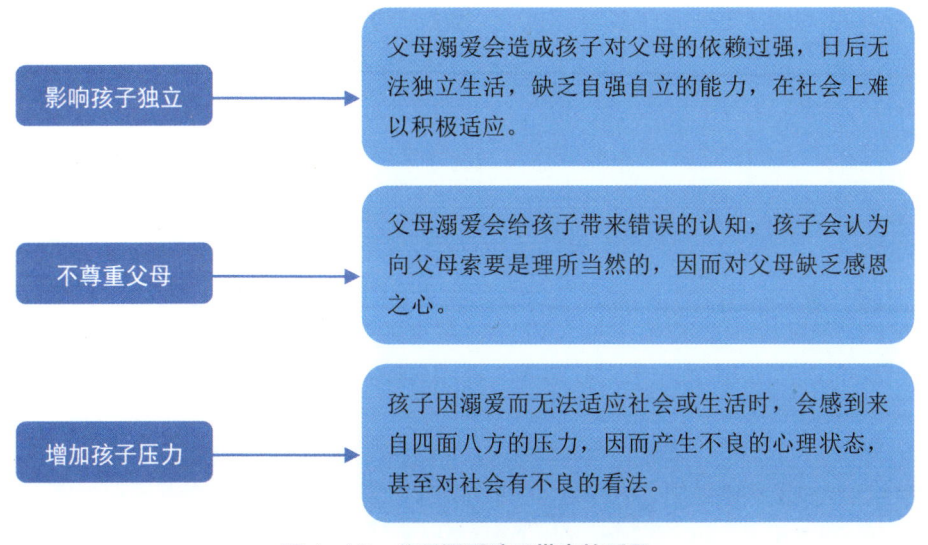

影响孩子独立	→	父母溺爱会造成孩子对父母的依赖过强，日后无法独立生活，缺乏自强自立的能力，在社会上难以积极适应。
不尊重父母	→	父母溺爱会给孩子带来错误的认知，孩子会认为向父母索要是理所当然的，因而对父母缺乏感恩之心。
增加孩子压力	→	孩子因溺爱而无法适应社会或生活时，会感到来自四面八方的压力，因而产生不良的心理状态，甚至对社会有不良的看法。

图1-13 父母溺爱孩子带来的后果

第 2 章

揭秘真相，
8 招了解时间管理

学前提示

鲁迅先生说："时间就像海绵里的水，只要愿挤，总还是有的。"对孩子来说，挤出来的时间如何合理地使用是最大的问题。本章笔者将会介绍一些相关的时间管理方法和软件，旨在提高孩子自主管理能力，减少父母的负担。

要点展示

- 时间管理概念
- 时间管理表现
- 儿童时间心理
- 时间管理历史
- 时间管理金律
- 时间管理软件
- 时间管理方法
- 四象限法则

011 时间管理概念

世界上最具影响力的个人和组织效率思想家戴维·艾伦(David Allen)曾出版过一本书《尽管去做：无压工作的艺术》，该书英文名为 Getting Things Done，作者在书中提出了"时间管理"这个概念。

1 何谓时间

"时间"这个概念我们都很熟悉，但又讲不清它具体的含义，这是什么原因？因为时间是一个抽象的概念，我们之所以能感觉时间的存在，是因为时间的改变体现在外物上，比如春去春来、冰川融化等。

在传统的认知观念里，时间是一直存在的，它过去存在，现在存在，未来也存在。在传统物理学观念里，时间是可以不断切割的，时间是无限长的；但是在量子物理学中，时间在理论上是有上限和下限的。

从宏观角度来说，是时间在改变事物，时间才是世界上最大的主宰；但是从微观角度来说，决定物质的不是时间，而是事物被记录的顺序，也就是说时间只是这个记录过程中产生的附属品。

笔者以上说的只是"时间"在不同观念里的不同阐述，而人作为一个完整的个体，是能感觉到时间流逝的。既然时间是可以流逝的，那么我们就有必要管理时间，减少时间的浪费。

2 何谓时间管理

时间管理指的是个体或团队使用一定的工具、方法、技巧来提前规划时间，灵活把握时间，有效使用时间，以使得个人或团体高效地达到目标或完成任务。时间管理主要追求如下结果。

(1) 效果：确定时间管理中自己所希望看到的结果；
(2) 效率：在时间管理中以自己最小的代价获得成果；
(3) 效能：在时间管理中获得最佳的成果。

时间管理这个概念，目前应用最广泛的是在 MBA 商业管理领域。在网络平台上，父母们经常可以看到一些关于时间管理培训课程的推广，他们宣传说能快速提高工作效率，能给自己创造更美好的未来。如图 2-1 所示，为微信小程序上关于提高工作效率的时间管理付费课程。

当然，如果家庭条件允许，可以让孩子听一些这样的课程，以有效提高孩子的效率，

揭秘真相，8招了解时间管理 第2章

改善拖拉的毛病。

图 2-1 微信小程序上的时间管理课程

3 时间管理的作用

孩子学会时间管理，就能在学习中更高效地利用时间，获得更好的成绩，提高办事的效率。学会时间管理对孩子日后的成长也有很多作用，如图 2-2 所示。

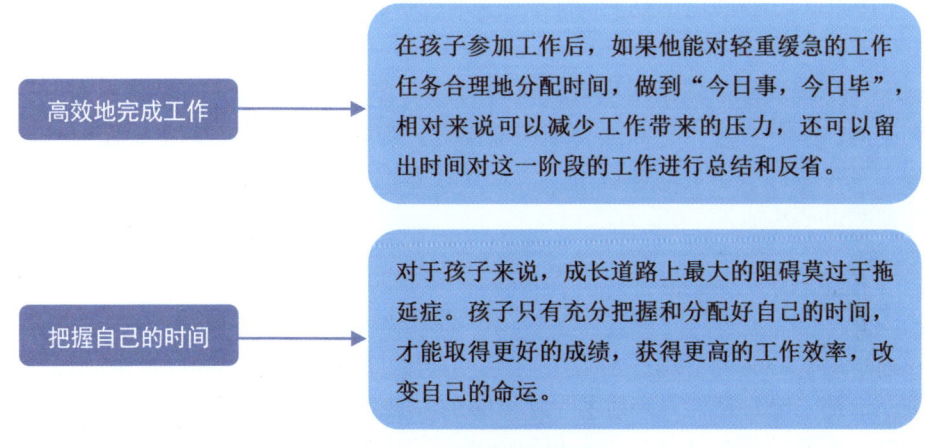

高效地完成工作 → 在孩子参加工作后，如果他能对轻重缓急的工作任务合理地分配时间，做到"今日事，今日毕"，相对来说可以减少工作带来的压力，还可以留出时间对这一阶段的工作进行总结和反省。

把握自己的时间 → 对于孩子来说，成长道路上最大的阻碍莫过于拖延症。孩子只有充分把握和分配好自己的时间，才能取得更好的成绩，获得更高的工作效率，改变自己的命运。

图 2-2 时间管理的作用

25

012 时间管理历史

国外有句话说:"时间是无声的脚步,不会因我们有很多事情要完成而停止脚步。"这句话与中国成语"时不我待"有异曲同工之妙。

1 开始认识时间

人类一开始对时间的概念是模糊的,这一点跟童年时懵懵懂懂的我们很类似。人类在生存和死亡中逐渐意识到时间的重要性,才开始对自己或部落进行时间管理,比如男人们约定什么时候一起出去打猎,女人们约时间一起纺纱织布。

这是最原始的时间管理,我们可以称之为时间管理的雏形。但是,人类之所以后来能进行时间管理,不就是充分认识到了时间的重要性,才逐渐萌发这种观念,并将这种观念系统化的吗?

2 早期时间管理

14世纪50年代,这一年德国钟表匠发明了世界上第一个闹钟,还没有出现严格意义上的计时器,那时的人是根据天象和简陋的工具来管理时间的,最著名的就是《老子》的"小国寡民,日出而作,日落而息,民至老死不相往来"。

在此之前的欧洲,使用圆形的钟表来计时。因为钟表是永远机械地做圆周运动,于是很多人就误认为时间只是无限的、重复的、机械的运动,有点像尼采提出的"永劫回归(可以这么理解,组成这个世界的基本粒子数量是有限的,只要足够长的时间,这个世界上的一切可以重新回归)"。

这时,物理学家牛顿提出了自己对时间的定义,在他看来时间是绝对的,独立于物质和空间的一种存在,它只会匀速向前推进,与任何事物无关,不受任何外在条件的影响。在牛顿这个定义的基础上,大家开始意识到时间的独特性,为后来更先进的时间管理奠定了基础。

3 "计划书"时代

在这个时代,时间管理往前迈了一步,随着计时工具的愈发精细,时间管理也愈发先进,于是"计划表""计划书"之类的东西应运而生,并且蔚然成风。

我们现在使用的各种作息表,可以看成是通过最简单的计划书来进行时间管理。而古人的作息计划远没有我们今天这么严格,比如汉唐时期,商人只有在中午才能开市，至黄昏时节闭市。之后的朝代管控就没那么严格了，从清晨至深夜都有商业活动。明代著名散文家张岱在其《陶庵梦忆》里就记载了这么一个场面："至一二鼓，夜市犹未散，列烛以归，城中士女夹道云集而观之。"从其中可以一窥明代繁华的夜市生活。

现代紧张而又严格的作息表和计划表，不仅得益于计时的精细化，还得益于经济的繁荣和相关法律的完善。比如，我们最常见的就是学生的作息时间表和上班族的作息时间表，如表2-1与表2-2所示，时间表上各项时间都写得明明白白。

表2-1 学生作息时间表

时间	上午					中午	
	8:30~9:15	9:20~10:05	10:20~11:05	11:10~11:55	12:00~12:30	12:40~14:10
作息	第一节课	第二节课	第三节课	第四节课	午餐	休息

时间	下午		
	14:30~15:15	15:20~16:05	16:20~17:05
作息	第五节课	第六节课	第七节课

表2-2 上班族作息时间表

时间	冬季			夏季		
	上午	午休	下午	上午	午休	下午
	8:00~12:00	12:00~13:30	13:30~17:30	8:00~12:00	12:00~14:00	14:00~18:00

随着互联网的发展，在作息表的基础上，衍生出了很多帮助孩子或学生自我管理时间的软件，比如番茄ToDo。微信小程序也推出了类似的小程序，如番茄效率法，如图2-3所示。

这些App或小程序大多基于"番茄工作法"而设计，在一定程度上可以帮助孩子或学生自我管理时间，提高学习和做事的效率。

在笔者看来，即使计划书如此详细，依然有利弊两面，如图2-4所示。

图 2-3　番茄 ToDo（左）与番茄效率法（右）

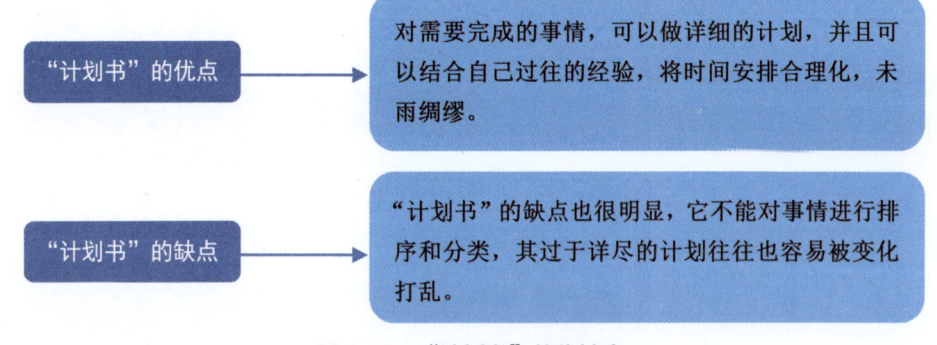

"计划书"的优点 → 对需要完成的事情，可以做详细的计划，并且可以结合自己过往的经验，将时间安排合理化，未雨绸缪。

"计划书"的缺点 → "计划书"的缺点也很明显，它不能对事情进行排序和分类，其过于详尽的计划往往也容易被变化打乱。

图 2-4　"计划书"的优缺点

❹ 效率时代

当我们在生活、学习或工作中遇到的事情越来越多、越来越杂的时候，只做简单的记录，已难以体现事情的轻重缓急。为了解决这个问题，就必须对事情进行分析排序，以提高自己的工作效率，这个方法我们称之为"工作排序"。

笔者举一个"工作排序"的典型例子。在古代，为了提高工作效率，也会对事情的轻重缓急做出分类，比如重要的文件会进行八百里加急，以最快的速度上达圣听，当然也无法避免"一骑红尘妃子笑，无人知是荔枝来"的闹剧；清朝是将奏折文化发扬到极致的一个朝代，有紧急事情发生，大臣可以用小折子八百里加急，相当于是给皇帝发个私人消息；到了当代，党政机关的公文也会用"特提""特急""加急""平急"来分类，以区分文件的紧急程度。

关于工作排序方法的优缺点，如图 2-5 所示。

工作排序的优点 → 和"备忘录""计划书"这些方法相比，工作排序的优点在于能厘清工作的重点，进一步提高工作效率。

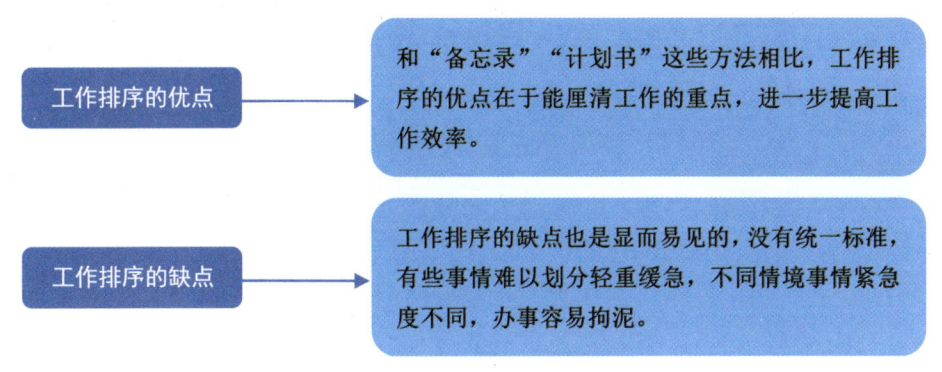

工作排序的缺点 → 工作排序的缺点也是显而易见的，没有统一标准，有些事情难以划分轻重缓急，不同情境事情紧急度不同，办事容易拘泥。

图 2-5　工作排序方法的优缺点

013　时间管理方法

在《尽管去做：无压工作的艺术》一书中，作者将时间管理分成了 5 个步骤，分别是收集、整理、组织、回顾和行动，具体如图 2-6 所示。

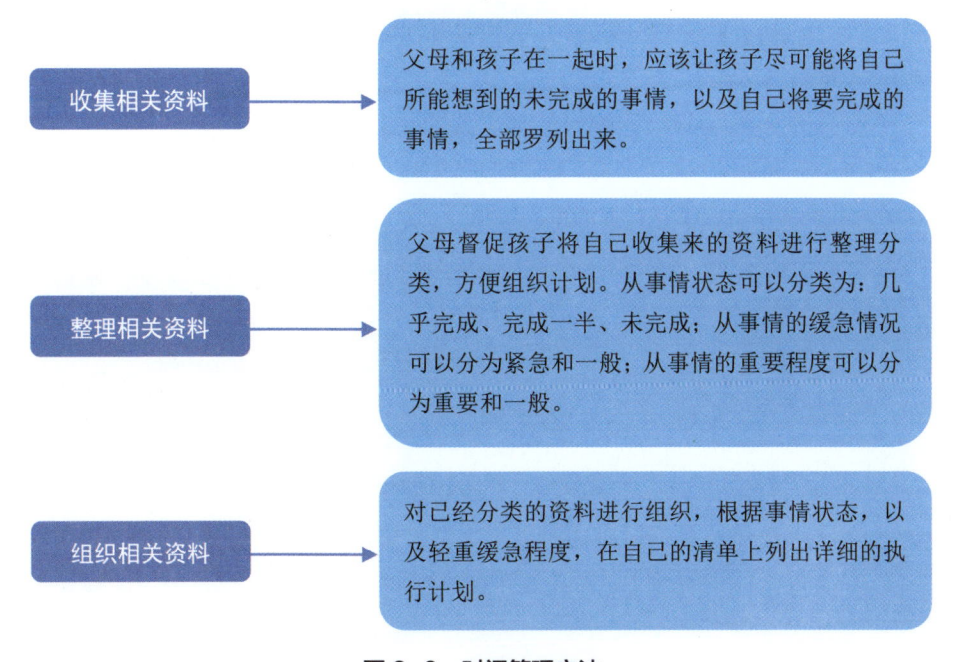

收集相关资料 → 父母和孩子在一起时，应该让孩子尽可能将自己所能想到的未完成的事情，以及自己将要完成的事情，全部罗列出来。

整理相关资料 → 父母督促孩子将自己收集来的资料进行整理分类，方便组织计划。从事情状态可以分类为：几乎完成、完成一半、未完成；从事情的缓急情况可以分为紧急和一般；从事情的重要程度可以分为重要和一般。

组织相关资料 → 对已经分类的资料进行组织，根据事情状态，以及轻重缓急程度，在自己的清单上列出详细的执行计划。

图 2-6　时间管理方法

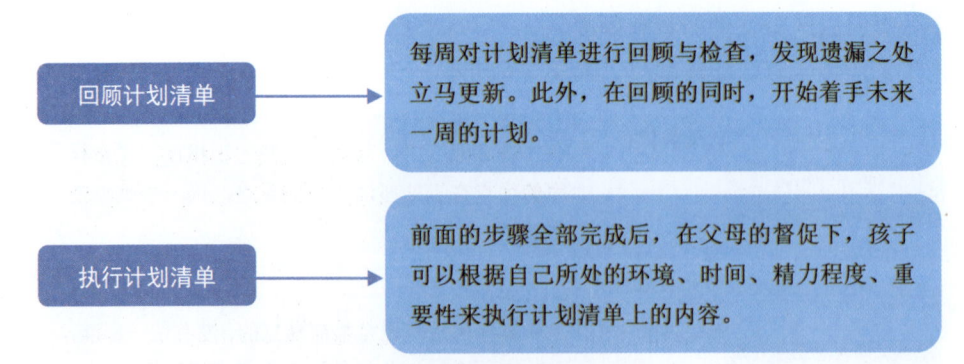

回顾计划清单 → 每周对计划清单进行回顾与检查，发现遗漏之处立马更新。此外，在回顾的同时，开始着手未来一周的计划。

执行计划清单 → 前面的步骤全部完成后，在父母的督促下，孩子可以根据自己所处的环境、时间、精力程度、重要性来执行计划清单上的内容。

图 2-6　时间管理方法（续）

014 时间管理表现

《尽管去做：无压工作的艺术》一书中的时间管理方法，对于不同的人有不同的效果，如图 2-7 所示。

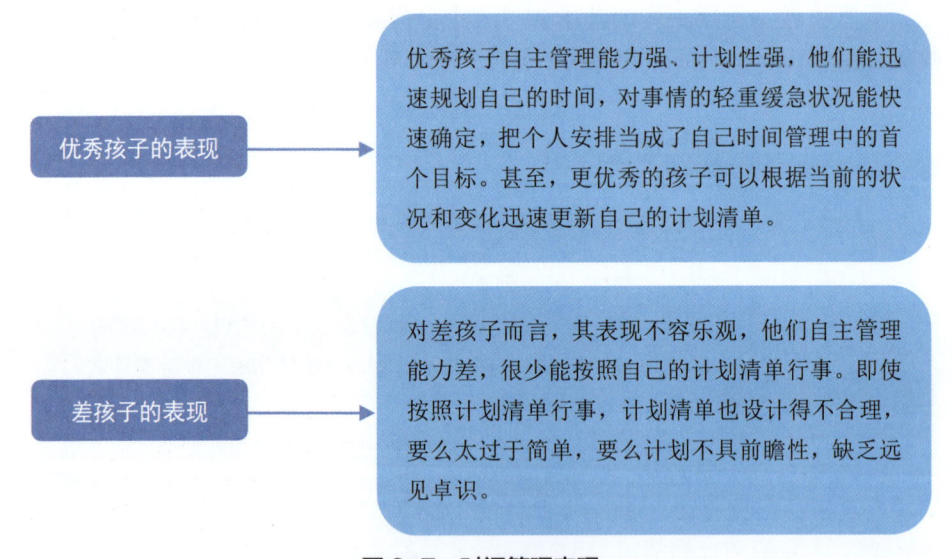

优秀孩子的表现 → 优秀孩子自主管理能力强、计划性强，他们能迅速规划自己的时间，对事情的轻重缓急状况能快速确定，把个人安排当成了自己时间管理中的首个目标。甚至，更优秀的孩子可以根据当前的状况和变化迅速更新自己的计划清单。

差孩子的表现 → 对差孩子而言，其表现不容乐观，他们自主管理能力差，很少能按照自己的计划清单行事。即使按照计划清单行事，计划清单也设计得不合理，要么太过于简单，要么计划不具前瞻性，缺乏远见卓识。

图 2-7　时间管理表现

当然，对于差孩子，父母可以通过以下方法来提高孩子的能力，如表 2-3 所示。

表 2-3　差孩子提高能力的方法

提高方法	阐　释
列出计划清单	父母督促孩子每天花一点时间，将他每一天或每一周里觉得非常重要的事情写在计划清单上。
确认计划清单	让孩子确定其每天或每周的计划，以及时间日程，并都写在计划清单上，如果遇上特殊情形，可调整时间安排。
建立完整体系	在父母的帮助下，让孩子建立一个完整的时间管理体系，确保孩子能轻松判断出事情的重要性和紧急性；同时，也要设立计划的目标和最终期限，以便孩子进一步了解时间管理。
重估事情类别	在最大程度上对事情的类别进行重估，以让孩子能清晰地了解自己即将要完成的事情。
加强自我认识	让孩子认识到自己的能力有限，可能需要别人的协助，或者说，需要拆分自己的目标。

015　时间管理金律

父母除了要让孩子认识到"时间管理"这个概念，能够有效地进行时间管理外，还需要让孩子对时间管理的原则和金律进行了解。

1　四大原则

笔者接触过很多孩子，也给孩子开展过各种群体活动，在对孩子进行深入了解后，发现每个孩子都有一颗梦想的种子，有些孩子内心的种子已经萌芽，而有些孩子梦想的种子还在休眠，需要他自己去发现和灌溉。如图 2-8 所示，为笔者在课堂上启发孩子写出自己心中的梦想和计划清单。

在孩子了解了时间管理、写出计划清单之后，父母还应该让孩子了解时间管理的四大原则，如表 2-4 所示。

图 2-8 笔者在启发孩子写出心中的梦想和计划清单

表 2-4 时间管理的四大原则

原则	阐释
根据不同的学习特点安排时间	不同的人有不同的学习特点，这可以称之为"因人而异"。我们根据不同的人，制订不同的学习计划，这个称之为"因地制宜"。举个最简单的例子，有的孩子需要背诵的内容长达几千字，这必须得好好安排时间。俗话说："一年之计在于春，一日之计在于晨。"这时候孩子需要把自己的背诵时间安排在早晨——孩子头脑最清晰的时候，而不是中午——孩子昏昏欲睡的时候。
放弃超出自己能力范围的事情	每个孩子的能力都是有限的，每个孩子的精力也是有限的，当然时间也是有限的。于是，孩子应该把时间和精力花费在自己能力范围之内的事情上。举个最简单的例子，孩子在考试时总会遇到一些难题，但有些孩子偏偏要解出难题才罢休，结果浪费大把时间，导致自己无法按时完成考卷。
除了要学习，还需要适当休息	笔者以前听过一个段子——"囊萤映雪的人全部都变成了近视眼"，这虽然不是历史，只是笑话，但是却告诉了父母一个道理：孩子除了要抓紧时间学习，也要适当休息。当然，对于高中生而言，功课众多和作业繁重，有时熬夜学习情有可原，但是经常熬夜会影响白天的学习效果，得不偿失。
除了有计划，还需要有执行力	孩子不能做"语言的巨人，行动的矮子"，如果光有一个完美的计划，却没有执行力，那么这个计划就是纸上谈兵，毫无用处。"空谈误国，实干兴邦"，孩子除了要有丰满的理想，还要踏踏实实地执行自己制订的时间管理计划。

② 四条金律

《诗经》上说:"它山之石,可以攻玉。"指的就是吸取他人的经验,有利于我们日后的成长。以下的"四条金律",可以作为父母们的参考。

(1) 明确自己的价值观。

对于父母来说,必须要让孩子树立正确的价值观,这是孩子人生开始的基础。如果孩子价值观不对,或者时间观念不强,那么孩子很难做好一个计划清单,也很难照着这个清单执行下去。

(2) 明确自己的目标。

钱钟书先生在《围城》一书中提到这么一个故事:要想让驴子跑得快,就得在它眼前挂一根胡萝卜,驴子为了吃到这根胡萝卜,就会拼命向前跑。从这个故事我们可以看出来,目标不仅可以使孩子有方向感,还能成为孩子努力的动力。

(3) 安排不被打扰的时间。

孩子不可能有太大的定力,能在人声嘈杂的咖啡馆写出名著;孩子的学习不能"于闹市读书",往往需要一个安静的不被打扰的环境和时间段,以便高效率地完成自己的计划。

(4) 做好时间日志。

孩子需要及时做好时间日志,以方便日后统计数据,及时修改自己的时间管理计划表。

016　四象限法则

在时间管理中,应用得最多的就是"四象限法则",笔者认为"四象限法则"脱胎于著名的"帕累托原则"。

① 帕累托原则

"帕累托原则"又被称为"二八定律",被广泛用于社会学、企业管理学等多个领域。

(1) 在公司品牌上,它体现为"20%的大品牌占有80%的市场份额"。
(2) 在公司营销上,它体现为"给公司带来80%利润的客户往往是20%的贵宾客户"。
(3) 在财富上,它体现为"世界上20%的人掌握了80%的财富"。
(4) 在心理学上,它体现为"20%的人集中了人类80%的智慧"。

这些都在表明20%这个少数对于整体的影响。如图2-9所示,可以明确地体现20%这个部分的重要性。

图 2-9　"帕累托原则"最简洁的表述方式

② 四象限法则

四象限法则就是为了体现 20% 这个少数的重要性。根据事情的重要性和紧急情况，我们可以将事情分为 4 个类别。

(1) 第一优先级：重要且紧急；
(2) 第二优先级：重要不紧急；
(3) 第三优先级：紧急不重要；
(4) 第四优先级：不紧急不重要。

有些软件开发者根据这个"四象限法则"开发了一些 App，如微信小程序中就有"时间管理日记"这个小程序，如图 2-10 所示。

图 2-10　"时间管理日记"微信小程序

步骤 01　该小程序操作起来很简单，孩子或父母可以在微信中下拉进入小程序搜索界面，在搜索框中输入关键字"时间管理日记"，如图 2-11 所示，点击下方的 按钮。

揭秘真相，8招了解时间管理 第2章

步骤 02 进入小程序搜索结果展示界面，其中第一个小程序便是"时间管理日记"小程序，如图2-12所示，点击"时间管理日记"标签。

图2-11 搜索关键字

图2-12 找到小程序

步骤 03 进入"时间管理日记"小程序主界面。比如，对于晓晓来说，明天的模拟考试是重要且紧急的，可以在"很重要-很紧急"一栏中输入事件"晓晓模拟考"，如图2-13所示；点击事件下方的时间，进入时间表盘界面，选择相应的时间，如图2-14所示，点击"确定"按钮提交即可。

图2-13 小程序主界面

图2-14 时间表盘界面

孩子或父母通过以上步骤添加事件后，等到相应的时间点，该微信小程序就会自

35

动发出通知。当然，如果觉得这个小程序过于麻烦，孩子或父母也可以自己制作表格，将自己想要完成的事分类按顺序填入表格，表格样式如表 2-5 所示。

表 2-5 "四象限法则"表格样式

重要且紧急	重要不紧急
(1) (2) (3)	(1) (2) (3)
紧急不重要	不紧急不重要
(1) (2) (3)	(1) (2) (3)

017 儿童时间心理

对于一个人来说，尤其是对于一个孩子来说，时间是最宝贵的。人的生命是有限的，不可能对所有事情不分轻重缓急而直接处理。如果孩子在一件既不重要又不紧急的事情上耗费时间，这是多么可惜的一件事。

著名散文家朱自清先生在《匆匆》这篇散文名篇里如此写道："于是——洗手的时候，日子从水盆里过去；吃饭的时候，日子从饭碗里过去；默默时，便从凝然的双眼前过去……我掩着面叹息。但是新来的日子的影儿又开始在叹息里闪过了。"

笔者只摘取了散文中的一小节。朱自清先生运用了拟人的手法，形象生动地展现了时间的流逝，同时还带着诙谐的腔调。我建议父母可以带领孩子深情地朗读这篇散文，感受文字的魅力和时间的宝贵。

1 时间的特殊性

时间是具有特殊性的，它不能直接体现出来，只能通过其他事物体现出来，因此孩子很难直观地感觉到时间的流逝，也很难明白时间的宝贵性。正是因为孩子对时间有感知困难，才需要父母引导孩子，让他们间接地明白时间的重要性。

2 对时间的把握

根据相关科学家的研究，7岁是儿童时间观念发生变化的黄金时期。在这期间，孩子开始能具体把握各种常用的时间尺度，对时间有相对稳定和精确的感知。但是对"时代""世纪"等大时间观念，孩子还是缺乏相应的感知。

3 对时间的感知

能对时间进行感知，这是孩子学会时间管理的基础。在此基础上，父母还需要有意或无意地引导孩子养成自我管理和自我监控的能力，让孩子朝自我安排时间、自我设置目标方面发展。

018 时间管理软件

现今App横行，手机上出现了各种时间管理软件，真可谓五花八门，数不胜数。笔者在谷歌商店和酷安网输入关键字"时间管理"，能搜索出很多时间管理软件，如图2-15所示。

图2-15 谷歌商店搜索结果（左）与酷安网搜索结果（右）

虽然说时间管理软件数不胜数，下载渠道无法一一枚举，但是父母与孩子需要注意的是——尽量保证自己所使用的时间管理软件来自正规渠道。笔者发现一些父母和孩子在安装软件时，嫌安全检查太慢，关掉了安全检查。笔者建议在安装时间管理软件时开启安全检查，如图 2-16 所示，以免感染手机病毒，损坏手机中的资料，造成不可逆转的损失。

图 2-16　安装时间管理软件时开启安全检查

当然，父母和孩子只需要安装一两个对自己有效的时间管理软件即可，无须安装太多 App，以免造成不良后果。

下面笔者推荐一些优秀的时间管理软件，父母和孩子可根据自己的实际需要和审美，酌情选用。

1 不做手机控

"不做手机控"是功能相对全面的时间管理 App，它不仅可以帮助孩子管理时间，制订计划，还可以帮助孩子控制玩手机的时间，戒除对手机的依赖，甚至可以统计孩子玩手机 App 的时间。

在安装完 App 授予相关权限后，可以看到 App 有"番茄工作"功能，如图 2-17 所示；如果使用者上传分数，还可以在云端进行排名，如图 2-18 所示。

"不做手机控" App 还专门设计了防沉迷的功能，"监督玩机"和"睡眠计划"分别能够为孩子杜绝学习时玩手机和睡觉时玩手机的坏习惯，如图 2-19 所示。

在这个 App 中还有"使用统计"功能，它可以帮助孩子统计玩手机的时长；而"时光轴"功能可以统计孩子的时间都花费在哪些 App 上，如图 2-20 所示。通过这两个统计，父母可以监控孩子玩手机的时间，解决孩子玩手机时间安排不当的问题。

揭秘真相，8招了解时间管理 第2章

图2-17 "番茄工作"功能

图2-18 分数排名

图2-19 "监督玩机"（左）和"睡眠计划"（右）

2 滴答清单

"滴答清单"App是一款对待办事项和日程进行综合管理的时间管理软件，它可以帮助孩子制订学习计划，安排行程规划，记录备忘事项。它集计划、日程、闹钟、番茄计时、备忘、笔记、便签、日历等多种功能于一体。

图 2-20　"使用统计"和"时光轴"

　　和"不做手机控"App 相比，"滴答清单"App 更适合那些自主管理能力强，但是计划性差的孩子。"滴答清单"App 中有"学习安排"功能，孩子可以在这个功能里添加相关待办事项，如图 2-21 所示。当然，这个待办事项也可以设置"高优先级""中优先级""低优先级""无优先级"，如图 2-22 所示。到时间时，App 会优先提醒使用者到该完成"高优先级"事情的时候了。

图 2-21　添加相关待办事项　　　　　图 2-22　设置优先级

"滴答清单"App 中还有"个人备忘"功能，孩子可以在这个功能里添加相关的备忘事项，如图 2-23 所示。当然，这个备忘事项也可以设置"高优先级""中优先级""低优先级""无优先级"，如图 2-24 所示。比如，晓晓设置的是下午 5 点打扫房间，那么到下午 5 点时，"滴答清单"App 会根据优先级，自动提醒晓晓到了该打扫房间的时候了。

图 2-23　添加相关备忘事项　　　　图 2-24　设置优先级

笔者查看过"滴答清单"App 官网信息，发现滴答清单可以进行多端同步。比如，晓晓在 Android 手机版"滴答清单"上设置下午 3 点跑步锻炼身体，那么晓晓还可以在 Windows 电脑端和 iOS 端查看该事项。

3　番茄 ToDo

"番茄 ToDo"是一款综合了"番茄时钟""待办列表""数据统计"等功能的时间管理 App。这款 App 具有简约的设计风格，结合 ToDoList 和番茄工作法，可以帮助孩子进行自我管理，在有条不紊的计划中充实地度过一整天。

在首页中，孩子可以自己自由添加相关待办事项，并且为自己计时，如图 2-25 所示。当然，此 App 也有独特的"学霸模式"，如图 2-26 所示，能够在学习期间有效避免其他娱乐 App 对孩子的影响。

该 App 还提供了"锁机"功能，如图 2-27 所示，类似于"不做手机控"App 中的"监督玩机""睡眠计划"功能。最早推出这种"锁机"功能的是一加手机，手机自带"禅定模式"，后来小米手机系统也开发了类似功能——"专注模式"，如图 2-28 所示。

图 2-25　待办事项计时　　　　　图 2-26　"学霸模式"

图 2-27　"锁机"功能　　　　　图 2-28　小米手机系统的"专注模式"

"番茄 ToDo"还提供了独特的"自习室"功能，孩子可以邀请自己的同学或室友加入"自习室"，如图 2-29 所示。处于同一个"自习室"的人，可以互相看到对方的专注时间和数据，进行互相督促。此外，孩子还可以查看全球排行，了解其他使用者的相关数据，如图 2-30 所示。

图 2-29 "自习室"功能　　　　图 2-30 全球排行

第 3 章

反思自己，
10 招做好聪明父母

学前提示

　　要想让孩子学会时间管理，光孩子一方面下工夫是不行的，父母也得认识自己、约束自己，在生活、学习、工作等多个方面给孩子树立榜样，不将自己身上的情绪发泄在孩子身上。本章主要讲的内容是父母如何"以身作则"引导孩子、深入了解孩子。

要点展示

- ▶ 制作孩子档案
- ▶ 父母自我检测
- ▶ 主动释放压力
- ▶ 学会控制情绪
- ▶ 心智思维成熟
- ▶ 新型思维养成
- ▶ 了解孩子秘密
- ▶ 心里父母画像
- ▶ 儿童习惯测试
- ▶ 时间观念测试

019 制作孩子档案

父母是孩子人生中的第一任老师，父母的言行举止影响着孩子的成长。斩获第56届金马奖的电影《阳光普照》讲述的就是一个关于父母和孩子的故事。在电影中，母亲偏爱小儿子阿和，不怎么关注大儿子阿豪，而父亲打心底不承认混混一样的阿和，内心偏向阿豪。但是父亲对阿豪的了解是很有限的，仅限于按时去送生活费，和孩子交谈只会说驾校里的那两句宣传语——"珍惜时间，把握方向"。阿豪在跳楼自杀后，父母竟然都不清楚他自杀的原因，他们根本不了解在大儿子阿豪"阳光普照"的背后，内心也有不为人知的阴暗面。

因此，父母关爱孩子，要先从了解孩子开始。以下是笔者列出的一张关于父母对孩子了解程度的调查表，父母可以抄在草稿纸上，或者用铅笔在书上完成（不要询问孩子）以下信息，如表3-1所示。

表3-1 孩子信息表

题 目	内 容
姓名	
性别	
昵称	
生肖	
血型	
身高	
出生日期（农历）	
出生日期（公历）	
最喜欢的老师	
最要好的朋友	
最喜欢的颜色	
最喜欢的水果	
最喜欢的课程	
最喜欢的影视剧(包括电影、电视、卡通、动漫)	

续表

题　目	内　容
最喜欢的影视剧人物	
最喜欢的书（包括漫画、小说、散文、科普文等）	
最喜欢的运动	
最喜欢的明星	
最喜欢的乐器	
最喜欢的诗人	
最喜欢的诗歌或诗集	
最喜欢的游戏	
最喜欢的歌曲	
最喜欢的游乐场所	

在笔者接触的案例之中，有些父母根本不了解自己的孩子，除了孩子的基本信息和喜欢玩"王者荣耀"游戏外，对孩子其他方面的喜好一无所知。

有些父母会向笔者抱怨："孩子又没和我说他最喜欢的老师是谁，我怎么填写信息？"这些恰恰是父母和孩子之间存在隔阂的体现。如果父母和孩子关系足够好，足够亲近，那么孩子会和父母经常沟通，从文史哲学到山南水北，都会有所沟通。

在著名作家汪曾祺的散文《多年父子成兄弟》中，汪曾祺的父亲是个画家，会刻章，会画花卉，同时他也是"孩子头"，会带着孩子们玩，甚至给孩子做很多新奇的玩具。对于汪曾祺的学业，他父亲很关心，但是不强求。最令人动容的是散文中的这一段：

"我十七岁初恋，暑假里，在家写情书，他在一旁瞎出主意。我十几岁就学会了抽烟喝酒。他喝酒，给我也倒一杯。抽烟，一次抽出两根，他一根我一根。他还总是先给我点上火。我们的这种关系，他人或以为怪。父亲说：'我们是多年父子成兄弟。'"

看完这一段，很多人不敢相信汪曾祺的父亲是近代人(19世纪末的人)，而以为是现代人。正是父亲对汪曾祺的这种良好教育，才使得汪曾祺在日后的文学创作中能写出《大淖记事》《受戒》这种民间化叙事的小说。

020 父母自我检测

为人父母多多少少都会有压力，比如长达几十年的房贷、每月要缴的水电费、家人的开销、孩子上学的生活费、孩子的学习情况、孩子的精神状况、孩子的心理状况……这些无形之中的压力吞噬着父母的内心。

钱钟书在《围城》里说："婚姻是一座围城，城外的人想进去，城里的人想出来。"婚姻就意味着责任和压力，因此才会出现"婚姻是爱情的坟墓"之类的说法。之所以如此说，是因为婚姻会埋葬爱情的浪漫，带来无形的压力。渐渐地，有些父母已经被压力包裹，开始分不清"好情绪"和"坏情绪"，会在孩子面前把自己的压力和烦恼释放出来，甚至把气撒在孩子身上。

1 父母为什么要进行自我检测

父母为什么要进行自检？笔者总结了以下理由，如图 3-1 所示。

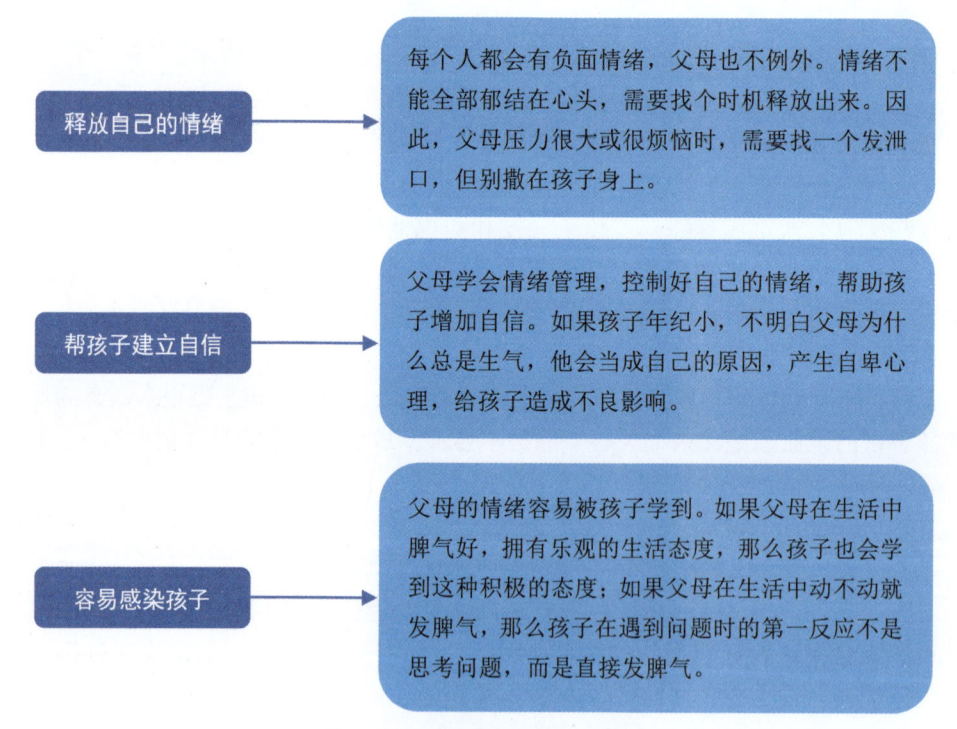

释放自己的情绪 → 每个人都会有负面情绪，父母也不例外。情绪不能全部郁结在心头，需要找个时机释放出来。因此，父母压力很大或很烦恼时，需要找一个发泄口，但别撒在孩子身上。

帮孩子建立自信 → 父母学会情绪管理，控制好自己的情绪，帮助孩子增加自信。如果孩子年纪小，不明白父母为什么总是生气，他会当成自己的原因，产生自卑心理，给孩子造成不良影响。

容易感染孩子 → 父母的情绪容易被孩子学到。如果父母在生活中脾气好，拥有乐观的生活态度，那么孩子也会学到这种积极的态度；如果父母在生活中动不动就发脾气，那么孩子在遇到问题时的第一反应不是思考问题，而是直接发脾气。

图 3-1 父母为什么要进行自检

经过笔者的研究发现，很多孩子之所以会走上极端道路，是因为他们拥有一个悲惨的童年。这个悲惨的童年导致他们的世界观和性格发生巨大的变化，以致走上一条无法挽回的道路。因此，给孩子一片蔚蓝的天空，给孩子一个良好的环境，是每个父母都应该做到的事情。

2 父母如何进行自我检测

为了简单测试父母所承受的压力，下面有 30 道心理压力测试题，如表 3-2 所示，请父母抄在草稿纸上，或者用铅笔在书中完成（请父母结合近半年自身的情况答题，如果题目的描述大致相符，记 1 分；如果不一致，记 0 分）

表 3-2 父母心理压力测试

题 目	分 数
(1) 经常莫名其妙感到烦躁或者紧张？	
(2) 和朋友、邻居和同事发生冲突？	
(3) 对自己婚姻和感情生活感到不满？	
(4) 很少主动找他人倾诉自己的心事？	
(5) 经常难以入睡或存在失眠症状？	
(6) 想辞职不工作，或者想离家一段时间？	
(7) 对生活和现实充满深深的无力感？	
(8) 最近没什么食欲？	
(9) 总是容易被生活中的某些人或网络上的某些言论所激怒？	
(10) 抽烟、喝酒、喝咖啡的量越来越多了？	
(11) 身体经常出现腰酸背痛等症状，却一直没有去就医？	
(12) 无法集中精神工作学习？	
(13) 容易忘记事情，随手放下的东西，转眼就满屋子翻找？	
(14) 感觉时间过得好快，总有很多事情来不及完成？	
(15) 最近经常尿急尿频，上厕所的次数明显增加？	
(16) 认为琐碎而重复的事情很无聊，甚至很厌烦这类事情？	
(17) 总是"一言偾事"，一句话就能得罪一些人，或者产生冲突？	
(18) 常常在身体或精神上感到疲倦？	

续表

题 目	分 数
(19) 对临时布置的任务没有耐心？	
(20) 经常有眩晕和头痛的感觉？	
(21) 总是担心自己工作不好、工资不高、投资失败？	
(22) 如果天气不好，心情也会开始低落？	
(23) 看到相关灾难新闻，内心情绪难以抑制？	
(24) 经常为一些琐事烦恼？	
(25) 常常觉得自己不快乐，或者遇到大家觉得快乐的事，而你却快乐不起来？	
(26) 手机几乎24小时不关机？	
(27) 总想提高自己的能力，但是迟迟没有行动？	
(28) 看到同事的表现，总是觉得自己不突出、不优秀？	
(29) 每天去办公室第一件事就是立刻打开微信或QQ回消息？	
(30) 最近经常熬夜？	

父母在完成心理压力测试题之后，统计自己的分数，根据表3-3的内容，查看自己的分数在哪个区间。

表3-3 压力分数区间

分 数	程 度
1~9分	你承受的是轻度压力，属于正常范围，注意不要过度焦虑和紧张，维持现状。
10~18分	你承受的是中度压力，需要关注自己，制订相关的减压计划，尽量控制自己的情绪，不要在孩子面前失控。
19~30分	你承受的是重度压力，你需要去咨询相关心理医生，防止自己产生严重的心理疾病，对孩子产生不可挽回的影响。

021 主动释放压力

如果父母倍感压力，害怕自己在孩子面前失控，做出令自己遗憾终生的事情，那么父母需要自己主动释放压力，以一个积极、乐观、向上的心态面对自己的家庭和孩子。

关于如何主动释放压力，以下为笔者统计的一些小技巧。

(1) 使用"暴力"减压。

有压力的父母可以随身携带一个小皮球，在压力太大绷不住时用力捏一捏；或者打开手机观看轻松诙谐的电视剧来减压。和掐同事的脖子、撕纸、砸桌椅相比，这种方法的好处是自己的压力得到了释放，也没给周遭的人带来麻烦。

(2) 想哭就大哭一场。

现在"眼泪"似乎成了懦弱和幼稚的代名词，似乎成年人的世界里就不应该存在眼泪。而根据医学心理学专家的研究，眼泪确实有助于缓减压力。很多人把自己的消极情绪压抑在心底，这是不正确的做法，实在不行，可以找一个私人角落大哭一场。

(3) 利用睡眠减压。

一个人只有睡眠充足才能精神饱满，才会有足够的精力去释放自己的压力，对抗自己的负面情绪。如果某些父母压力太大睡不着，笔者不建议食用安眠药等药物，建议戴上耳机，听听有助于睡眠的柔和的歌曲，如图 3-2 所示为网易云音乐中治愈失眠的歌单；失眠的父母还可以听一些白噪音入睡，如图 3-3 所示为小米白噪音 App 界面，其中包含有雨声、风声、鸟鸣等各种大自然的声音，在一定程度上可以平复心绪，有助于睡眠。

图 3-2　网易云音乐中治愈失眠的歌单　　　　图 3-3　小米白噪音 App 界面

(4) 做有成就感的事情。

当父母倍感压力，承受了太多负面情绪时，可以暂时找一件容易获得满足感和成就感的事情，以增加自己的积极情绪，忘记生活中的琐碎和不愉快。

(5)"忍"字诀。

古语云:"忍一时,风平浪静;退一步,海阔天空。"在自己要发作时,要好好想想自己这一巴掌下去会给孩子带来多大的影响。父母在忍不住想要对孩子发泄情绪时,最好扪心自问:这样做最坏的结果是什么?自己能否承受住这个最坏的结果?父母可以尝试自己说服自己,不要把情绪发泄在孩子身上。

(6)转移自己的注意力。

当父母遇到很大的压力时,可以听一些舒缓的音乐,读一些优美的散文,以达到让自己放松的地步。读优美的散文,不仅可以增加自己的知识面,还可以使人明事理,思维开放。甚至还可以看看电影、打打游戏,以达到转移自己注意力、释放压力的目的。

或者,父母也可以进行冥思,闭上眼睛想象一幅广阔壮观的画面,比如:你躺在柔软而金黄的沙滩上,温暖的阳光像暖流一样倾泻在你身上,蔚蓝的天空飘着几朵棉花一样的白云,倒映在湛蓝的海水中,泛起了粼粼的波光,几只海鸥机敏地掠过海面,跃到了海的另一头。

(7)直面压力,各个击破。

当然,并不是每个父母都有直面压力、将压力各个击破的能力,但是计划性强的父母可以尝试着找出自己的压力来源,然后将压力分条列项,逐个击破。

(8)回归大自然。

当压力太大的时候,父母可以选择将智能手机之类的电子产品放在家里,然后散步去附近最近的公园。到了公园,父母可以选择一条僻静的小道散步,用心聆听树上、草丛里的鸟叫和虫鸣,在短暂的时间里进行放松,将自己的情绪平复,然后带着一副积极乐观的面孔回到家中。

(9)用运动发泄。

父母除了可以选择到公园散步来释放压力,还可以约上两三个好友,找一个场地,尽情地打一场球,放肆地挥洒汗水,让自己的紧张和不安都在汗水中宣泄出来,同时也可以从自己喜欢的运动中获得乐趣和慰藉。

(10)芳香疗法。

芳香疗法在国外很盛行,有这方面想法的父母可以尝试芳香疗法减压。所谓的"芳香疗法"很简单,就是萃取植物的根、茎、叶、果实中的精油,这种精油可以直接刺激人的大脑皮层,可以提神醒脑,让人瞬间安定下来。

(11)享受美食。

笔者这里说的"享受美食"有两种,一种是"真享受美食",另一种是"云享受美食"。"真享受美食"指的是当父母遭遇很大的压力时,可以选择去自己喜欢的小吃街、饭馆撮一顿,这样不仅可以通过用餐来转移自己的注意力,还可以通过口腔肌肉的咀嚼咬合运动来释放自己的压力。"云享受美食"成本就很低了,父母可以选择观看《舌尖上的中国》《深夜食堂》《早餐中国》《万物滋养》等美食影视剧，使自己沉醉于美食欣赏之中，以转移自己的注意力。

(12) 交个心理医生朋友。

如果父母恰好有一个心理医生朋友，那么可以选择和心理医生谈谈心，可以在心理压力产生之前咨询相关的减压方法，以提前释放压力。

022 学会控制情绪

人是具有七情六欲的，世间不会有坐怀不乱的柳下惠，也不会有喜怒不形于色之人。因此，父母在碰到孩子拖拉磨蹭的情况时，在看到孩子犯错屡教不改时，在看见孩子写功课不用心时……觉得孩子对不起自己的一片苦心，便给孩子摆事实讲道理；孩子不听，父母开始唠叨；孩子再不听，父母的怒火已经郁结到了极点，开始忍不住打骂孩子了。

父母是孩子的榜样，只有父母控制好自己的情绪，管理好自己的心态，才能让孩子在接受时间管理训练时，没有来自父母情绪上的压力。

笔者在接触这么多父母之后，总结了他们控制情绪的方法。

(1) 学会换位思考。

在父母想要对孩子打骂之前，笔者建议父母先冷静一下：孩子事情没有做好，是不是单纯只是他自己的原因，还是父母也有不尽责的地方。当然，父母也可以进行换位思考，可能孩子年纪太小了，也有可能是父母对孩子的期望值过高，还有可能孩子判断力、执行力太差。

(2) 克服自己的强迫症。

很多父母觉得自己不够优秀，但对孩子却特别严格，要求他们为人处事要做到尽善尽美，甚至十全十美。父母这种强迫症放在工作中，可以将自己的工作完成得更好，但是有些道理不是放之四海而皆准的，对孩子不能过于严苛，需要张弛有度。

(3) 自我暗示。

在和孩子相处过程中，父母感觉到自己情绪难以控制时，可以采用以下的话语来暗示自己，如表3-4所示。

(4) 倾听孩子的心声。

很多父母都是把孩子当成一张白纸，认为孩子一开始是什么都不具备的，父母和老师给他画什么颜色，孩子以后就是什么颜色。这是传统的教育认知，其实孩子本身就有五颜六色的花纹，父母和老师去引导他，孩子就能在纸上画出属于自己的色彩。

表 3-4　自我暗示

目　的	如何自我暗示
让自己放轻松	在神经紧绷、有点喘不过气,甚至为一点小事而紧张不安的时候,父母可以给自己暗示:"我能行的,孩子也可以做得很出色。"
让自己尽快保持冷静	当孩子需要做的事情没完成,如定下的计划清单没有及时完成时,父母可以这么暗示自己:"孩子做不好也没关系,他慢慢地自己会将这件事情做好的。"
让自己心情平复下来	当父母意识到孩子可能不会尽心尽力去完成一件事时,父母可以这样暗示自己:"孩子会尽心尽力去完成这件事的,我应该相信孩子。"
让自己坚持下去	当父母对孩子很失望,觉得孩子能力太差的时候,父母可以暗示自己:"孩子可能不适合这种方法,我不能放弃孩子。"
让自己不过分担忧	当父母为孩子处处担忧时,父母可以这样暗示自己:"孩子已经长大了。"或者是:"孩子总要学着自己长大的。"

根据这种认知,孩子也有自己内心的想法,父母不能直接无视孩子的内心想法,而把自己的想法强加到孩子身上。应该学会尊重孩子,让孩子说出自己的想法,双方尽可能心平气和地交换意见。

(5) 学会"悬崖勒马"。

当父母意识到自己的情绪就要控制不住的时候,没必要在孩子面前爆发出来,自己主动离开现场,去一个相对安静和舒适的环境,将自己的心情平复下来,这样不仅可以照顾到自己的身体,也是对孩子的一种关爱。

值得注意的是,父母在积极暂停自己坏情绪的过程中,尽量不要摔门,或者故意撞翻椅子凳子,而是最好跟孩子解释:"你惹我生气了,我要先出去冷静一下。"

(6) 记录自己的情绪。

在遇到孩子叛逆、不配合父母的时候,父母尽量用提问来引导,而不是直接大吼大叫和谩骂。

笔者建议情绪控制不好的父母可以做一个表格,将自己情绪难以控制的原因等具体信息写下来,然后进行横向对比,看自己情绪控制是否比上次好一些。父母们可以在手机自带的便签或备忘录上记录自己的情绪,如图 3-4 所示。当然,大家也可以前往应用商店下载第三方的便签,如图 3-5 所示。不过,笔者推荐使用官方便签和有道云笔记,可以云同步、多端同步自己的情绪记录卡。

如果有些父母喜欢用表格记录,以便于自己整理和记录,笔者提供一个情绪记录模板,如表 3-5 所示。

图 3-4　小米手机自带便签　　　　　图 3-5　有道云笔记

表 3-5　情绪记录模板

星　期	日　期	持续时间	原　因	控制情况	情绪天气
星期日					
星期一					
星期二					
星期三					
星期四					
星期五					
星期六					

023　心智思维成熟

在笔者印象中，某一部电视剧里的父亲曾对孩子说："我也是第一次当爸爸，请多多关照。"父母也是从孩子蜕变来的，也是从幼稚走向成熟的，孩子身上的问题对于父母来说，他们也可能是第一次遇到。因此，在很多事情上，父母也需要提高自己，也需要孩子的包容。

下面笔者列出了一个关于"心智思维成熟度"的测试表，请父母抄在草稿纸上，或者用铅笔在书上完成(请父母如实作答，按照自己的实际想法，选择最符合自己的答案填入表中)，如表 3-6 所示。

表 3-6　心智思维成熟度测试表

题　目	分　数
（1）邻居家里很吵闹，但你又不知道具体原因时，你会怎么想？ A．可能是邻居夫妻发生了矛盾，在吵架（4分）。 B．可能是刚搬来新的住户，是搬运家具的声音（3分）。 C．没有别的原因，纯粹只是墙壁隔音效果差而已（2分）。 D．他们吵闹关我什么事（1分）。	
（2）当同事获得莫大的成就或殊荣的时候，你会怎么看待？ A．这次我只不过是失手了（3分）。 B．他根本没什么实力，以前比我还差劲（1分）。 C．不过如此，比他厉害的多了去了（2分）。 D．看来他确实蛮厉害，我应该努力了（4分）。	
（3）如果明天早上起床，发现已经是世界末日了，你认为这个世界将会以什么样子呈现在你眼前？ A．怎么可能，我一定是在做梦（4分）！ B．将会发生大海啸，将整个地球的大陆全部淹没（3分）。 C．时间线将会被扭曲，我们会回到过去（2分）。 D．将会有外星人降临地球，人类将卷入"星球大战"中（1分）。	
（4）当你开着租来的电动环保汽车停靠在路边时，无缘无故被一辆电动车剐蹭了一下，你将会怎么处理这件事情？ A．将对方拦下来，让他将事情解释清楚（4分）。 B．反正不是我的车，算了（2分）。 C．把车窗摇下来，先骂他一通再听他解释（1分）。 D．坐等对方过来道歉赔偿（3分）。	
（5）某一天，当你提前10多分钟去公司，发现同事们正在拿你的缺点开玩笑，你会怎么对待这件事情？ A．冲过去直接把他们骂一顿（1分）。 B．反正他们不知道我在场，假装不知道算了（2分）。 C．不行，必须得正面去澄清这个误会（3分）。 D．记下这个缺点，下次避免成为别人的笑点（4分）。	
（6）如果非要选择一种算命方式，你会怎么选择？ A．扶乩（3分）。 B．塔罗牌（2分）。 C．去庙里问卦（1分）。 D．自己学怎么打卦（4分）。	

父母在答完这 6 道题后，统计自己的分数，然后对照表 3-7，看自己的分数在哪个区间。

表 3-7　心智思维分数区间

分　数	程　度
6~10 分	可能你心理年龄比较小，你想问题没有别人那么深入，和孩子相处时可能过于随便，需要稍微克制一下。不过，你不要过分担心，这是你不成熟的一面，但也是你相对单纯的一面，如果你以这种心态和孩子相处，你会成为孩子的好朋友。
11~14 分	你不会因为太过于不成熟而无法给孩子以身则，也不会因为自己思想过于陈旧而招致孩子的厌烦。笔者相信以你这种心态，能成为孩子最好的导师和榜样。
15~18 分	你的心智趋于成熟，有时候你和孩子聊天根本不能聊到一块儿，甚至你和孩子会产生代沟，孩子不能理解你所思考的方向。你需要做的是尽量站在孩子的角度思考问题，不能自以为是，把自己的思考和想法强加到孩子身上。
19~24 分	你的心智思维过于成熟，在孩子看来你可能显得墨守成规，不会灵活变通。甚至你对孩子的要求很高，给孩子带来了不小的压力。

024　新型思维养成

人和动物最本质的区别是人会思考，比如原始人类就会取火，会圈养动物，也会自己种植粮食蔬菜，还会烧制陶器，这些都是人思考的产物。

根据英国学者的统计，随着工业社会的发展，人类知识更新周期也在不断地变短，如图 3-6 所示。如果人不持续地学习，养成新型思维，那么他就会落后于这个时代，最终被这个时代所抛弃。

知识翻倍所需的时间越来越短

图 3-6　人类知识更新周期也在不断地变短

1 打破思维定式

从以前人类对飞行的向往，对雄鹰的图腾崇拜，到后来神话里的嫦娥飞天，再到后来飞机和火箭的发明，思维推动了人类的发展。

我们怎么理解人类思维的奇妙之处？举个例子，美国航天发射中心据说挂着一块牌子，上面写着：只要我们能够想到，我们就能做到。这是对自己能力的自信，同时也是对人类思维的自信。

那么，父母如何训练自己和孩子的思维呢？网上有相关的课程，父母可以自己搜索，如图 3-7 所示为某思维训练课程主界面。

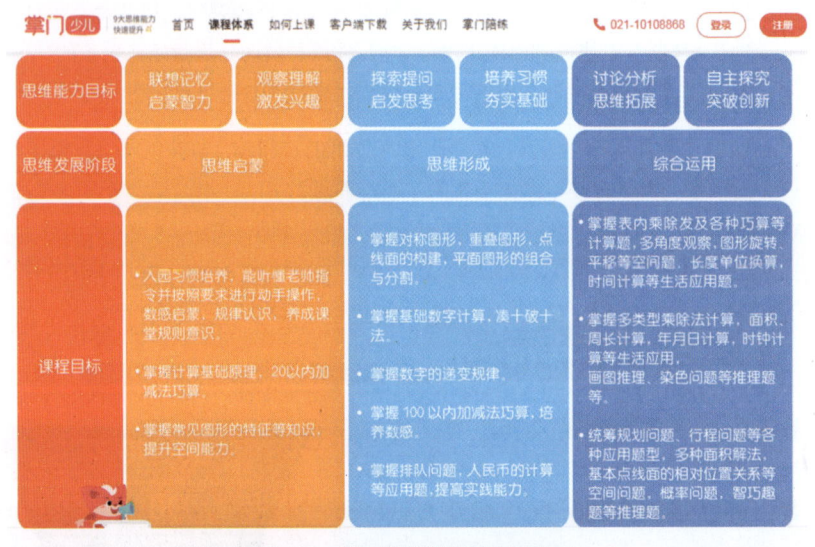

图 3-7　某思维训练课程主界面

除此之外，微信小程序上有相关的思维训练小游戏，如图 3-8 所示。不过，小游戏虽然可以训练思维，具有趣味性，但不可以沉迷其中。

人的思维很容易就陷入死胡同，就好比孩子一样，他囿于某种思维的限制，做某一个新奇题目时就会陷入思维死胡同，甚至会不知所措，茫然失神。

举个例子来说，爱迪生在发明电灯泡之后，曾经请了一个数学家来测试他这个梨形灯泡的容积。由于灯泡是个不规则的容器，结果数学家做了一堆让人看不懂的算式，过了好久才将灯泡的容积算出来。但是爱迪生直接将水倒进灯泡里，然后用量筒量出水的体积，轻而易举地求出了灯泡的容积。

从这个例子可以说明，思维定式是多么可怕。所以父母和孩子都换个角度思考问题，不但可以发现解决问题的新方法，还可以在一定程度上避免自己陷入思维困境。

图 3-8　思维训练小游戏

2　培养新型思维

一般情况下，父母的思维已经定型了，思考问题和看待事物的思维方法已经固定下来了。因此，父母的思维很难短时间改变，也很难培养出新的思维，但是可用以下几种方法培养自己的新型思维。

(1) 不盲目从众。

父母要有意识地培养自己独立思考的能力，在教育孩子的问题上，不能盲目从众，生搬硬套其他人的教育方法。同时，父母也不能盲目否定孩子的成就，多多鼓励孩子提出不一样的假想，不让孩子拘泥于常规。正如胡适所言："大胆地假设，小心地求证。"

(2) 换角度思考问题。

世界上是存在绝对的真理的。如果有人非得说"世界上不存在绝对的真理"，那么"世界上不存在绝对的真理"这句话就是绝对的真理，这是最有名的悖论。

当然，并不是父母听到的、看到的所有观点都是真理。如果将传统观念、权威和常理奉为圭臬，那么在教育孩子时，它们常常会阻碍父母的思想，这时候就需要换个角度思考问题。

(3) 发散性思维方式。

发散性思维很容易理解：从某一个点出发思考，得到截然不同的解决问题的方法。在教育孩子上，有些父母别出心裁地想到一些另类的教育方法，这些教育方法虽然与众不同，但是对自己的孩子卓有成效，这就是发散性思维。

025 了解孩子秘密

前文已经就"父母对孩子了解多少"进行过测试，很多父母已经知道自己对孩子的日常状况并没有那么深入的了解。下面这些题是进一步测试父母是否真正走进过孩子的内心，了解过孩子的秘密。

请父母根据自己对孩子的了解，分别填写如表 3-8 所示的表格信息。在填写表格的过程中，父母之间不要互相交流，也不能向孩子询问（答对 1 题得 1 分，答错 1 题得 0 分）。

表 3-8　了解孩子的秘密

题　目	答　案	对	错
(1) 在你看来孩子最要好的朋友是谁（可填写多个）？			
(2) 哪些事情或场景会激怒孩子，使他/她无法控制自己的情绪？			
(3) 孩子在学校里被同学和朋友取了哪些外号（知道的全写出来）？			
(4) 如果你现在可以为孩子购买一样礼物，你能想到孩子最喜欢的礼物是什么？			
(5) 你在家里和孩子最常聊的话题是哪些（至少三个）？			
(6) 孩子一直以来最害怕的是什么？			
(7) 孩子有哪些忌口？			
(8) 孩子一直以来最想去的地方是哪里？			
(9) 你认为孩子最难以忍受你哪些地方？			
(10) 孩子一般情况下会在什么时候做家庭作业？放学回家之后，吃完晚餐，还是在就寝之前？			
(11) 你的孩子在生活和学习上有哪些明显的坏毛病？			
(12) 上个学期老师在孩子成绩单的品行评语中写的内容大概有哪些？			

续表

题目	答案	对	错
（13）孩子生气的时候，作为父母你具体会怎么做？			
（14）孩子当前想要从事的职业是什么？			
（15）孩子心目中的英雄是谁？（可填写现实中的人物，也可以填写虚拟的人物）			

在父母分别完成这15道测试题后，孩子根据自己的实际情况和真实想法核对，如果觉得答案基本接近，在"对"的一栏打钩，否则在"错"的一栏打钩。

026 心里父母画像

关于父母画像，笔者最容易想起来的是罗中立的油画《父亲》。这幅画采用了写实的画风和对称构图，生动地将父亲深凹的双眼、沁着汗水的额头、黝黑的皮肤、绑着布条端着破碗的手形象地刻画了出来，令人心头一惊的同时，又对父亲充满了感激。

《诗经》中说："父兮生我，母兮鞠我，抚我，畜我，长我，育我，顾我，复我。"既然父母如此不易，那么父母在孩子心中是什么样的呢？孩子对自己的父母有多少了解？以下表格由孩子填写，如表3-9所示。在填写过程中，孩子不要询问父母或他人，自己独立填写表格（答对1题得1分，答错1题得0分）。

表3-9 心里父母画像

题目	答案	对	错
（1）父母的出生日期是哪一天？			
（2）印象中父母从事的是哪一个行业？他们分别在什么单位上班？			
（3）父母最喜欢的电视节目是哪些？			
（4）父母的结婚周年纪念日是哪一天？他们每年是否有相关的周年纪念活动？			
（5）上一次父亲节、母亲节和父母生日你送的是什么礼物？			
（6）父母最近的一条社交媒体（微信朋友圈、QQ空间、微博等）动态大概内容是什么？			

续表

题目	答案	对	错
(7) 父母最近身体状况怎么样？			
(8) 父母在什么事情上最容易生气？			
(9) 父母在家里和你最常聊的话题是哪些（至少三个）？			
(10) 父母有哪些兴趣爱好？			
(11) 父母最近心情如何？			
(12) 你最近陪父母去了哪些地方？			
(13) 父母希望你怎么度过下一个假期？			
(14) 父母近期对你最不满意的一件或几件事是什么？			
(15) 父母近期对你最引以为傲的一件或几件事是什么？			

在孩子分别完成这15道测试题后，父母根据自己的实际情况和真实想法核对，如果觉得答案基本接近，在"对"的一栏打钩，否则在"错"的一栏打钩。

将"了解孩子的秘密"和"心里父母画像"表格统计分数（每个表格15个问题，一个问题1分），然后分别查看所得分数在哪个区间。

(1) 1~5分：说明亲子之间关系比较冷淡，父母与孩子之间存在着沟通问题，双方需要增进了解，加深亲子之间的感情。

(2) 6~10分：说明亲子之间关系还不错，父母与孩子之间有一定的了解，双方可以继续增进了解，进一步加深亲子之间的感情。

(3) 11~15分：说明亲子之间关系非常好，父母与孩子之间相互了解，双方有时可以保持一定的距离，互相留一些私人空间。

027 儿童习惯测试

笔者一直以来都在和不同的父母、孩子打交道，深知一般孩子存在问题的共性。以下为大多数孩子可能存在的问题，可供父母参考：

(1) 自制力差，学习不主动；
(2) 存在畏难心理，遇到事情容易打退堂鼓；

(3) 粗心马虎，容易多次犯同一个错误；
(4) 注意力不集中，上课容易走神；
(5) 存在逆反心理，喜欢故意和长辈对着干；
(6) 存在自闭心理，常表现为不合群；
(7) 没有上进心，对所有事情都是听之任之；
(8) 喜欢推卸责任，做错事总有一大堆借口；
(9) 丢三落四，总是找不着自己乱放的东西；
(10) 拖拉磨蹭。

以上这些问题都是属于孩子的坏习惯，若不及时改正，可能会影响孩子的成长。笔者总结了学龄前孩子常出现的习惯问题，列出了一个学龄前孩子习惯测试表，如表3-10所示，请父母按照孩子的真实表现填写表格(经常出现记2分，偶尔出现记1分，没有出现记0分)。

表3-10　学龄前孩子习惯测试表

题　目	经常出现	偶尔出现	没有出现
(1) 自己无法穿衣服，需要父母帮忙。			
(2) 做作业拖拖拉拉，需要花比其他小朋友更多的时间才能完成作业。			
(3) 自己犯下错误，既不认错，也不去改正错误。			
(4) 看到其他小朋友玩玩具，就想要全部抢过来。			
(5) 一天到晚总是盯着动画片，吩咐的事情全没有完成。			
(6) 当想要某个东西却得不到的时候，除了大吵大闹，就是在地上打滚。			
(7) 注意力不集中，容易受外界的干扰。			
(8) 不按时睡觉，总是缠着父母折腾。			
(9) 面对新奇的事物，非但没有太大的好奇心，反而显得畏畏缩缩，甚至很抗拒。			
(10) 遇到困难自己无法独立解决时大哭大闹，盼望父母主动来帮忙解决。			
(11) 很任性，父母不按照他的意愿来办事，就会动不动发脾气。			

续表

题　目	经常出现	偶尔出现	没有出现
(12) 兴奋时会不分场合喊叫，无论父母怎么劝阻都不听。			
(13) 性格孤僻，一般不会和其他孩子一起玩耍。			
(14) 没有礼貌，父母不提醒，不会主动打招呼。			
(15) 与其他小朋友一起玩耍时，容易和他们产生肢体冲突或发生口角。			
(16) 似乎有多动症，无法安静地坐下，总是喜欢乱跑乱动。			
(17) 太喜欢零食，甚至不怎么爱吃饭。			
(18) 偏食很严重，只喜欢吃肉或只喜欢吃蔬菜。			
(19) 未经主人提醒，随意拿走或翻动别人的东西。			
(20) 对自己喜欢的东西只有"三分钟热度"，转眼就丢弃在一旁。			
(21) 放学之后就只顾自己玩耍，如果父母不催促，不会去完成家庭作业。			
(22) 遇事犹豫不决，没有自己的主见，只会一味听从别人的意见。			
(23) 约定和小朋友见面时间后，总是因为自己拖拉而错过约定时间。			
(24) 吃饭、写字坐姿不标准，屡教不改。			
(25) 只能表扬，不能有半点批评。			

此外，笔者还总结了中小学生常出现的习惯问题，列出了一个中小学生习惯测试表，如表3-11所示，请父母按照孩子的真实表现填写表格（经常出现记2分，偶尔出现记1分，没有出现记0分）。

表3-11　中小学生习惯测试表

题　目	经常出现	偶尔出现	没有出现
(1) 喜欢丢三落四，要上课了连学习用品都没准备齐。			
(2) 在课堂上从不举手提问。			
(3) 在写作业时如果有同学来找他玩，会立马丢下笔。			

续表

题 目	经常出现	偶尔出现	没有出现
(4) 有一边听歌、看电视，一边学习的习惯。			
(5) 放学回家先打游戏，后做作业。			
(6) 不喜欢哪个老师或受到哪个老师的批评后，就不想上他的课。			
(7) 考试成绩不好常耿耿于怀，很长一段时间都闷闷不乐。			
(8) 喜欢在背后说老师的坏话。			
(9) 信奉"学习无用"这一类的废话。			
(10) 没有上进心，总是拿差的同学和自己比较。			
(11) 不愿意待在家里学习，喜欢找一些借口去其他同学家学习。			
(12) 刚学过的知识要点转眼就抛诸脑后了。			
(13) 只能接受表扬，不能被批评。			
(14) 性格孤僻，人际交往弱，基本上无法融入集体，也没什么朋友。			
(15) 喜欢赖床，早上起床磨蹭。			
(16) 自己犯了错不从自己身上找原因，而是想方设法找一堆借口；			
(17) 吃饭挑食，不合口味就只吃一点饭，甚至拒绝吃饭。			
(18) 想在别人面前有好的表现，但是又不想努力，整天吊儿郎当，一个目标也完不成。			
(19) 总有那么几次因为考前紧张，导致成绩不理想。			
(20) 独立解决问题的能力差，动不动就要寻求父母、老师和同学的帮助。			
(21) 存在逆反心理，故意和父母、老师对着干。			
(22) 情绪很不稳定，容易和父母顶嘴，甚至一个人锁在房里生闷气。			

续表

题 目	经常出现	偶尔出现	没有出现
(23) 自己的房间很少打扫卫生，甚至房间里的东西也是随意摆放。			
(24) 遇到难题不是想着找方法解决，而是直接放弃。			
(25) 睡觉、起床和吃饭都不按时。			

父母在填完表格后，按照上面的表述统计分数，然后查看自己孩子的分数在哪个区间，便可知道孩子的坏习惯严重不严重。

(1) 1~18 分：孩子坏习惯没什么大不了，但是父母不能过于严苛，给孩子一点喘息的机会，一切都会慢慢好起来。

(2) 19~36 分：孩子坏习惯有点多，父母在加强对孩子监督的同时，也需要孩子自己意识到问题。

(3) 37~50：孩子坏习惯有点严重，可能父母给孩子的自由空间太大了，需要加强对孩子的监督和教育。

028 时间观念测试

孩子的时间观念受到父母言行、家庭环境、社会文化等诸多方面的影响，因而父母需要判断孩子的时间观念处于何种水平，以对其施行不同的教育。

下面笔者列出了一张中小学生时间观念测试表，总共有 25 道简单的测试题，如表 3-12 所示。请孩子按照自己的真实情况填写表格，不要询问父母，也尽量避免父母对自己的影响，以保证最终测试结果的准确性和真实性(经常出现记 2 分，偶尔出现记 1 分，没有出现记 0 分)。

表 3-12　中小学生时间观念测试表

题 目	经常出现	偶尔出现	没有出现
(1) 错过了和朋友的约定，会令你心烦，甚至感到羞愧。			
(2) 事情没有按时做完，你会感到不安，会责怪自己。			
(3) 外出的时候没有带手机或者没有戴手表，你就失去了时间感，内心感到茫然。			

续表

题　目	经常出现	偶尔出现	没有出现
(4) 在独处的时候，你脑海里会浮现出过去的一些画面，经常因此而感慨逝去的时光是多么美好。			
(5) 你认为死亡是一种毁灭，一个人生命终结了就意味着这个独特的个体永远消失了。			
(6) 你会感伤生命中错过的每一个美好的事物，并试图以后抓住机会。			
(7) 如果有人邀请你参加一个盛大的活动，你会先努力将自己的作业和任务完成，然后再去参加活动。			
(8) 你很难让自己停下来，两手空空会令你感到很不适应。			
(9) 如果推迟完成任务，你的第一感觉是不安。			
(10) 为防止自己忘记某些事情，你会将要完成的事情写成一个计划表。			
(11) 在截止日期之前，你能将自己的事情完成，甚至做到最好。			
(12) 如果你拥有一小段空闲时间，除了休息玩耍，你还会给自己安排一些事情。			
(13) 你是一个效率很高的人，会在短时间内迅速完成很多事情。			
(14) 你喜欢打开记事本和手机便签，记录下一些自己认为很有意义或很重要的事情。			
(15) 即使一件事情未来变数很大，你也会做一些计划，并随着时间的改变而做出修正补充。			
(16) 即使一件事情再无聊和乏味，你都会坚持做下去。			
(17) 你每天都过得有计划性，而不是顺其自然。			
(18) 你尽量理智地去做一件事，而不是一时心血来潮。			
(19) 你可以为了寻求生活的意义而冒险。			
(20) 你会在自己做出决定之前进行慎重思考和利益权衡。			

续表

题 目	经常出现	偶尔出现	没有出现
(21) 为了达成梦想，你会设立一个个小目标。			
(22) 你在回忆过去的时候，不会因为一点点成功而沾沾自喜，也不会因为经历了大的挫折而抱头痛哭。			
(23) 你不能改变过去已经发生的事情，但是可以尝试改变自己的未来。			
(24) 你认为命运决定不了你的生活，你的生活由你自己来主宰。			
(25) 你能尽量控制住自己，不会因为冲动而做出让自己后悔的事情。			

孩子在填完表格后，父母按照上面的表述统计分数，然后查看自己孩子的分数在哪个区间，便可知道孩子的时间观念所处的水平。

(1)1~18分：孩子的时间观念不强，需要父母进行督促，让孩子意识到时间的重要性，养成珍惜时间的好习惯。

(2)19~36分：孩子的时间观念还不错，父母可以逐渐减少对孩子的监督，相信孩子可以独自完成任务。

(3)37~50分：孩子的时间观念很强，父母可以尝试给孩子减减压，以免因压力过大而产生身体或心理上的问题。

第4章

与其交好，12招就能推心置腹

学前提示

父母是世界上最神圣的职业，同时也是最难胜任的差事。有可能父母一抬头、一弯腰，甚至一颦一蹙，都会影响孩子日后的成长。但是，父母除了需要做好自己之外，还需要和孩子交朋友，了解孩子内心的变化，倾听孩子的心声。

要点展示

- 学会平等尊重
- 懂得倾听心事
- 父母以身作则
- 确立独立人格
- 注意沟通方式
- 引导比包办重要
- 学会换位思考
- 分阶段了解孩子
- "禁果"要正确引导
- 树立孩子自信
- 不与别人比较
- 恩威并施教育

029 学会平等尊重

在古代，三纲五常不仅限制着妇女的地位，也限制着孩子的地位，其中"父为子纲"意味着父母地位要比儿子高一截，孩子不可能和父母进行平等的对话。在这个基础上，不忤逆父母和对父母言听计从就成了孝道。

我们要明白的是，虽然孝道是中华民族优秀的传统文化，但是《二十四孝图》中的诸多孝子事迹是不值得赞颂、不值得传承的。如图4-1所示，鲁迅先生经典散文集《朝花夕拾》中有一篇散文《二十四孝图》，其中如此批判道：

"哭竹生笋"就可疑，怕我的精诚未必会这样感动天地。但是哭不出笋来，还不过抛脸而已，到"卧冰求鲤"，可就有性命之虞了。我乡的天气是温和的，严冬中，水面也只结一层薄冰，即使孩子的重量怎样小，躺上去，也一定哗喇一声，冰破落水，鲤鱼还不及游过来。

——节选自鲁迅《二十四孝图》

鲁迅先生对"哭竹生笋"和"卧冰求鲤"这两个《二十四孝图》中的故事进行了批判，在他看来"哭竹生笋"过于愚昧，"卧冰求鲤"使得孩子有性命之虞。此外，鲁迅先生最反感的是"老莱子彩衣娱亲"和"郭巨埋儿"，前者侮辱了儿童，后者是对孩子生存权利的践踏。虽然鲁迅批判过这种"愚孝"的故事，但是《二十四孝图》在当今依然有它的市场，如图4-2所示为儿童版《孝经·二十四孝》。

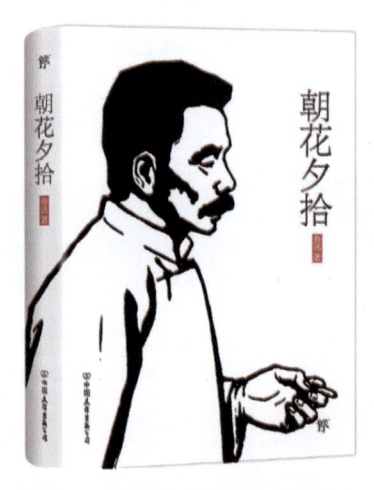

图4-1　鲁迅散文集《朝花夕拾》　　**图4-2　儿童版《孝经·二十四孝》**

因此，在21世纪的今天，我们要批判地继承传统的孝道，在此基础上，意识到父母和孩子是平等的，是互相尊重的。

1 平等相处

父母在孩子面前不是高高在上的,是平易近人的。笔者认为,父母和孩子之间要平等相处,需要做到以下几点。

(1) 确立三种观念。

父母需要给自己确立三种观念,分别是人才观、教育观和亲子观,这三种观念对孩子来说意义深远,影响着孩子日后的成长和发展。

父母如何确立人才观?笔者认为可以从以下几点着手,如图4-3所示。

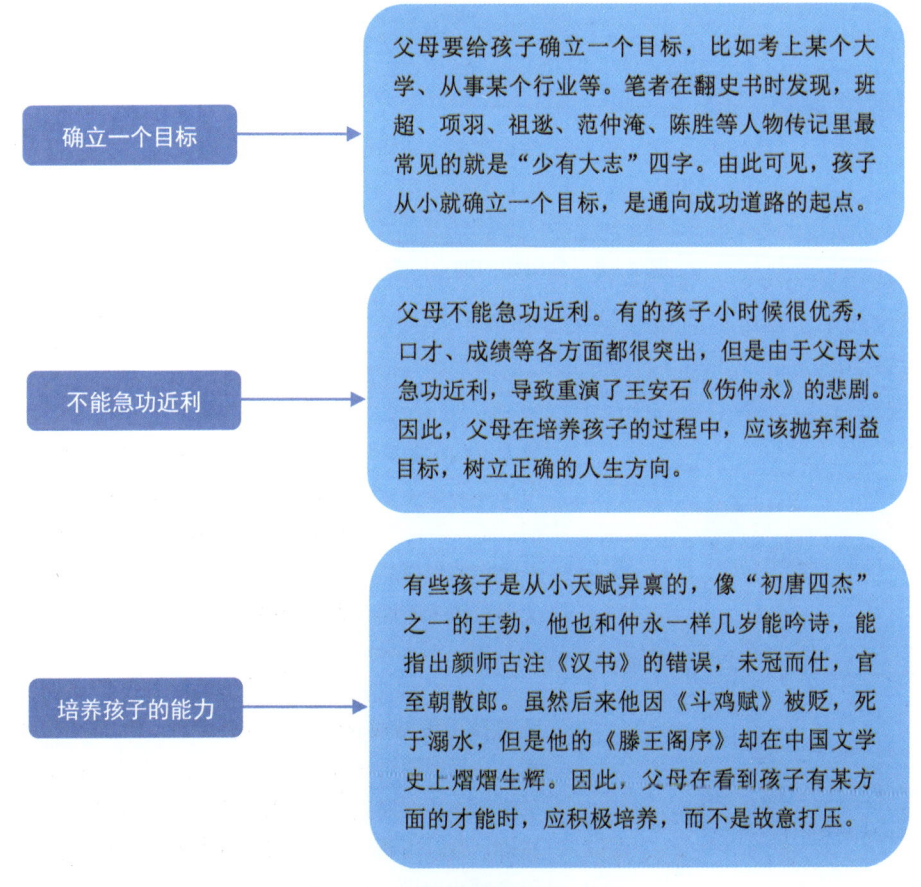

确立一个目标	父母要给孩子确立一个目标,比如考上某个大学、从事某个行业等。笔者在翻史书时发现,班超、项羽、祖逖、范仲淹、陈胜等人物传记里最常见的就是"少有大志"四字。由此可见,孩子从小就确立一个目标,是通向成功道路的起点。
不能急功近利	父母不能急功近利。有的孩子小时候很优秀,口才、成绩等各方面都很突出,但是由于父母太急功近利,导致重演了王安石《伤仲永》的悲剧。因此,父母在培养孩子的过程中,应该抛弃利益目标,树立正确的人生方向。
培养孩子的能力	有些孩子是从小天赋异禀的,像"初唐四杰"之一的王勃,他也和仲永一样几岁能吟诗,能指出颜师古注《汉书》的错误,未冠而仕,官至朝散郎。虽然后来他因《斗鸡赋》被贬,死于溺水,但是他的《滕王阁序》却在中国文学史上熠熠生辉。因此,父母在看到孩子有某方面的才能时,应积极培养,而不是故意打压。

图4-3 父母如何确立人才观

教育对孩子来说是最重要的,如果说思想决定了孩子走哪个方向,那么教育会影响孩子在这个方向上能走多远。《三字经》里就说:"养不教,父之过;教不严,师之惰。"它不仅反映了教育要严格,更说明了教育不是孩子一个人的事情,需要父母和老师参与进来。

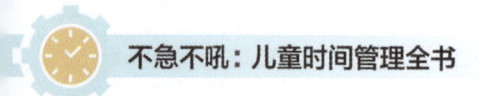

至于父母如何确立好自己的教育观，笔者有以下两点建议，如图4-4所示。

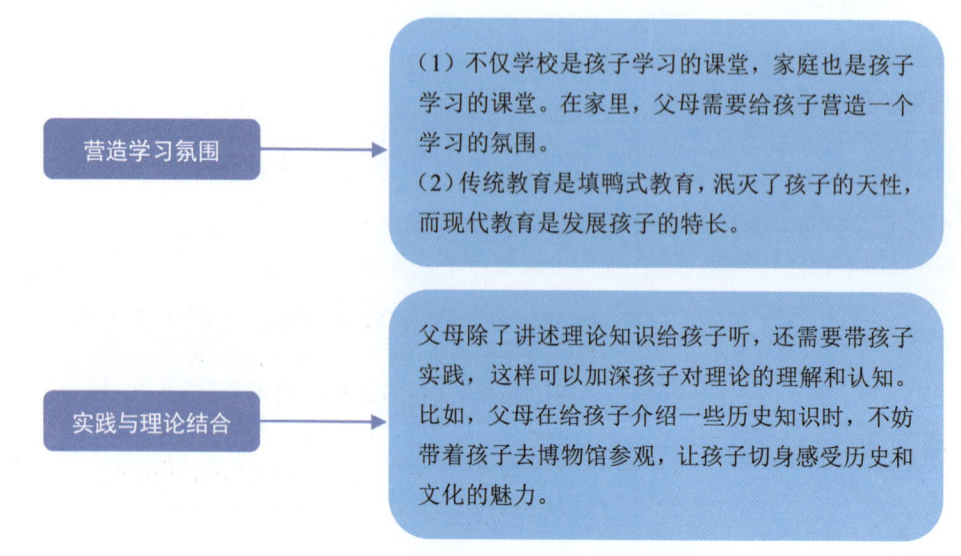

营造学习氛围 → (1) 不仅学校是孩子学习的课堂，家庭也是孩子学习的课堂。在家里，父母需要给孩子营造一个学习的氛围。
(2) 传统教育是填鸭式教育，泯灭了孩子的天性，而现代教育是发展孩子的特长。

实践与理论结合 → 父母除了讲述理论知识给孩子听，还需要带孩子实践，这样可以加深孩子对理论的理解和认知。比如，父母在给孩子介绍一些历史知识时，不妨带着孩子去博物馆参观，让孩子切身感受历史和文化的魅力。

图4-4 父母如何确立好自己的教育观

父母的亲子观可以直接影响父母和孩子的关系，笔者建议父母从以下两点做起，加深与孩子的关系，如图4-5所示。

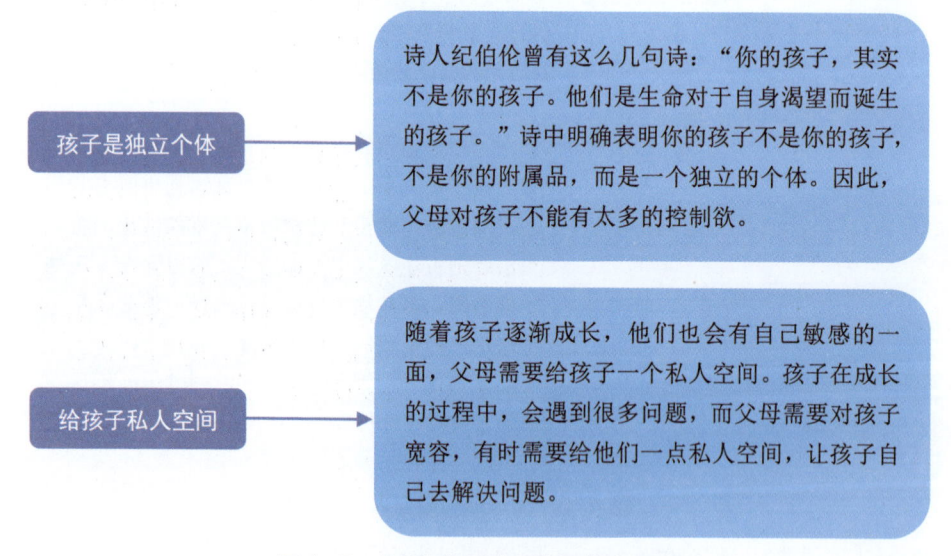

孩子是独立个体 → 诗人纪伯伦曾有这么几句诗："你的孩子，其实不是你的孩子。他们是生命对于自身渴望而诞生的孩子。"诗中明确表明你的孩子不是你的孩子，不是你的附属品，而是一个独立的个体。因此，父母对孩子不能有太多的控制欲。

给孩子私人空间 → 随着孩子逐渐成长，他们也会有自己敏感的一面，父母需要给孩子一个私人空间。孩子在成长的过程中，会遇到很多问题，而父母需要对孩子宽容，有时需要给他们一点私人空间，让孩子自己去解决问题。

图4-5 父母如何确立好自己的亲子观

(2) 在生活中给孩子建立平等观念。

在和孩子相处的过程中，父母不要表现出一副高高在上的姿态，而是要尽可能地弯下腰，给孩子一个平等对话的形象；在有些问题上，不要武断地下结论，可以尝试问问孩子的意见；若是和孩子意见相左，父母可以尝试跟孩子讲道理，而不是直接否定孩子的意见。

(3) 和孩子讲契约精神。

父母要讲契约精神，在孩子面前说话算话。比如，孩子考了多少分会给孩子什么奖励，当孩子达到这个标准的时候，父母需要兑现自己的承诺，而不是孩子付出这么多努力之后，结果只是听到一句"算了，下次还考这么好再奖励"。

(4) 允许孩子有不一样的思想。

孩子不是父母的复制品，他们在成长的过程中会形成自己的思想和观念，也许会和父母的想法有出入。时代在变化，思想也在变化，父母不能只认死理，要允许孩子有不同的思想和观念。

2 尊重孩子

父母只有尊重孩子，孩子才是一个独立的个体。那么父母怎么尊重孩子？笔者认为可以从以下几个方面着手，如图4-6所示。

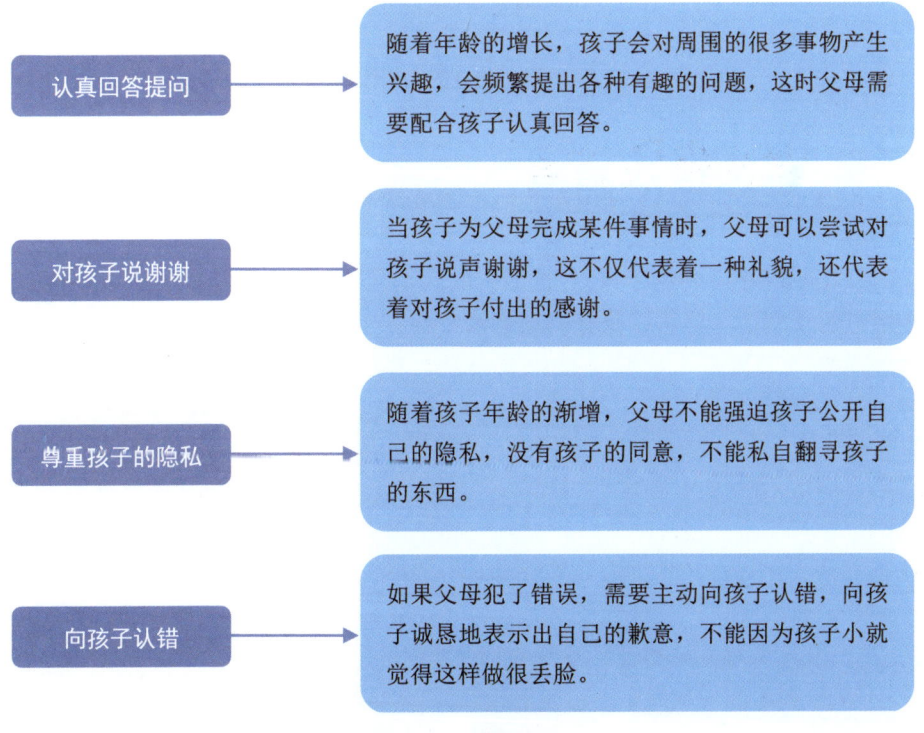

认真回答提问	随着年龄的增长，孩子会对周围的很多事物产生兴趣，会频繁提出各种有趣的问题，这时父母需要配合孩子认真回答。
对孩子说谢谢	当孩子为父母完成某件事情时，父母可以尝试对孩子说声谢谢，这不仅代表着一种礼貌，还代表着对孩子付出的感谢。
尊重孩子的隐私	随着孩子年龄的渐增，父母不能强迫孩子公开自己的隐私，没有孩子的同意，不能私自翻寻孩子的东西。
向孩子认错	如果父母犯了错误，需要主动向孩子认错，向孩子诚恳地表示出自己的歉意，不能因为孩子小就觉得这样做很丢脸。

图4-6 尊重孩子

030 确立独立人格

父母如何培养孩子独立的人格和精神？笔者认为可以从以下两个方面去尝试，如图4-7所示。

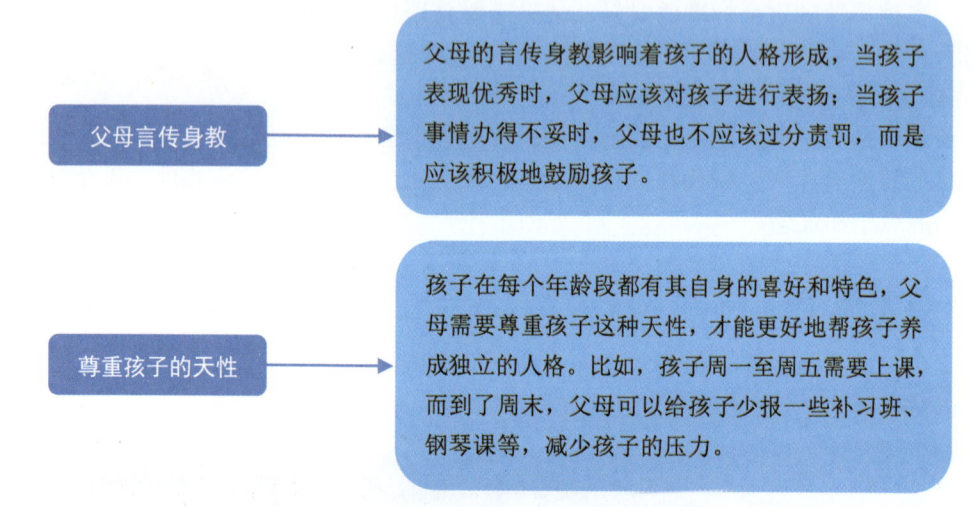

父母言传身教 → 父母的言传身教影响着孩子的人格形成，当孩子表现优秀时，父母应该对孩子进行表扬；当孩子事情办得不妥时，父母也不应该过分责罚，而是应该积极地鼓励孩子。

尊重孩子的天性 → 孩子在每个年龄段都有其自身的喜好和特色，父母需要尊重孩子这种天性，才能更好地帮孩子养成独立的人格。比如，孩子周一至周五需要上课，而到了周末，父母可以给孩子少报一些补习班、钢琴课等，减少孩子的压力。

图4-7 培养孩子独立的人格和精神的方法

031 学会换位思考

子曰："己所不欲，勿施于人。"这话说的就是换位思考，父母和孩子学会换位思考，有助于增进亲子感情。笔者以晓晓的案例来分析：

大概是高一的时候，晓晓正处于青春期，曾经和妈妈发生过很大的矛盾。矛盾最大的时候，晓晓甚至一声不吭就离家出走，害得爸爸妈妈半夜穿着单薄的睡衣到处寻人。

后来，晓晓干脆给妈妈写了一封信。信就放在桌子上，桌子上还有妈妈熬的粥，晓晓根本一口都没动。

晓晓妈妈打开信，只见上面如此写着：

"妈妈，有些事情让我跟你说清楚：

(1) 不允许随意翻看我的日记本和我的手机。

(2) 不允许翻看我的抽屉。

(3) 想买什么款式的衣服鞋子由我做主，不能你一个人说了算。

(4) 不能当着外人的面贬损我。

(5) 周六我可以去上补习班，周日必须让我休息。

(6) 允许我带朋友到家里来玩。

(7) 在有必要的情形下，我可以反驳你的观点或意见。"

晓晓妈妈乍看完，不由得怒从心头起，觉得孩子突然来这么一出，让她有些难堪，甚至有想打孩子的冲动。

后来，晓晓妈妈在看到晓晓伯父在信中补写的一段话，她终于想明白了。

笔者相信不少父母已经猜到晓晓伯父写的是什么内容了，其实他写的内容概括起来就是换位思考。

(1) 如果有人经常翻你的日记本，还时不时翻看你的手机，查看你的聊天记录，你会做何感想？

(2) 如果有人翻寻你的抽屉，不知道他在找什么东西，你心里乐意不乐意？

(3) 有人买给你一堆你不喜欢或认为很丑的衣服，还要你穿出去，你会甘心这么做？

(4) 总是有人当着外人的面贬损你，指责你这也不行那也不行，你会不会生气？

(5) 有人强迫你一周上七天班，没有休息时间喘息，你会不会感到疲倦？

(6) 有人不允许你带朋友来家里做客，你会乐意吗？

(7) 你只能挨骂，哪怕对方无理取闹，你也不能反驳，你心里会乐意吗？

其实父母已经看明白晓晓伯伯的行文特点了：通过一连串的反问句，让晓晓妈妈懂得了换位思考。

再举一个例子：如图 4-8 所示，站在左边的人看到的是"6"，站在右边的人看到的是"9"。但是，如果二者能"换位思考"，就可以免去这种无谓的争执。

图 4-8　换位思考案例

光有父母的换位思考是不够的，孩子也需要换位思考，站在父母的角度思考问题。关于换位思考能给家庭带来哪些好处，下面进行相关分析，如图 4-9 所示。

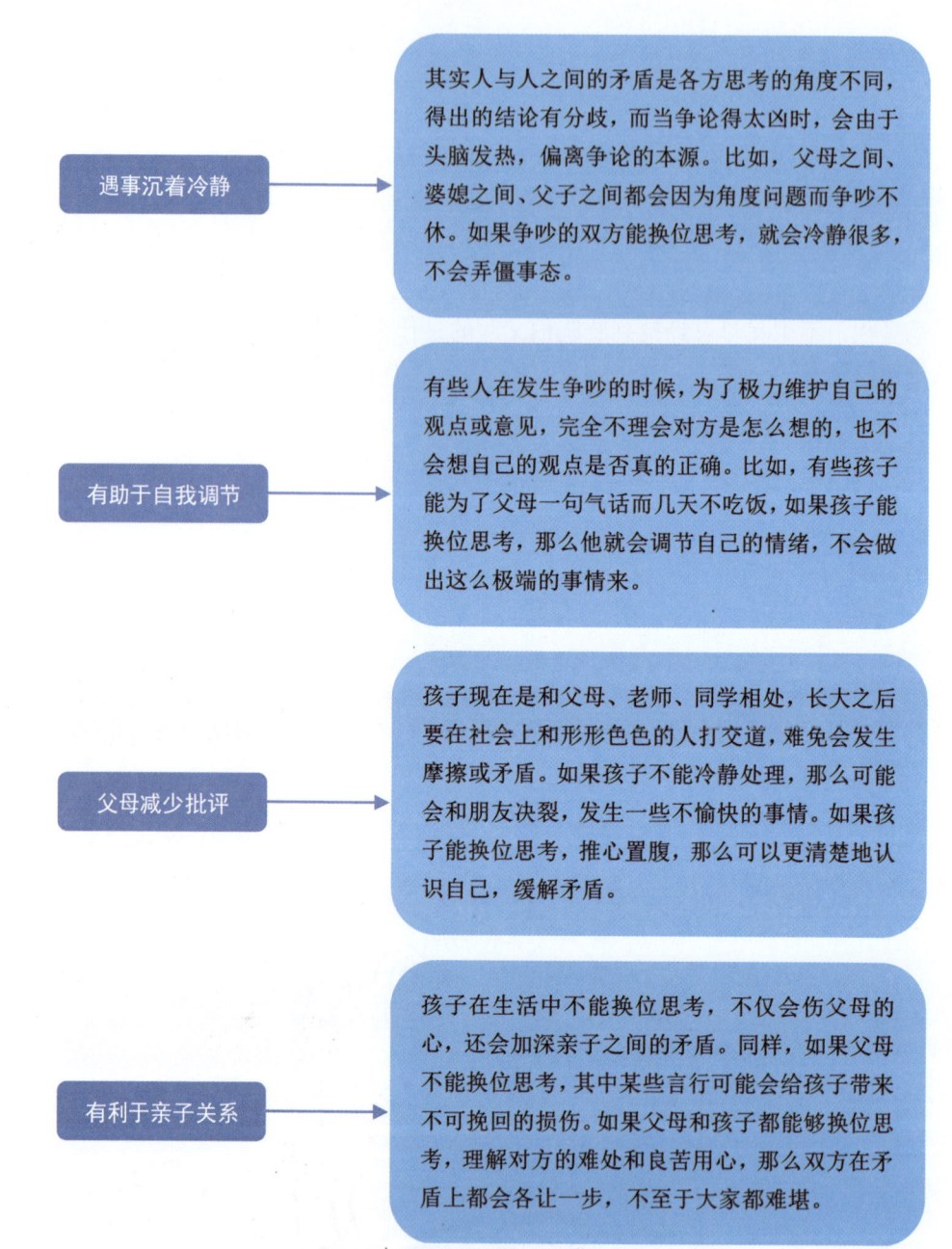

遇事沉着冷静	其实人与人之间的矛盾是各方思考的角度不同，得出的结论有分歧，而当争论得太凶时，会由于头脑发热，偏离争论的本源。比如，父母之间、婆媳之间、父子之间都会因为角度问题而争吵不休。如果争吵的双方能换位思考，就会冷静很多，不会弄僵事态。
有助于自我调节	有些人在发生争吵的时候，为了极力维护自己的观点或意见，完全不理会对方是怎么想的，也不会想自己的观点是否真的正确。比如，有些孩子能为了父母一句气话而几天不吃饭，如果孩子能换位思考，那么他就会调节自己的情绪，不会做出这么极端的事情来。
父母减少批评	孩子现在是和父母、老师、同学相处，长大之后要在社会上和形形色色的人打交道，难免会发生摩擦或矛盾。如果孩子不能冷静处理，那么可能会和朋友决裂，发生一些不愉快的事情。如果孩子能换位思考，推心置腹，那么可以更清楚地认识自己，缓解矛盾。
有利于亲子关系	孩子在生活中不能换位思考，不仅会伤父母的心，还会加深亲子之间的矛盾。同样，如果父母不能换位思考，其中某些言行可能会给孩子带来不可挽回的损伤。如果父母和孩子都能够换位思考，理解对方的难处和良苦用心，那么双方在矛盾上都会各让一步，不至于大家都难堪。

图 4-9　换位思考给家庭带来的好处

032 树立孩子自信

先来分析一下为什么很多孩子缺乏自信，笔者认为主要有以下 3 个原因，如图 4-10 所示。

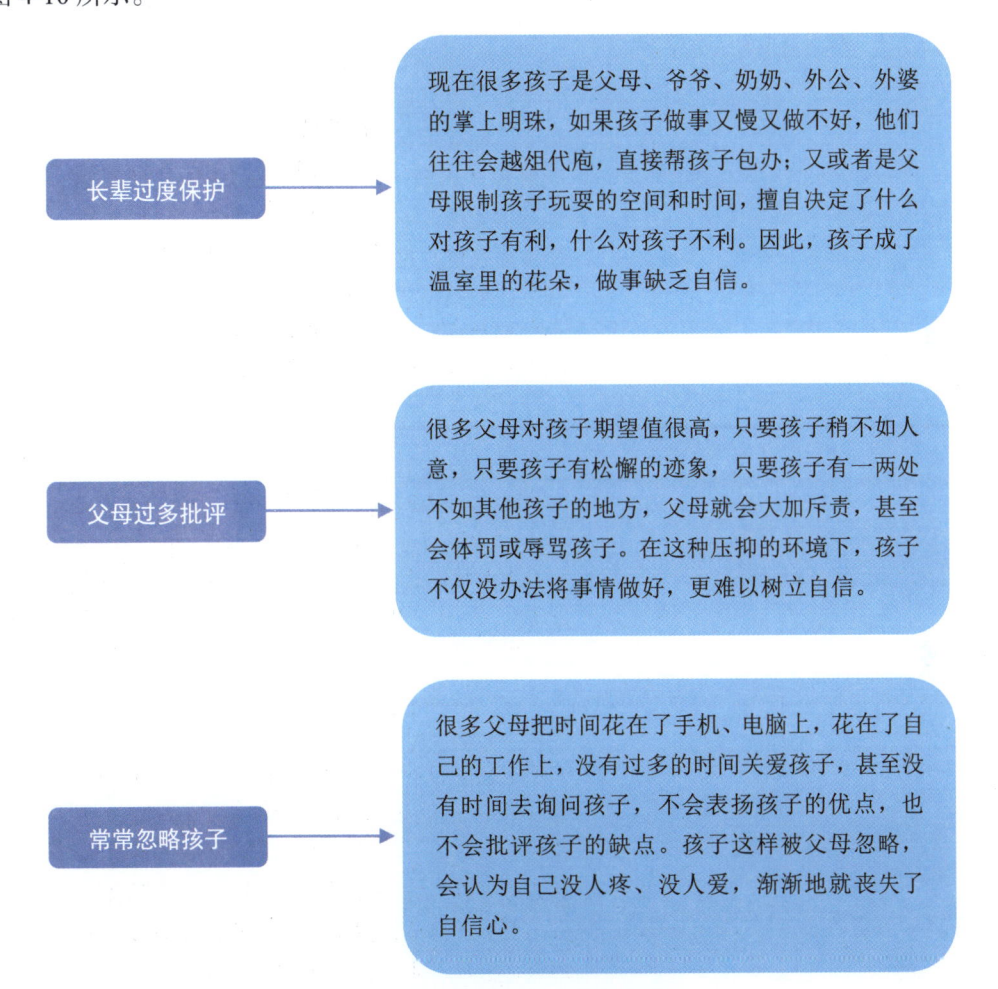

长辈过度保护 → 现在很多孩子是父母、爷爷、奶奶、外公、外婆的掌上明珠，如果孩子做事又慢又做不好，他们往往会越俎代庖，直接帮孩子包办；又或者是父母限制孩子玩耍的空间和时间，擅自决定了什么对孩子有利，什么对孩子不利。因此，孩子成了温室里的花朵，做事缺乏自信。

父母过多批评 → 很多父母对孩子期望值很高，只要孩子稍不如人意，只要孩子有松懈的迹象，只要孩子有一两处不如其他孩子的地方，父母就会大加斥责，甚至会体罚或辱骂孩子。在这种压抑的环境下，孩子不仅没办法将事情做好，更难以树立自信。

常常忽略孩子 → 很多父母把时间花在了手机、电脑上，花在了自己的工作上，没有过多的时间关爱孩子，甚至没有时间去询问孩子，不会表扬孩子的优点，也不会批评孩子的缺点。孩子这样被父母忽略，会认为自己没人疼、没人爱，渐渐地就丧失了自信心。

图 4-10 孩子缺乏自信的原因

自信心是孩子健康成长道路上必不可少的因素，一般来说，自信心强的孩子一旦确立自己的目标，就会勇敢地朝着自己设定的这个目标去努力，坚持实现自己的目标。自信心强的孩子不会畏惧挫折和困难，哪怕前面的道路充满了荆棘，他都会想方设法，披荆斩棘。

那么，父母给孩子树立自信心的方法有哪些呢？如图 4-11 所示。

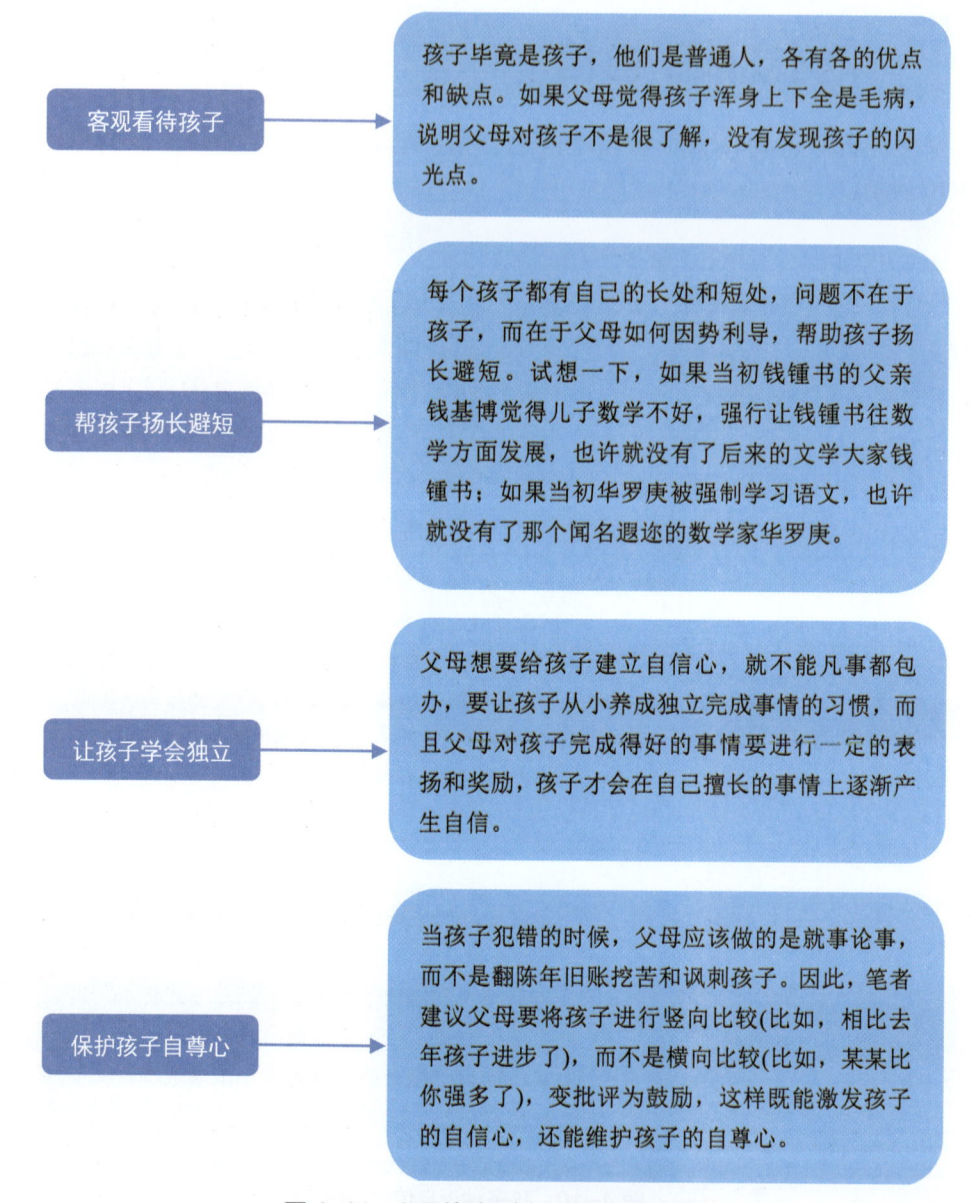

| 客观看待孩子 | → | 孩子毕竟是孩子,他们是普通人,各有各的优点和缺点。如果父母觉得孩子浑身上下全是毛病,说明父母对孩子不是很了解,没有发现孩子的闪光点。 |

| 帮孩子扬长避短 | → | 每个孩子都有自己的长处和短处,问题不在于孩子,而在于父母如何因势利导,帮助孩子扬长避短。试想一下,如果当初钱锺书的父亲钱基博觉得儿子数学不好,强行让钱锺书往数学方面发展,也许就没有了后来的文学大家钱锺书;如果当初华罗庚被强制学习语文,也许就没有了那个闻名遐迩的数学家华罗庚。 |

| 让孩子学会独立 | → | 父母想要给孩子建立自信心,就不能凡事都包办,要让孩子从小养成独立完成事情的习惯,而且父母对孩子完成得好的事情要进行一定的表扬和奖励,孩子才会在自己擅长的事情上逐渐产生自信。 |

| 保护孩子自尊心 | → | 当孩子犯错的时候,父母应该做的是就事论事,而不是翻陈年旧账挖苦和讽刺孩子。因此,笔者建议父母要将孩子进行竖向比较(比如,相比去年孩子进步了),而不是横向比较(比如,某某比你强多了),变批评为鼓励,这样既能激发孩子的自信心,还能维护孩子的自尊心。 |

图 4-11 父母给孩子树立自信心的方法

033 懂得倾听心事

如果父母不懂得倾听孩子的声音,就难以了解孩子内心的变化,就不能说是关心自己的孩子。笔者在训练营课堂上，也会设置一些互动游戏，和孩子们打成一片，这样除了让孩子们更加理解我的课程，还能在游戏过程中倾听孩子们最真实的感受，如图 4-12 所示。

图 4-12　在游戏过程中倾听孩子们最真实的感受

那么，父母倾听孩子的心事，对孩子的成长有什么好处？如图 4-13 所示。

促进亲子和谐 → 孩子也有自己的想法，这些想法在成人世界里可能是荒唐可笑的，但是放在孩子的世界里却是合理的。因此，父母要仔细思虑，以免发出不当的言论，要尽量照顾孩子的心理。父母倾听孩子心声，可以消除父母和孩子之间的误会或矛盾，促进亲子间的和谐。

提高孩子独立性 → 在日常生活中，如果父母能静下心来倾听孩子的声音，孩子会觉得自己有人关心，父母能尊重他的意见。有时候父母倾听孩子的心事，可以发现孩子的问题所在，发现孩子的意见极具建设性。在此基础上，孩子会养成独立思考的好习惯，提出解决问题的方法。

图 4-13　父母倾听孩子心事的好处

父母倾听孩子心事的具体做法有以下 4 种，如图 4-14 所示。

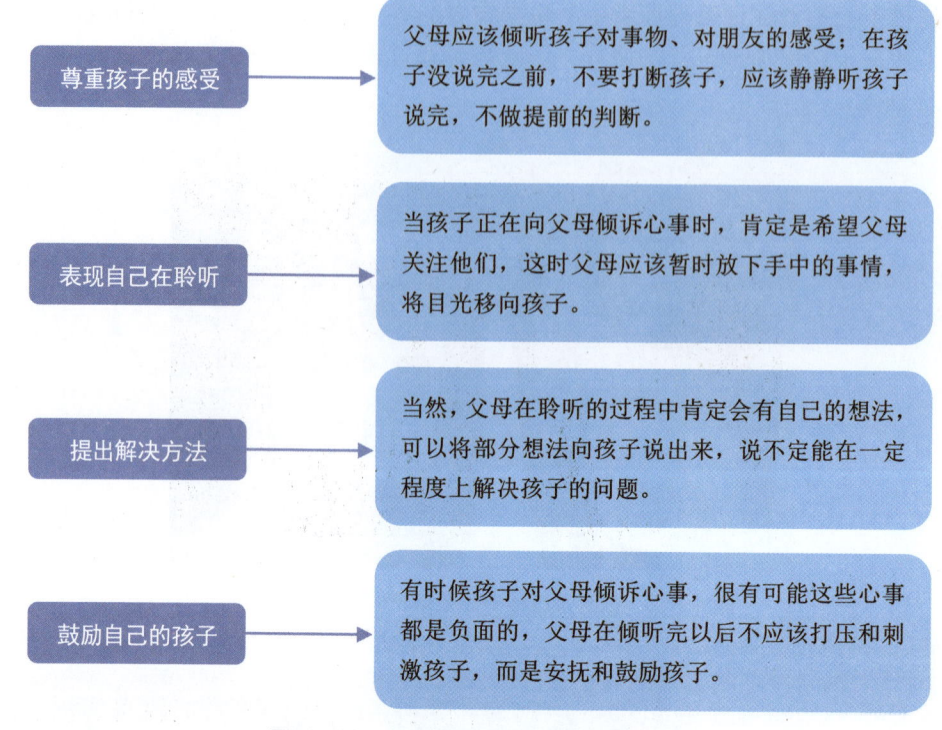

尊重孩子的感受	→	父母应该倾听孩子对事物、对朋友的感受；在孩子没说完之前，不要打断孩子，应该静静听孩子说完，不做提前的判断。
表现自己在聆听	→	当孩子正在向父母倾诉心事时，肯定是希望父母关注他们，这时父母应该暂时放下手中的事情，将目光移向孩子。
提出解决方法	→	当然，父母在聆听的过程中肯定会有自己的想法，可以将部分想法向孩子说出来，说不定能在一定程度上解决孩子的问题。
鼓励自己的孩子	→	有时候孩子对父母倾诉心事，很有可能这些心事都是负面的，父母在倾听完以后不应该打压和刺激孩子，而是安抚和鼓励孩子。

图 4-14　父母倾听孩子心事的具体做法

034　注意沟通方式

前文笔者已经提过，如果孩子正处于青春期，那么孩子的心理状态会略有不同，其外在表现也会略有不同。

(1) 孩子独立意识增强，不怎么想让父母干预自己的生活。
(2) 孩子是成人感和稚气的综合体，有时候会做出令人难以理解的行为。
(3) 渴望和父母、异性朋友平等交流和沟通。
(4) 由于孩子开始成熟，会表现出一些压抑感。
(5) 有时候很自制，但是有时候行为又很冲动。
(6) 对某些事物和行为有极强的反抗性。

当然，不同的孩子在青春期的表现会略有不同，其程度也会略有差别。若是父母发现孩子有这些外在表现的时候，可以邀请孩子去一个放松的地方游玩，顺便和孩子深入沟通一下。笔者在特训营课堂上，不仅不会将课堂局限在狭小的会场和逼仄的教室里，还会找一个风景好的地方，和孩子们好好沟通，如图 4-15 所示。

图 4-15 特训营清华大学行

在实际生活中，父母可以从以下几个方面着手，和孩子进行有效沟通，如图 4-16 所示。

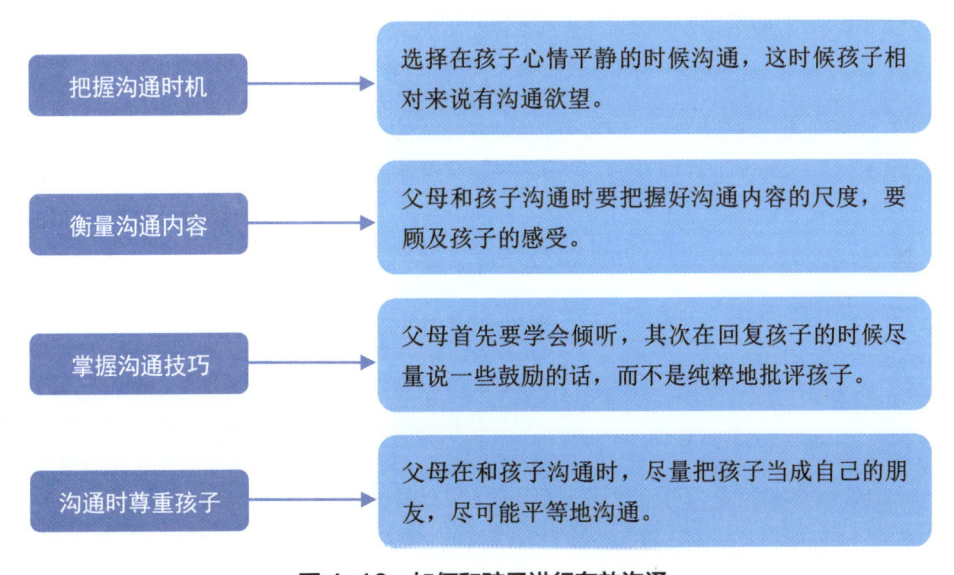

把握沟通时机	选择在孩子心情平静的时候沟通，这时候孩子相对来说有沟通欲望。
衡量沟通内容	父母和孩子沟通时要把握好沟通内容的尺度，要顾及孩子的感受。
掌握沟通技巧	父母首先要学会倾听，其次在回复孩子的时候尽量说一些鼓励的话，而不是纯粹地批评孩子。
沟通时尊重孩子	父母在和孩子沟通时，尽量把孩子当成自己的朋友，尽可能平等地沟通。

图 4-16 如何和孩子进行有效沟通

035 分阶段了解孩子

孩子在不同的人生阶段，心理状况和表现都不一样，因此父母也需要分阶段去了解自己的孩子。孩子在不同阶段的表现大致如下，如图 4-17 所示。

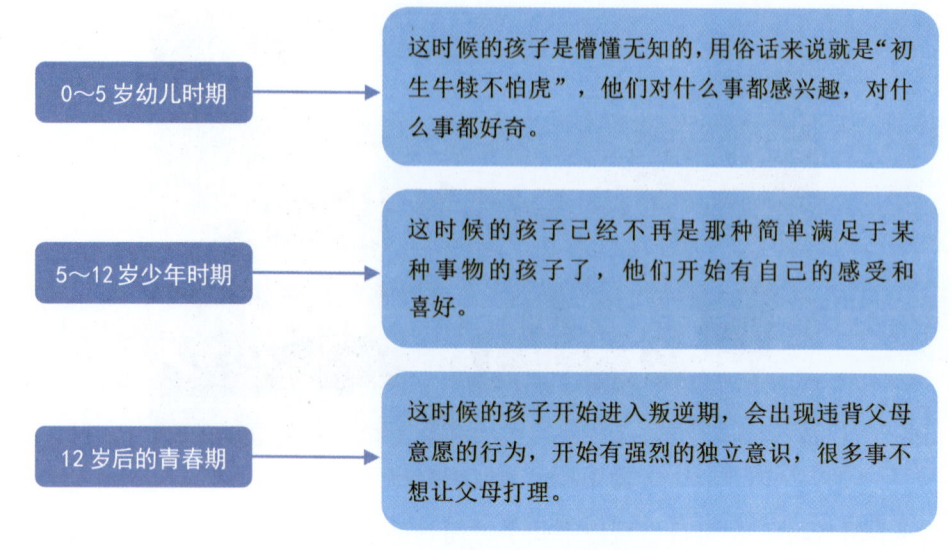

0～5岁幼儿时期	这时候的孩子是懵懂无知的，用俗话来说就是"初生牛犊不怕虎"，他们对什么事都感兴趣，对什么事都好奇。
5～12岁少年时期	这时候的孩子已经不再是那种简单满足于某种事物的孩子了，他们开始有自己的感受和喜好。
12岁后的青春期	这时候的孩子开始进入叛逆期，会出现违背父母意愿的行为，开始有强烈的独立意识，很多事不想让父母打理。

图 4-17 孩子在不同阶段的表现

父母如何分别面对和了解这三个阶段的孩子？方法如图 4-18 所示。

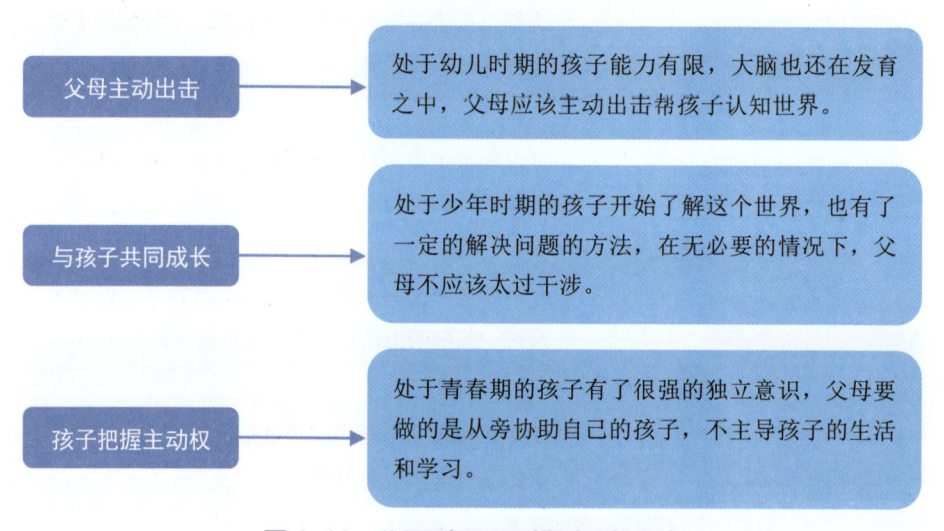

父母主动出击	处于幼儿时期的孩子能力有限，大脑也还在发育之中，父母应该主动出击帮孩子认知世界。
与孩子共同成长	处于少年时期的孩子开始了解这个世界，也有了一定的解决问题的方法，在无必要的情况下，父母不应该太过干涉。
孩子把握主动权	处于青春期的孩子有了很强的独立意识，父母要做的是从旁协助自己的孩子，不主导孩子的生活和学习。

图 4-18 父母了解不同时期孩子的方法

036 不与别人比较

父母最喜欢的是激将法，故意拉高其他孩子的水平，贬损自己的孩子，以激发孩子的上进心。这样的做法前文已经提过，它除了会破坏孩子的自尊心，还会打击孩子的自信心。在笔者看来，父母不拿孩子和别人作比较，主要从以下3点做起，如图4-19所示。

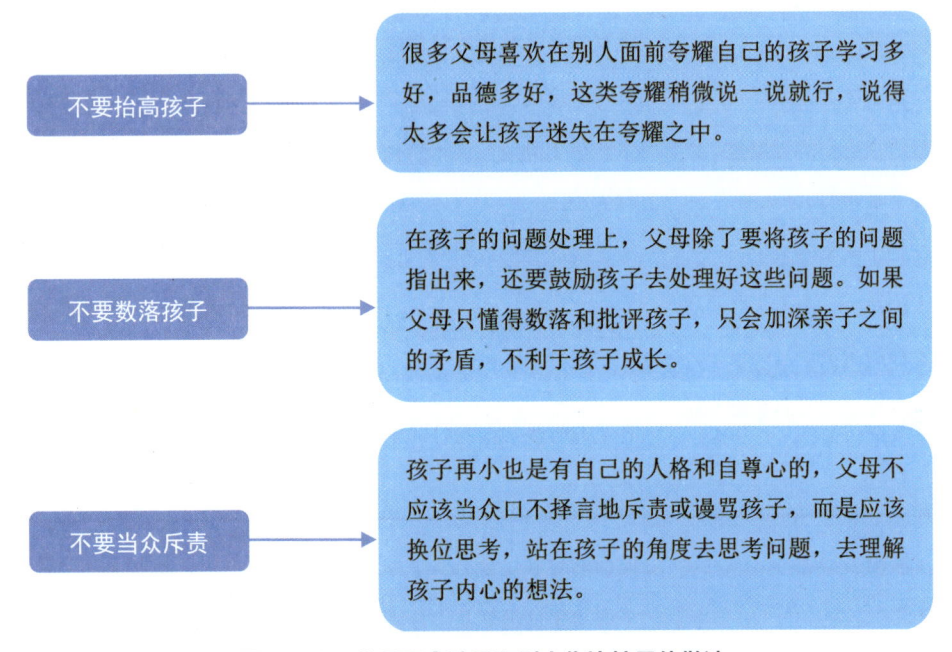

不要抬高孩子 → 很多父母喜欢在别人面前夸耀自己的孩子学习多好，品德多好，这类夸耀稍微说一说就行，说得太多会让孩子迷失在夸耀之中。

不要数落孩子 → 在孩子的问题处理上，父母除了要将孩子的问题指出来，还要鼓励孩子去处理好这些问题。如果父母只懂得数落和批评孩子，只会加深亲子之间的矛盾，不利于孩子成长。

不要当众斥责 → 孩子再小也是有自己的人格和自尊心的，父母不应该当众不择言地斥责或谩骂孩子，而是应该换位思考，站在孩子的角度去思考问题，去理解孩子内心的想法。

图 4-19　父母不拿孩子和别人作比较具体做法

037　父母以身作则

父母如何以身作则？笔者有一个可行性高的方法，就是每天晚上抽时间记录、评估自己在这一天的表现。如表4-1所示为晓晓妈妈某一天的自我表现记录。

(1) 记录自己的言行。

每一天结束后，父母可以抽空使用记事本或电子便签，记录自己今天的精神状况和具体表现。

(2) 评估自己的言行。

父母将今天自己为人处世的内容一一分类，哪些是好的，哪些是坏的；哪些是需要自己改正的，哪些又是需要孩子学习的。

(3) 亲自示范。

在记事本上列出需要孩子学习的行为，并在今后贯彻、定期检查自己对孩子的示范哪些有成效，反思哪些地方需要改进。

表 4-1　晓晓妈妈某一天的自我表现记录

今天日常行为	希望明天自己做的	希望明天自己改正的
早上没有赖床	观察孩子近几天的情绪	在孩子面前玩手机
早上给孩子和老公做早餐	及时回应孩子的一些需求	难以控制自己的脾气
上班前检查自己的手提包，防止遗忘了公司的文件	多和孩子沟通，周末陪孩子去海洋馆	干涉孩子游戏
下班打扫了家里的卫生	家里物品要摆放整齐	做了孩子不爱吃的菜
与家人沟通少，由于工作忙很久没去拜访亲友了	出门前记得擦自己的鞋子	答应带孩子去海洋馆却没有兑现承诺
在家看电视看着看着竟然打瞌睡了	有空的时候给亲友打几个电话	无原则地满足孩子的要求
感觉在很多方面对自己要求低	对周围的人要情绪乐观	
今天又没出去锻炼	说话的时候尽量语气平和	
	下班回家后锻炼几十分钟	
	晚上只刷一个小时手机，抽时间看看书	

父母想要以身作则，可以从以下三个方面做起：
(1) 在生活中严于律己，对孩子进行言传身教；
(2) 只有自己在生活中做得好，孩子才会以你为榜样；
(3) 对于自己错误的言行举止要及时改正，以免给孩子带来不好的影响。

038　引导比包办重要

孩子逐渐长大，父母要学会从主导孩子学习和生活，转变为辅助孩子学习和生活；从包办孩子一切事物，转变为只帮孩子分析问题，提出合适的建议。当然，孩子养成自己主导自己学习和生活的能力，需要父母积极引导，孩子努力配合，步骤如图 4-20 所示。

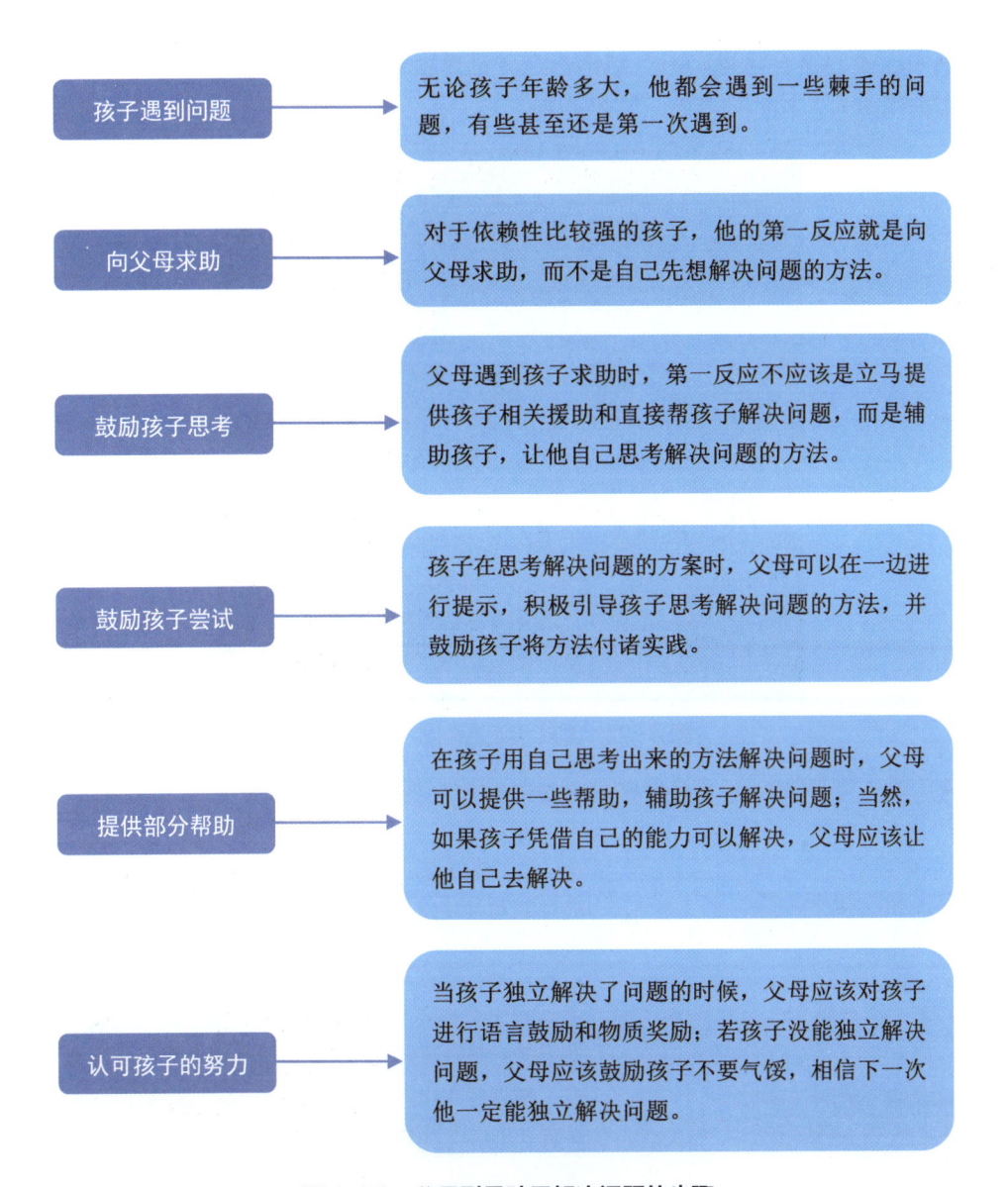

孩子遇到问题	无论孩子年龄多大，他都会遇到一些棘手的问题，有些甚至还是第一次遇到。
向父母求助	对于依赖性比较强的孩子，他的第一反应就是向父母求助，而不是自己先想解决问题的方法。
鼓励孩子思考	父母遇到孩子求助时，第一反应不应该是立马提供孩子相关援助和直接帮孩子解决问题，而是辅助孩子，让他自己思考解决问题的方法。
鼓励孩子尝试	孩子在思考解决问题的方案时，父母可以在一边进行提示，积极引导孩子思考解决问题的方法，并鼓励孩子将方法付诸实践。
提供部分帮助	在孩子用自己思考出来的方法解决问题时，父母可以提供一些帮助，辅助孩子解决问题；当然，如果孩子凭借自己的能力可以解决，父母应该让他自己去解决。
认可孩子的努力	当孩子独立解决了问题的时候，父母应该对孩子进行语言鼓励和物质奖励；若孩子没能独立解决问题，父母应该鼓励孩子不要气馁，相信下一次他一定能独立解决问题。

图 4-20　父母引导孩子解决问题的步骤

039　"禁果"要正确引导

什么是禁果心理？"禁果心理"出自《圣经》。在《圣经》中，夏娃和亚当经受不住蛇的诱惑，偷吃了伊甸园的禁果，因而受到了上帝的处罚，如图 4-21 所示。在这个故事中，我们很容易得出一个结论：在父母理由不充分的情况下，禁止某些事情反而显得会很诱人，我们称之为"禁果心理"。

图 4-21 夏娃和亚当偷吃"禁果"

孩子进入青春期后的"禁果反应"是怎样的？如图 4-22 所示。

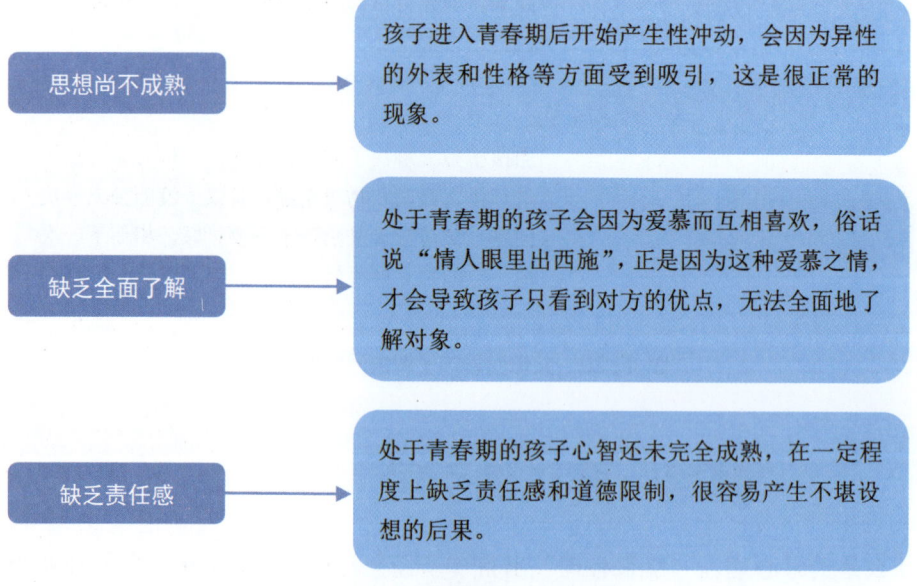

思想尚不成熟 → 孩子进入青春期后开始产生性冲动，会因为异性的外表和性格等方面受到吸引，这是很正常的现象。

缺乏全面了解 → 处于青春期的孩子会因为爱慕而互相喜欢，俗话说"情人眼里出西施"，正是因为这种爱慕之情，才会导致孩子只看到对方的优点，无法全面地了解对象。

缺乏责任感 → 处于青春期的孩子心智还未完全成熟，在一定程度上缺乏责任感和道德限制，很容易产生不堪设想的后果。

图 4-22 "禁果反应"的表现

父母如何积极引导孩子走出"禁果心理",走向正确的成长方向?笔者认为可以从以下 3 条途径去处理问题,如图 4-23 所示。

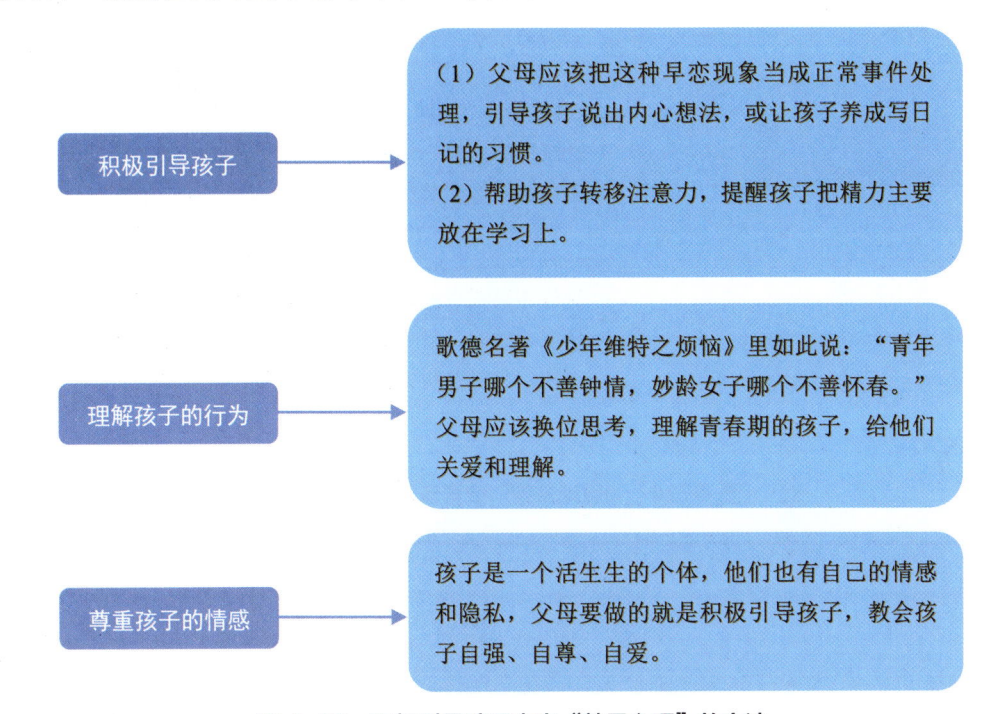

积极引导孩子 → (1)父母应该把这种早恋现象当成正常事件处理,引导孩子说出内心想法,或让孩子养成写日记的习惯。
(2)帮助孩子转移注意力,提醒孩子把精力主要放在学习上。

理解孩子的行为 → 歌德名著《少年维特之烦恼》里如此说:"青年男子哪个不善钟情,妙龄女子哪个不善怀春。"父母应该换位思考,理解青春期的孩子,给他们关爱和理解。

尊重孩子的情感 → 孩子是一个活生生的个体,他们也有自己的情感和隐私,父母要做的就是积极引导孩子,教会孩子自强、自尊、自爱。

图 4-23 积极引导孩子走出"禁果心理"的方法

040 恩威并施教育

爱迪生小时候是一个好动顽皮的小孩,老师认为他没有什么天赋,长大之后也不会突出,只是一个平庸的孩子。然而爱迪生的妈妈不这么想,她认为自己的孩子很有天赋。爱迪生本身的天赋,加上妈妈的关爱,使得爱迪生日后在自己喜欢的领域干出了一番不朽的事业。

当然父母一味地给孩子关爱是不行的,如果父母关爱过度,反而成了溺爱,无法培养孩子独立的人格。

还有一些父母总是小心翼翼,害怕自己的某些言论和行为会刺激到自己的孩子,生怕孩子发脾气,做出一些过激的行为。

这些爱发脾气的孩子,笔者认为一部分原因是遗传的,还有一部分原因是受到了家庭的影响,受到了父母的影响。与此同时,父母过于放纵孩子的天性,会使孩子无法形成坚忍的性格。

"恩威并施"不是粗暴地对待孩子，不是父母用严厉的态度把孩子的潜能全部激发出来。那么，父母在对孩子进行"恩威并施"教育时，需要注意哪些问题？如图 4-24 所示。

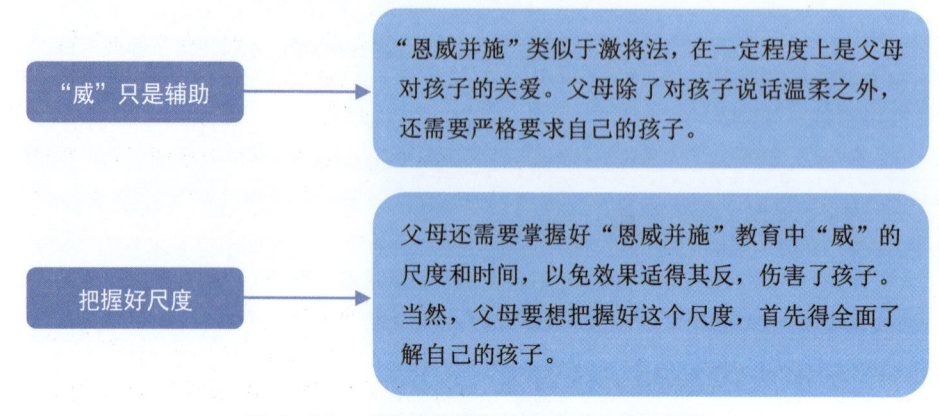

"威"只是辅助 → "恩威并施"类似于激将法，在一定程度上是父母对孩子的关爱。父母除了对孩子说话温柔之外，还需要严格要求自己的孩子。

把握好尺度 → 父母还需要掌握好"恩威并施"教育中"威"的尺度和时间，以免效果适得其反，伤害了孩子。当然，父母要想把握好这个尺度，首先得全面了解自己的孩子。

图 4-24　"恩威并施"教育应该注意的问题

第5章

分清阶段，
10招梳理孩子的时间观念

学前提示

有些父母抱怨孩子总是赖床不起，抱怨孩子放学回家就是打游戏，抱怨孩子考试成绩总是不理想……这一切的背后是孩子能力不如别人，还是孩子智商不如别人？其实都不是！可能你的孩子仅仅是时间观念不强，从而错失了进步和成功的机会。

要点展示

- ▶ 掌握年龄阶段
- ▶ 确定训练目标
- ▶ 建立时间观念
- ▶ 告诉孩子时光如流水
- ▶ 让孩子自己管理时间
- ▶ 短期时间管理流程
- ▶ 制作时间档案
- ▶ 培养自主时间管理的热情
- ▶ 时间感知训练
- ▶ 化繁为简，层层递进

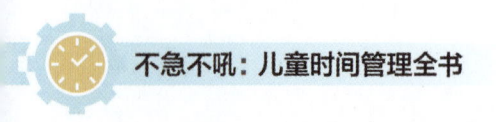

041 掌握年龄阶段

前文笔者已经提到过不同年龄阶段孩子的心理状态和表现会有很大的不同，此处要补充的是，不同年龄阶段的孩子不仅心理状态和表现会有很大的不同，而且对时间观念的感知也会有所不同，如图 5-1 所示。

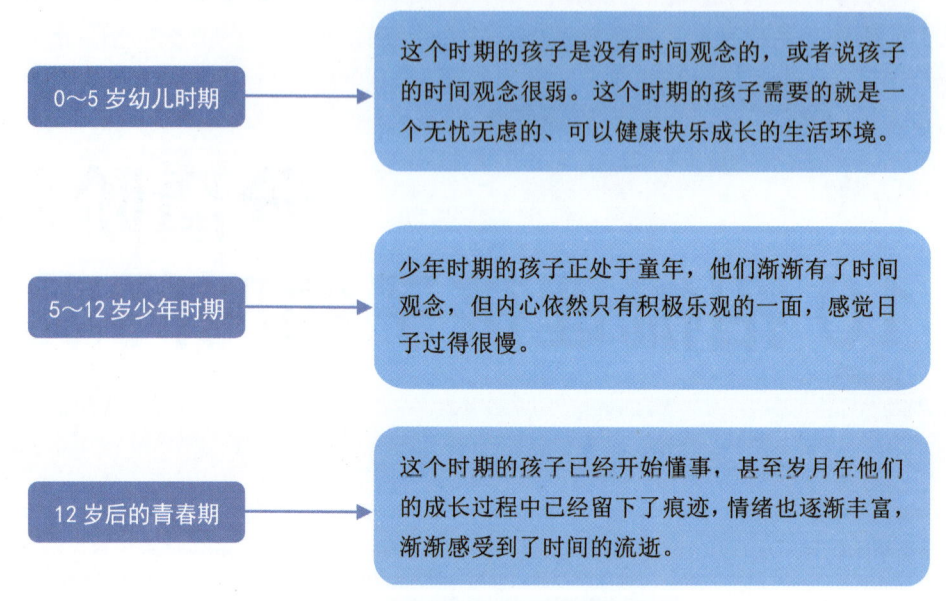

- **0～5 岁幼儿时期** → 这个时期的孩子是没有时间观念的，或者说孩子的时间观念很弱。这个时期的孩子需要的就是一个无忧无虑的、可以健康快乐成长的生活环境。

- **5～12 岁少年时期** → 少年时期的孩子正处于童年，他们渐渐有了时间观念，但内心依然只有积极乐观的一面，感觉日子过得很慢。

- **12 岁后的青春期** → 这个时期的孩子已经开始懂事，甚至岁月在他们的成长过程中已经留下了痕迹，情绪也逐渐丰富，渐渐感受到了时间的流逝。

图 5-1　不同年龄阶段孩子的时间观念

042 告诉孩子时光如流水

我们先来看一下笔者在"生命惊喜"品牌下的课程圆满结束后，父母跟踪孩子最近状况后的反馈。

"丹丹以前自卑、内向、厌学、懒惰、作业拖拉、不爱动脑。在遇到问题时她要么退缩，要么只会哭，做事没有规划，没有时间观念。通过差不多两年的时间，我在她身上已经看不到以上问题了。现在的丹丹有自信、有爱心、爱劳动，而且自己能照顾好自己。在学习上会自己安排好计划，遇到问题现在会自己动脑思考、查资料，畏惧心理渐渐消失了。我很感谢孩子在这两年里的学习、成长和蜕变，感谢周老师和'生命惊喜'给孩子带来的成长和变化。"

——林蔺

"王金博已是一名初二的学生,平日里喜欢打篮球,虽然他骨子里是一个非常开朗的小男孩,但时常表现得不自信,也没有时间观念。自从结识"生命惊喜"平台后,他跟着平台学习课程,我们发现孩子更开放了,多次在特训营中担任"董事长",而且带领本组拿得了冠军;我们发现孩子的学习目的性更强了,一下子懂事了很多;我们发现孩子更阳光快乐了,他这种有拼劲的样子我们看着真好。非常感谢周老师和大家的帮助支持!"

——卢丹

从训练班报名信息上,笔者发现很多孩子的时间观念都不强,这影响了他们的学习和效率,为此笔者针对孩子推出一些时间感知的训练课程。在结束一段课程之后,笔者接到父母的一些反馈,发现这些课程卓有成效,可供各位父母参考。

在时间感知训练开始之前,笔者认为父母应该告诉孩子时间的重要性,具体做法如图 5-2 所示。

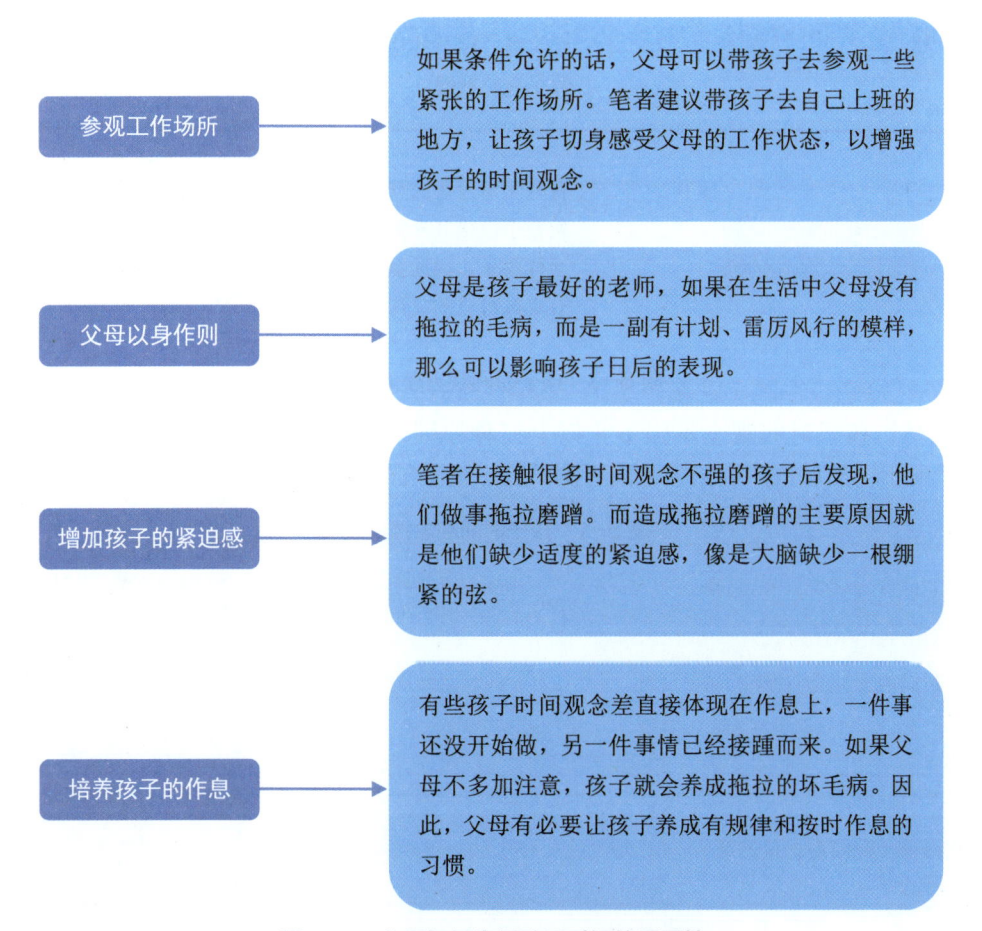

参观工作场所	如果条件允许的话,父母可以带孩子去参观一些紧张的工作场所。笔者建议带孩子去自己上班的地方,让孩子切身感受父母的工作状态,以增强孩子的时间观念。
父母以身作则	父母是孩子最好的老师,如果在生活中父母没有拖拉的毛病,而是一副有计划、雷厉风行的模样,那么可以影响孩子日后的表现。
增加孩子的紧迫感	笔者在接触很多时间观念不强的孩子后发现,他们做事拖拉磨蹭。而造成拖拉磨蹭的主要原因就是他们缺少适度的紧迫感,像是大脑缺少一根绷紧的弦。
培养孩子的作息	有些孩子时间观念差直接体现在作息上,一件事还没开始做,另一件事情已经接踵而来。如果父母不多加注意,孩子就会养成拖拉的坏毛病。因此,父母有必要让孩子养成有规律和按时作息的习惯。

图 5-2　父母如何告诉孩子时间的重要性

043　制作时间档案

笔者统计了孩子时间观念差的三个原因，父母可以观察自己的孩子时间观念差的原因属于哪一个，如图 5-3 所示。

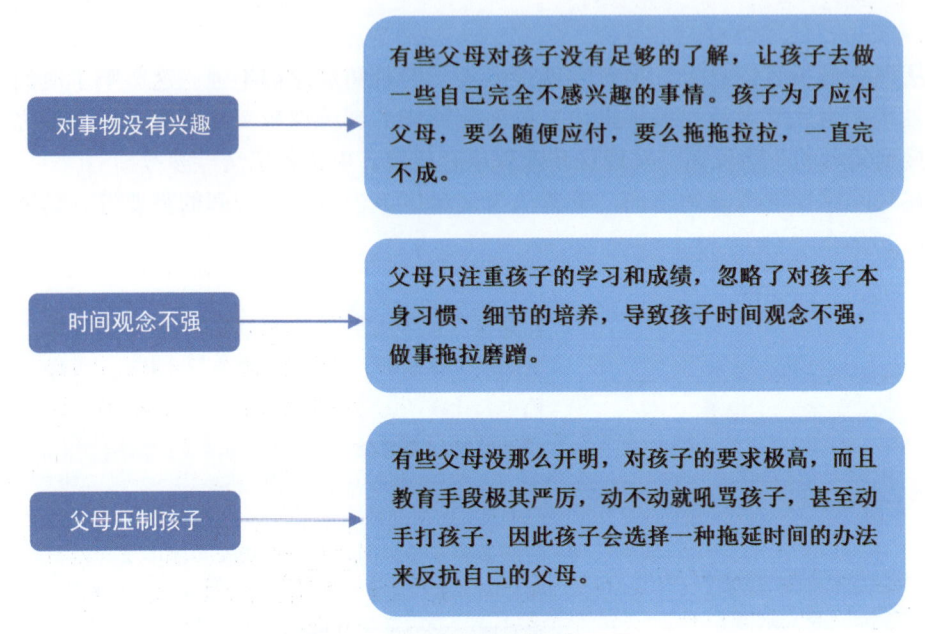

对事物没有兴趣 → 有些父母对孩子没有足够的了解，让孩子去做一些自己完全不感兴趣的事情。孩子为了应付父母，要么随便应付，要么拖拖拉拉，一直完不成。

时间观念不强 → 父母只注重孩子的学习和成绩，忽略了对孩子本身习惯、细节的培养，导致孩子时间观念不强，做事拖拉磨蹭。

父母压制孩子 → 有些父母没那么开明，对孩子的要求极高，而且教育手段极其严厉，动不动就吼骂孩子，甚至动手打孩子，因此孩子会选择一种拖延时间的办法来反抗自己的父母。

图 5-3　孩子时间观念差的原因

当然，孩子时间观念不强不止以上三种原因，父母可以自行完成以下表格，如表 5-1 所示，然后按照表格中的内容测试自己的孩子。

表 5-1　孩子时间观念档案表

标　题	内　容
孩子时间观念差会有哪些表现？	(1) (2) (3) (4)
你觉得孩子时间观念差的原因是什么？	(1) (2) (3) (4)

续表

标题	内容
测试孩子时间观念强弱的小游戏（1）	父母分别测试孩子通过自己的感觉，说出 30 秒、1 分钟、3 分钟、5 分钟、10 分钟时间点，结果越接近秒表数据则越说明孩子的时间观念好。
测试孩子时间观念强弱的小游戏（2）	让孩子为一件事情做好计划，然后按照计划进行实际操作，比对孩子在这件事情上花费的时间是否在计划好的时间内。
父母的其他妙招	（1） （2） （3） （4）

044 时间感知训练

上一节内容中，我们已经讲到关于孩子时间感知训练的两个小游戏，本节将会对这两个时间感知训练的小游戏进行拓展。

1 教孩子认识时间

不同年龄阶段的孩子对时间的认识和感知是不一样的，因此笔者将训练分成了三个年龄段，如表 5-2 所示。

表 5-2　不同年龄段孩子认识时间的训练

年龄段	方法
0～3 岁的孩子	这个年龄段的孩子还处于懵懵懂懂的状态，但懵懵懂懂不意味着孩子对时间概念不懂，也不意味着孩子不需要去认识时间。这个时候，笔者建议父母可以教孩子一些常用的笼统的时间概念，诸如"凌晨""早晨""上午""中午""下午""黄昏""傍晚""晚上"，让孩子初步了解时间。
3～6 岁的孩子	这个年龄段的孩子心智开始发育，父母可以将时间和具体事件结合起来，督促孩子养成守时的好习惯。 比如，孩子起床漱口时，定一个 4 分钟的闹钟，父母可以尝试提醒孩子："闹钟响之前你需要洗漱完毕。"又比如，定一个该出门等校车的闹钟，告诉孩子在这个闹钟响之前整理书包出门。

续表

年龄段	方　法
6～12岁的孩子	这个年龄段的孩子学习能力超强，父母可以尝试教孩子认识时钟，如时针走一圈是多少分钟，分针走一圈是多少秒，秒针走多少圈是1分钟等。

除了可以亲身示范，父母还可以借用一些图书，辅助年龄稍微低的孩子认识时间，如图 5-4 所示。

图 5-4　认识时间类的少儿图书

2 "定时定量"训练

孩子写作业时，如果出现不能按时完成的情况，那么孩子在考试时也会无法全部完成考卷上的题目，前者我们称之为"定量不按时"，后者我们称之为"定时量不够"。为了帮助孩子按时按量完成任务，父母可以尝试以下方法训练自己的孩子。

测试孩子"定时"能完成多少"量"：

(1) 测试孩子 10 分钟能默写多少个单词；

(2) 测试孩子在指定时间内能否完成一张考卷；

(3) 测试孩子 10 分钟之内能背几篇课文；

(4) 测试孩子 10 分钟之内可以吃几碗饭；

(5) 测试孩子 10 分钟之内可以朗读几篇英语课文。

测试孩子"定量"需要多少时间：

(1) 测试孩子从家里前往学校平均需要多长时间；

(2) 测试孩子写一篇作文需要多长时间；

(3) 测试孩子从起床到出门需要多长时间；
(4) 测试孩子完成家庭作业平均需要多长时间；
(5) 测试孩子写完一张试卷需要多长时间。

3 做好时间日志

对于时间观念差的孩子，父母可以跟孩子一起做一个时间记录日志，在日志上记录某一个时间段的详情。这样父母不仅可以了解孩子在某个时间段内做的任务，还可以很方便地统计孩子浪费的时间，掌握孩子当前时间管理观念的整体水平，如图 5-5 所示。

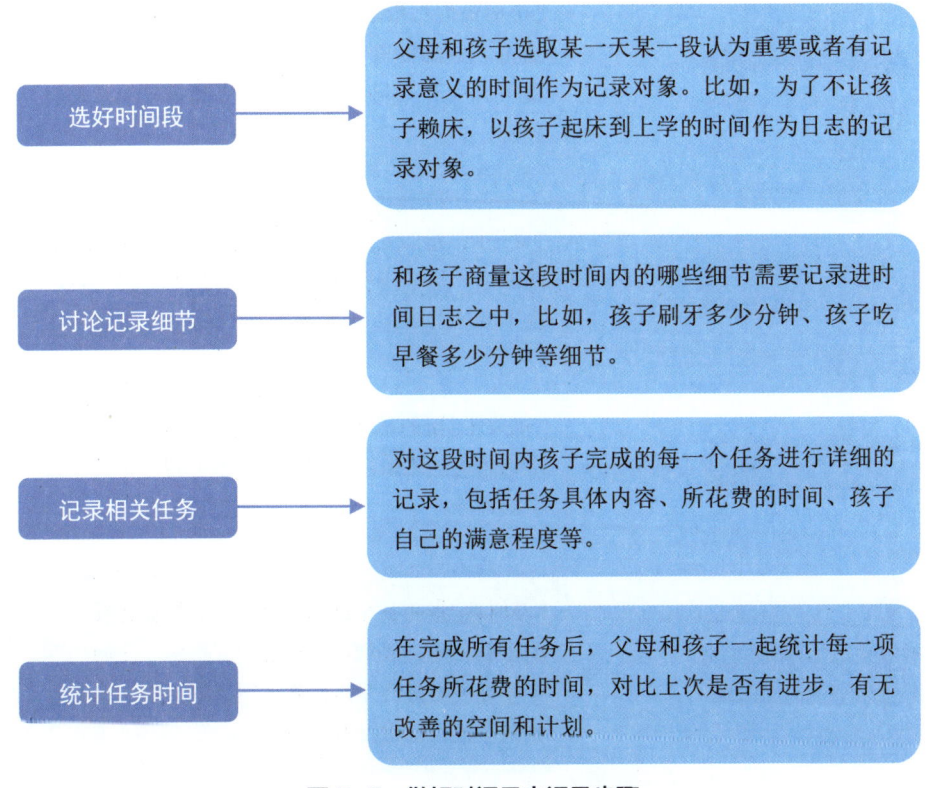

选好时间段 → 父母和孩子选取某一天某一段认为重要或者有记录意义的时间作为记录对象。比如，为了不让孩子赖床，以孩子起床到上学的时间作为日志的记录对象。

讨论记录细节 → 和孩子商量这段时间内的哪些细节需要记录进时间日志之中，比如，孩子刷牙多少分钟、孩子吃早餐多少分钟等细节。

记录相关任务 → 对这段时间内孩子完成的每一个任务进行详细的记录，包括任务具体内容、所花费的时间、孩子自己的满意程度等。

统计任务时间 → 在完成所有任务后，父母和孩子一起统计每一项任务所花费的时间，对比上次是否有进步，有无改善的空间和计划。

图 5-5 做好时间日志记录步骤

045 确定训练目标

笔者要说明的是，这个训练目标不是一个简简单单的目标，也不是"我有一个小目标，先赚它一个亿"这样的噱头般的目标，也不是"我要考上×××名牌大学"的口号式目标。具体来说，父母和孩子确定的训练目标需要符合以下5个标准，如图5-6所示。

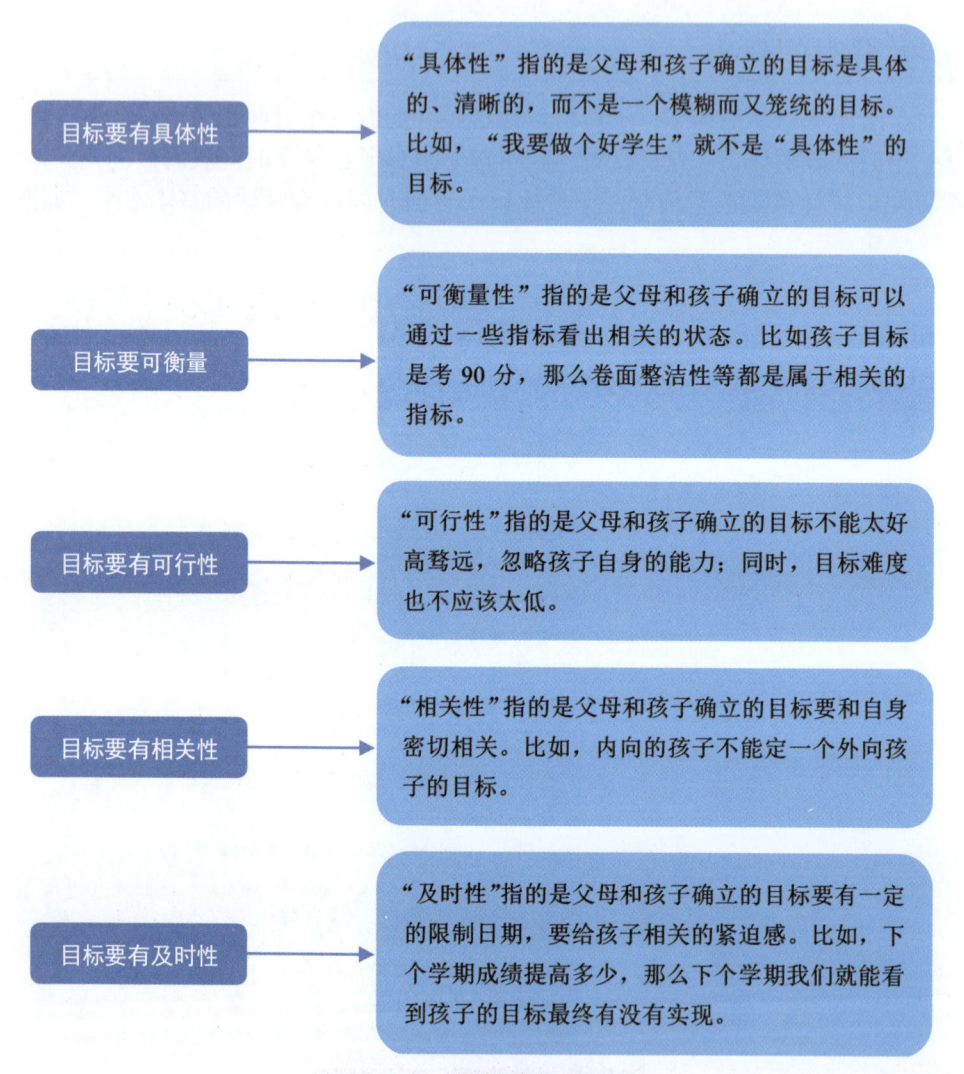

目标要有具体性 → "具体性"指的是父母和孩子确立的目标是具体的、清晰的，而不是一个模糊而又笼统的目标。比如，"我要做个好学生"就不是"具体性"的目标。

目标要可衡量 → "可衡量性"指的是父母和孩子确立的目标可以通过一些指标看出相关的状态。比如孩子目标是考90分，那么卷面整洁性等都是属于相关的指标。

目标要有可行性 → "可行性"指的是父母和孩子确立的目标不能太好高骛远，忽略孩子自身的能力；同时，目标难度也不应该太低。

目标要有相关性 → "相关性"指的是父母和孩子确立的目标要和自身密切相关。比如，内向的孩子不能定一个外向孩子的目标。

目标要有及时性 → "及时性"指的是父母和孩子确立的目标要有一定的限制日期，要给孩子相关的紧迫感。比如，下个学期成绩提高多少，那么下个学期我们就能看到孩子的目标最终有没有实现。

图 5-6　训练目标的标准

笔者根据自身在训练班的经验，总结了不同年级的孩子出现的一些共性问题和训练目标，如表 5-3 所示。父母可根据自己对孩子的了解修改调整表格。

表 5-3　不同年级孩子出现的问题和训练目标

年　级	孩子出现的共性问题	训练目标
学龄前儿童	(1) 孩子顽皮，喜欢多动； (2) 孩子被同龄人欺负； (3) 孩子喜欢撒娇耍性子。	从小做起，让孩子学习规矩。
小学 1~2 年级	(1) 老师布置的作业记不全； (2) 性格孤僻，喜欢独处； (3) 上课时很容易走神。	培养孩子良好的性格和习惯。
小学 3~4 年级	(1) 写作业拖拉磨蹭； (2) 学习和上课时无精打采； (3) 不思进取。	提高孩子自我管理能力。
小学 5~6 年级	(1) 考试马马虎虎，连送分题都做不对； (2) 学起来什么都会，做起来和考试时什么都不会； (3) 开始进入青春期，孩子情绪波动很大。	让孩子学会自主学习，努力提高自己的成绩。
初中 1~3 年级	(1) 成绩时好时坏； (2) 无缘无故产生一些烦恼，孩子能郁闷一整天； (3) 每次成绩提升幅度不大，孩子逐渐对学习丧失信心。	学会自己控制情绪，寻找适合自己的学习方法。

046 让孩子自己管理时间

　　人和人的不同，关键在于思维不一样。父母真正需要的是全局的系统思维能力，不但要能工作赚钱，更需要懂得如何经营家庭，更重要的是要学会如何把孩子监督和培养成新时代的人才，以后有能力、有本事在社会上很好地生活，实现梦想。

　　虽然父母可以监督和培养孩子成长，但父母总是监督孩子不是最终的解决方法，这样反而可能导致孩子过分地依赖父母，甚至会影响孩子成长。

　　我们常说父母最重要的是"4 个经营"，如图 5-7 所示。但是"经营孩子"是个例外，孩子主要不是靠父母去经营的，父母要做的只能是引导，关键还是要靠孩子自己去经营。

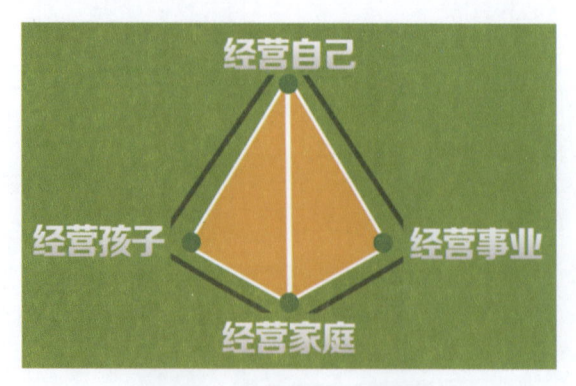

图 5-7　父母的"4 个经营"

总而言之，父母的监督只是一个辅助方法，而真正要从根源上解决问题，就需要孩子学会自己管理时间。

笔者总结了让孩子学会自己管理时间的具体方法，如图 5-8 所示。

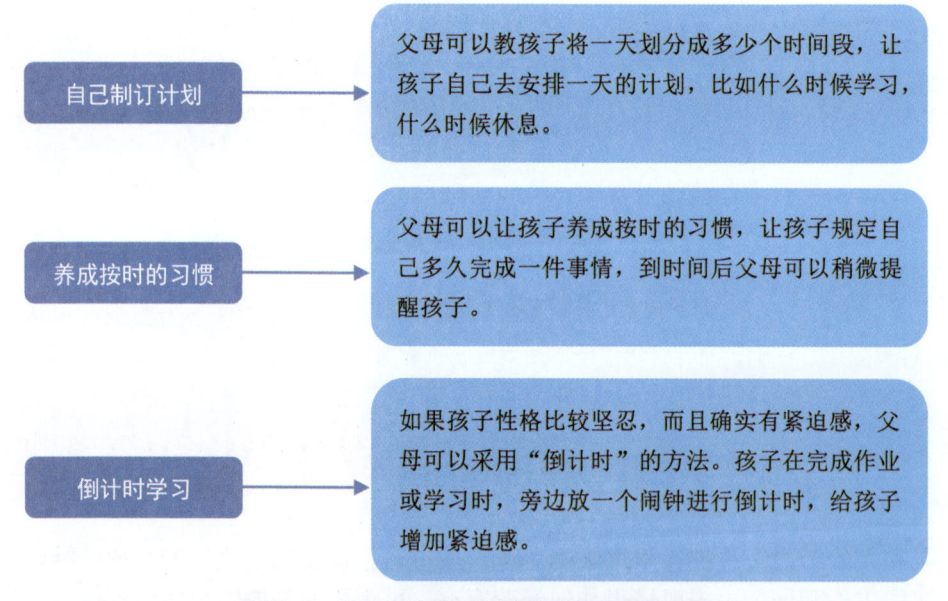

自己制订计划 → 父母可以教孩子将一天划分成多少个时间段，让孩子自己去安排一天的计划，比如什么时候学习，什么时候休息。

养成按时的习惯 → 父母可以让孩子养成按时的习惯，让孩子规定自己多久完成一件事情，到时间后父母可以稍微提醒孩子。

倒计时学习 → 如果孩子性格比较坚忍，而且确实有紧迫感，父母可以采用"倒计时"的方法。孩子在完成作业或学习时，旁边放一个闹钟进行倒计时，给孩子增加紧迫感。

图 5-8　让孩子学会自己管理时间的具体方法

047　培养自主时间管理的热情

让孩子学会自主时间管理不是一件容易的事情，父母需要一些小技巧来辅助提高孩子学会自主时间管理的热情，如图 5-9 所示。

分清阶段，10招梳理孩子的时间观念 第5章

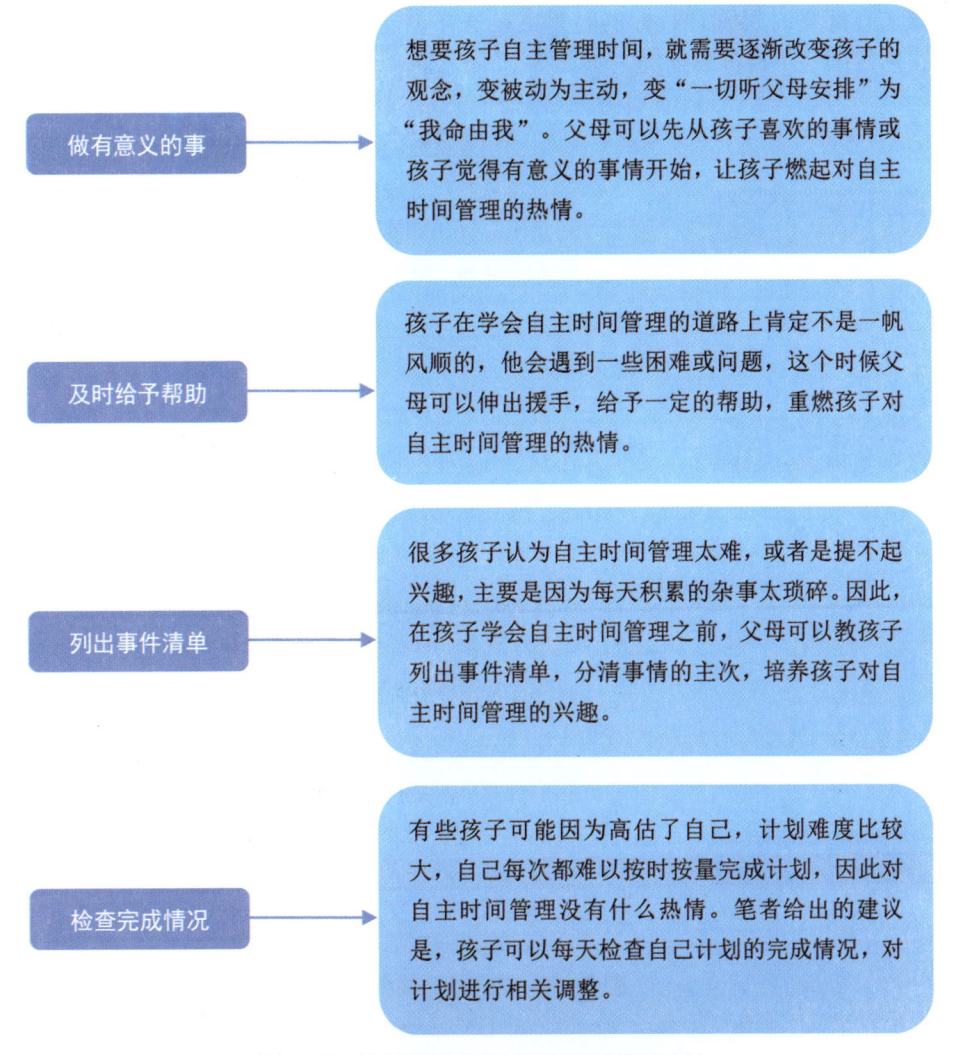

做有意义的事	想要孩子自主管理时间，就需要逐渐改变孩子的观念，变被动为主动，变"一切听父母安排"为"我命由我"。父母可以先从孩子喜欢的事情或孩子觉得有意义的事情开始，让孩子燃起对自主时间管理的热情。
及时给予帮助	孩子在学会自主时间管理的道路上肯定不是一帆风顺的，他会遇到一些困难或问题，这个时候父母可以伸出援手，给予一定的帮助，重燃孩子对自主时间管理的热情。
列出事件清单	很多孩子认为自主时间管理太难，或者是提不起兴趣，主要是因为每天积累的杂事太琐碎。因此，在孩子学会自主时间管理之前，父母可以教孩子列出事件清单，分清事情的主次，培养孩子对自主时间管理的兴趣。
检查完成情况	有些孩子可能因为高估了自己，计划难度比较大，自己每次都难以按时按量完成计划，因此对自主时间管理没有什么热情。笔者给出的建议是，孩子可以每天检查自己计划的完成情况，对计划进行相关调整。

图 5-9　培养孩子自主时间管理热情的方法

048　化繁为简，层层递进

　　火箭飞上月球，需要科学家进行严格而又精密的计算，将火箭分级，还要进行若干次加速和减速。科学家们要想完成伟大的登月目标，需要将火箭飞上月球这个过程拆分成若干个目标，分步骤进行模拟和计算。

孩子在确立时间管理目标的时候也是这样，需要将自己的大目标拆分成若干个小目标，然后围绕小目标做努力，如图 5-10 所示。

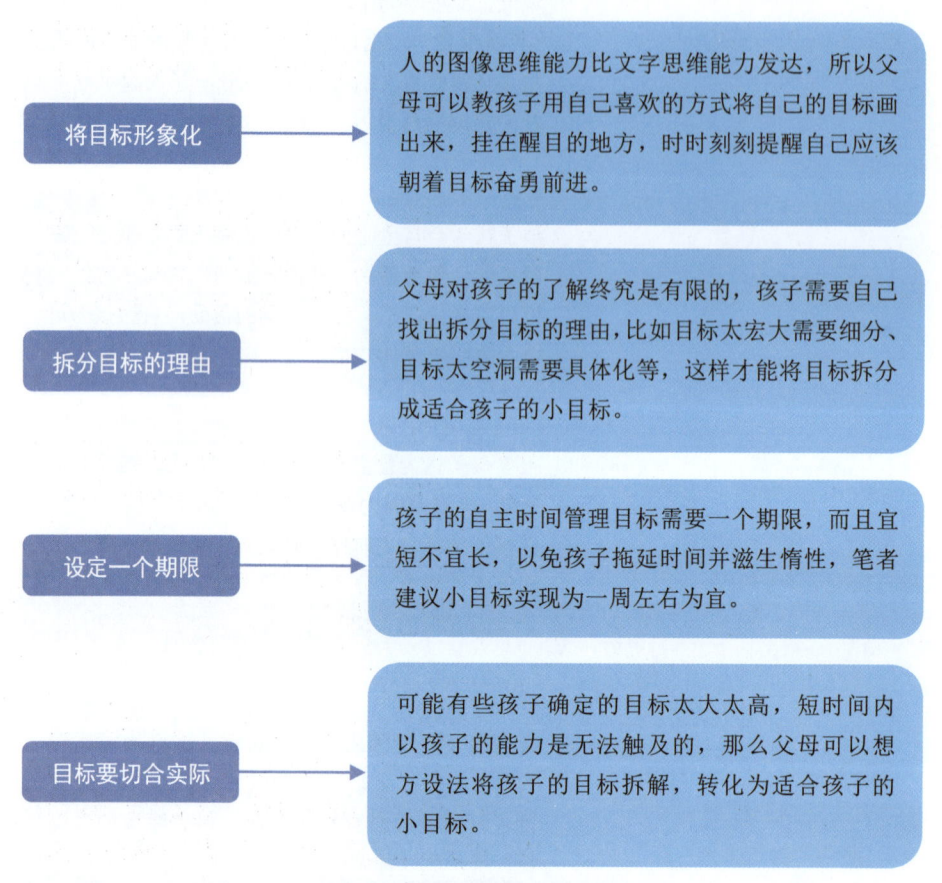

将目标形象化	人的图像思维能力比文字思维能力发达，所以父母可以教孩子用自己喜欢的方式将自己的目标画出来，挂在醒目的地方，时时刻刻提醒自己应该朝着目标奋勇前进。
拆分目标的理由	父母对孩子的了解终究是有限的，孩子需要自己找出拆分目标的理由,比如目标太宏大需要细分、目标太空洞需要具体化等，这样才能将目标拆分成适合孩子的小目标。
设定一个期限	孩子的自主时间管理目标需要一个期限，而且宜短不宜长，以免孩子拖延时间并滋生惰性，笔者建议小目标实现为一周左右为宜。
目标要切合实际	可能有些孩子确定的目标太大太高，短时间内以孩子的能力是无法触及的，那么父母可以想方设法将孩子的目标拆解，转化为适合孩子的小目标。

图 5-10　如何拆分成小目标

049　建立时间观念

我们都在说："一寸光阴一寸金，寸金难买寸光阴。"父母应该怎么让孩子建立起自主管理时间的观念？笔者认为可以从以下几点着手，如图 5-11 所示。

分清阶段，10招梳理孩子的时间观念 第5章

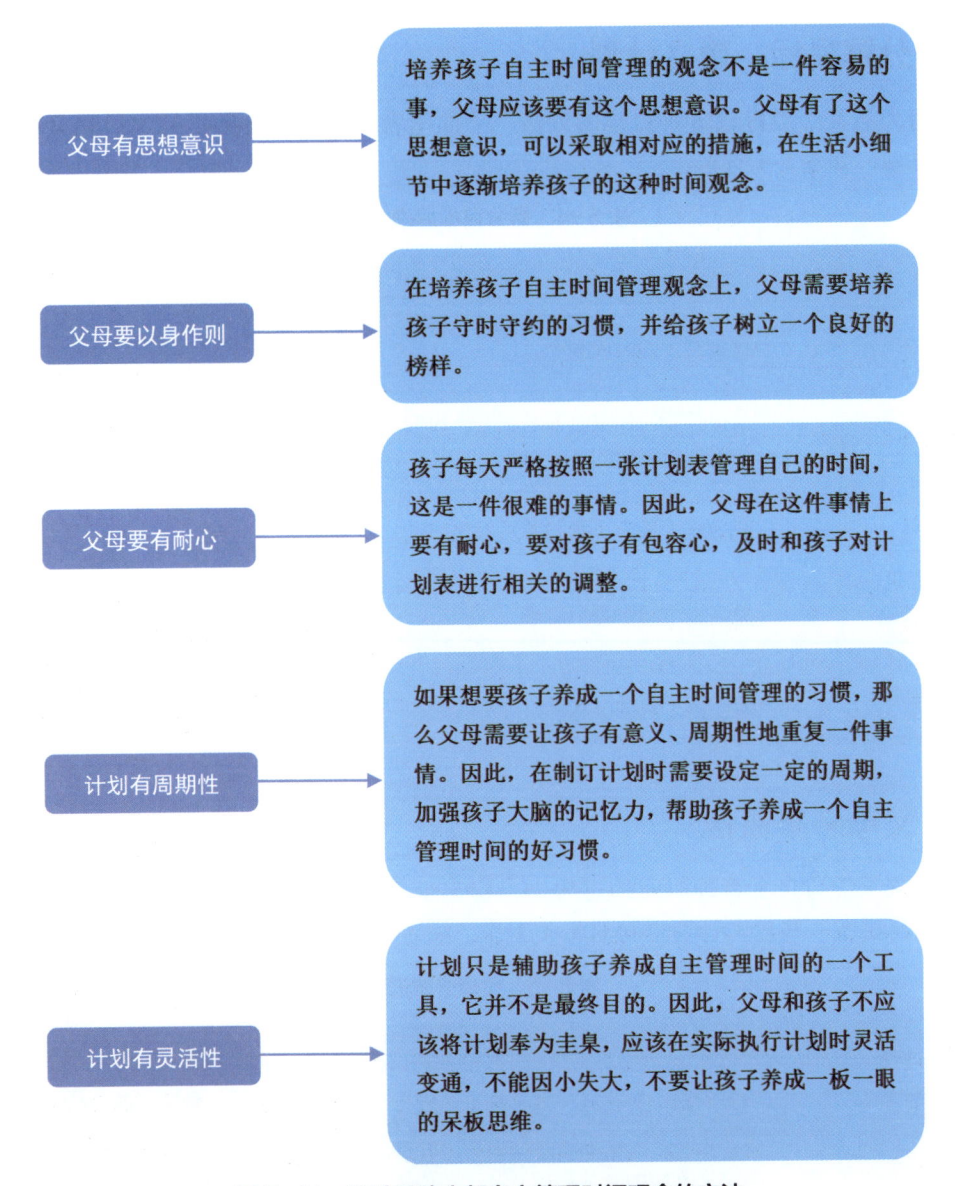

父母有思想意识 → 培养孩子自主时间管理的观念不是一件容易的事，父母应该要有这个思想意识。父母有了这个思想意识，可以采取相对应的措施，在生活小细节中逐渐培养孩子的这种时间观念。

父母要以身作则 → 在培养孩子自主时间管理观念上，父母需要培养孩子守时守约的习惯，并给孩子树立一个良好的榜样。

父母要有耐心 → 孩子每天严格按照一张计划表管理自己的时间，这是一件很难的事情。因此，父母在这件事情上要有耐心，要对孩子有包容心，及时和孩子对计划表进行相关的调整。

计划有周期性 → 如果想要孩子养成一个自主时间管理的习惯，那么父母需要让孩子有意义、周期性地重复一件事情。因此，在制订计划时需要设定一定的周期，加强孩子大脑的记忆力，帮助孩子养成一个自主管理时间的好习惯。

计划有灵活性 → 计划只是辅助孩子养成自主管理时间的一个工具，它并不是最终目的。因此，父母和孩子不应该将计划奉为圭臬，应该在实际执行计划时灵活变通，不能因小失大，不要让孩子养成一板一眼的呆板思维。

图 5-11　让孩子建立起自主管理时间观念的方法

050 短期时间管理流程

　　笔者认为，"短期时间管理"的目的是帮助父母和孩子在最短的时间内逐步完成自己确立的目标。父母和孩子可以按照以下的流程进行短期时间管理训练操作。

1　分解目标，确立计划

前文笔者已经讲过分解目标的方法，下面笔者举例说明分解目标之后怎么用表格确立计划，如表 5-4 所示。

表 5-4　拆分目标后确立计划

日　期	小　目　标	计　划
第一周	培养孩子的时间观念。	带孩子参观家长工作的场所，让孩子切身体会时间的宝贵和工作的忙碌。
第二周	改掉孩子写作业时东看西看、转笔头等拖拉磨蹭的坏习惯。	给孩子制定时间表、奖惩表等，辅助孩子改掉拖拉磨蹭的坏习惯。
第三周	帮助孩子提高下次的考试成绩。	找出孩子成绩差的原因，进行相应的补习。
第四周	提高孩子写作业的质量。	写完作业后让孩子自己检查作业，并设定相应的奖惩措施。
第五周	提高孩子的学习效率。	从身边的小事和学习相关的事情开始，提高孩子的效率。

2　父母必修课程

在孩子学会自主管理时间的过程中，肯定少不了父母的陪伴、关爱和帮助，因此父母也需要做一些自主管理时间的相关工作，如表 5-5 所示。

表 5-5　父母必修课程

日　期	小　目　标
第一周	确定问题：对家庭、孩子和自己进行全方位的了解，了解孩子的优缺点。
第二周	学会沟通：在帮助孩子学会自主管理时间的过程中，父母需要学会怎么和孩子进行有效沟通，如何做孩子最好的倾听者。
第三周	奖惩分明：对孩子的言行举止进行鼓励和惩罚，让孩子养成良好的习惯，改掉身上的恶习。
第四周	辅助孩子：自己只是一个旁观的角色，只起到辅助和引导的作用，孩子的成长和执行计划全部需要靠他自己。
第五周	持之以恒：对孩子的行为进行总结，让孩子重复自己的好言行，并将其养成一种好习惯。

3 检测情绪

在学习自主管理的过程中，有些父母或孩子可能无法坚持下来，甚至可能会发脾气，情绪极其不稳定。那么父母可以通过表格记录自己和孩子每一周的情绪，如表5-6所示。

表5-6　父母和孩子每一周情绪记录

情绪波动信号	情绪记录第　周						
	第1天	第2天	第3天	第4天	第5天	第6天	第7天
身体信号							
心跳加速							
呼吸加快							
流汗增加							
脸色泛红							
肌肉紧绷							
浑身发热							
内心信号							
自己太无能							
我讨厌自己							
讨厌这个世界							
我想打人							
想撕作业							
我想破口大骂							
行动信号							
动手动脚							
大吼大叫							
抱头痛哭							
言语不逊							
坐立不安							
瑟瑟发抖							

④ 学会放松

如果父母在记录情绪过程中，发现自己和孩子出现上面表格中的多种情况，那么这就表明自己或孩子已经生气了，情绪开始波动了。这时候，父母和孩子可以通过以下方法来平复自己的情绪，如图 5-12 所示。

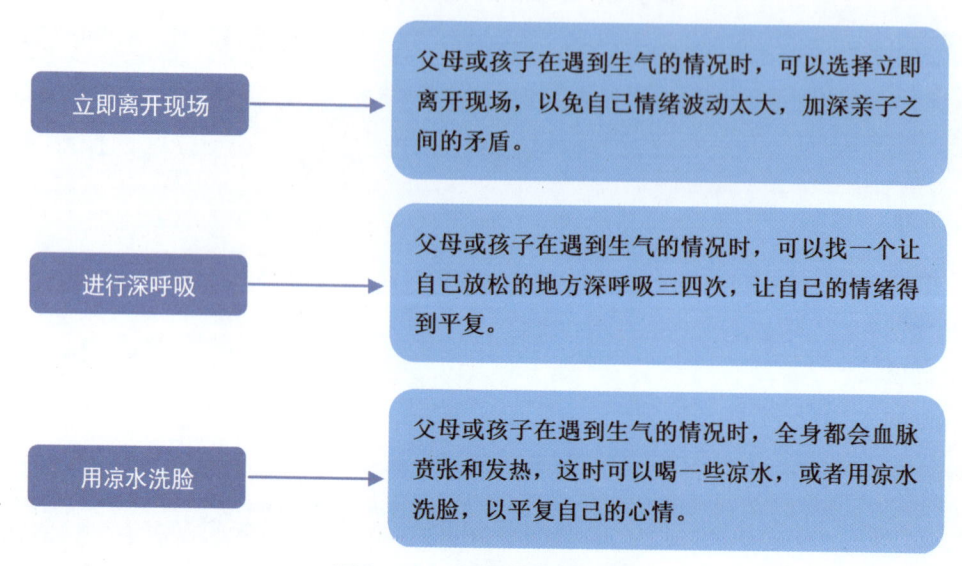

立即离开现场 → 父母或孩子在遇到生气的情况时，可以选择立即离开现场，以免自己情绪波动太大，加深亲子之间的矛盾。

进行深呼吸 → 父母或孩子在遇到生气的情况时，可以找一个让自己放松的地方深呼吸三四次，让自己的情绪得到平复。

用凉水洗脸 → 父母或孩子在遇到生气的情况时，全身都会血脉贲张和发热，这时可以喝一些凉水，或者用凉水洗脸，以平复自己的心情。

图 5-12　学会自我平复情绪

⑤ 孩子行为观察记录

为了对比孩子在自主管理时间期间有没有进步，父母可以通过表格来记录孩子这段时间内的行为情况，如表 5-7 所示。

表 5-7　孩子每一周行为观察记录表

孩子可能出现的问题	孩子行为观察记录第　周						
	1	2	3	4	5	6	7
孩子写作业出现的问题							
经常走神，坐在桌子前发呆							
手里拿着尺子、橡皮玩，或者在转笔头							
总是找上厕所的借口							

续表

孩子可能出现的问题	孩子行为观察记录第　周						
	1	2	3	4	5	6	7
边写作业边吃零食							
回家第一件事是玩耍或用手机打游戏							
写作业不认真，字迹潦草，甚至粗心大意							
孩子写作业时的好行为							
回家第一件事情就是做作业，而不是拿手机打游戏							
作业页面整洁							
写作业速度比前两天快							
写完作业孩子自己会复查一遍							
写完的作业正确率很高							
孩子平时的行为							
不赖床，能够自己起床							
洗漱不拖拉							
能又快又好地吃完自己那一份早点							
孩子平时的行为							
出门上学主动和父母打招呼							
放学后先回家，即使有事要去朋友或同学家，也会先打电话通知父母							
帮助父母做家务							
自己收拾文具							
按时上床睡觉							

续表

孩子可能出现的问题	孩子行为观察记录第　周						
	1	2	3	4	5	6	7
其他行为（父母酌情添加）							

第6章

克服缓慢，10招提高做事速度

学前提示

在日常生活和学习之中，有些父母总发现自家孩子交作业比别人慢、吃饭比别人慢、上课进教室比别人慢……而父母拿他们束手无策。本章主要介绍父母如何帮助孩子提高做事速度的方法，内容层层深入，父母不妨尝试一下。

要点展示

- 制定明确目标
- 制作任务表格
- 制定礼物清单
- 适当进行比赛
- 制作优点清单
- 适当惩罚强化
- 采用计数督促
- 红星奖励制度
- 培养高效率习惯
- 制定时间表格

051 制定明确目标

父母和孩子在制定目标时要合情合理，这个目标是凭借孩子的能力可以达到的，而且可以分解成若干个小目标，且这些小目标是可以逐级上升的。

1 制定明确目标的原则

俗话说："没有规矩，不成方圆。"父母和孩子在制定目标时，也需要遵循一定的原则：

(1) 目标是明确的、具体的，对于孩子来说是可执行的；
(2) 父母和孩子反复确实该目标，讨论该目标如何具体落实；
(3) 在孩子朝着目标努力时，需要父母对其做得好的地方进行鼓励；
(4) 对孩子做得不好的地方进行指正，并且进行适当的批评教育。

2 记录孩子目标完成情况

在孩子遇到问题时，父母应该做的事情是：和孩子一起分析他遇到这个问题的原因，从而确立相应的目标，找到解决这个问题的根本方法。如表 6-1 所示，为记录孩子目标完成状态的表格，供父母参考。

表 6-1 孩子目标完成状态记录表

小目标	任 务	实际时间	标准时间	红星数量
小目标一 家里早晨	及时起床漱口			
	自己整理床铺，叠好被子			
	快速吃完早餐，准备自己的书包和餐盒			
小目标二 学校白天	作文本页面工整，无错别字			
	上课保持好纪律			
	小组卫生保持干净			
	得到奖状和老师的表扬			
	上课认真听讲			
	上课积极举手回答老师问题			
	积极参加校园文化艺术节			

续表

小目标	任务	实际时间	标准时间	红星数量
小目标三 作业质量	按时完成作业			
	作业得优			
	认真检查作业			
小目标四 下午放学	放学立马回家			
	适度看电视、玩游戏放松自己			
	完成老师布置的作业			
	练习钢琴			
	完成三道奥数题			
	背一首五言绝句古诗			
	阅读一篇课外文章			
	摘录好词好句			
	自觉上床睡觉			

父母可以根据孩子的表现给孩子的每个任务评分，表现最好为五颗红星，依次递减，最少为一颗红星。父母可以将孩子每天的红星数量填进周表中，这样就可以直观地看出一周的表现，表格样式可参考表6-2。

表6-2 孩子目标完成状态记录周表

说明	孩子目标完成状况记录第　周						
	1	2	3	4	5	6	7
小目标一							
小目标二							

说　明	孩子目标完成状况记录第　　周							续表
	1	2	3	4	5	6	7
小目标三								

052　适当进行比赛

对于孩子来说，存在一定的竞争能很好地提升孩子的效率，激发孩子的上进心。因此，父母可以适当采取比赛的方式来刺激孩子，提升孩子的效率。如图6-1所示，比赛除了能提升孩子的效率，还能提高其他的能力。

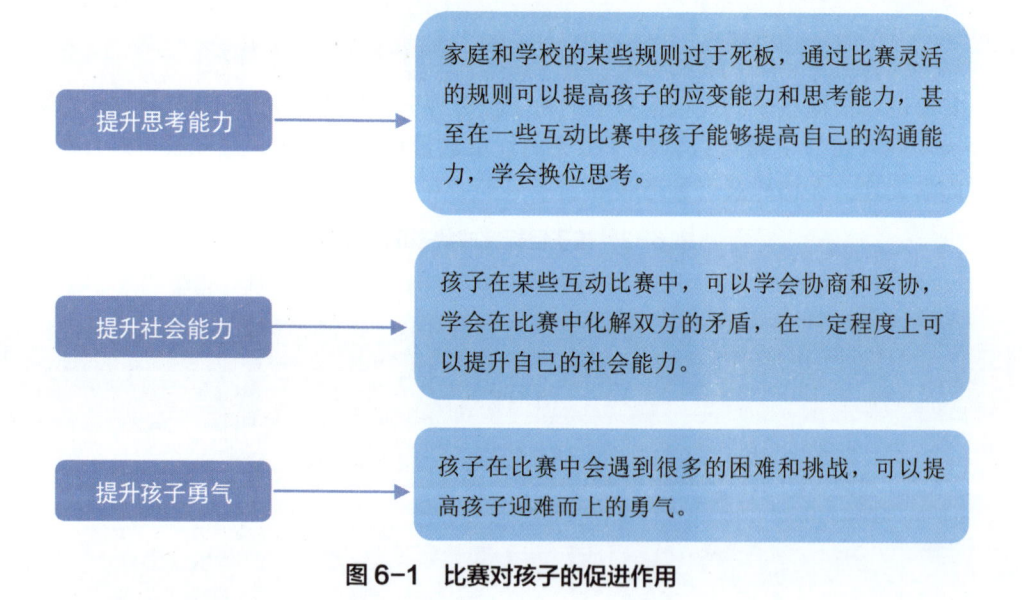

提升思考能力 → 家庭和学校的某些规则过于死板，通过比赛灵活的规则可以提高孩子的应变能力和思考能力，甚至在一些互动比赛中孩子能够提高自己的沟通能力，学会换位思考。

提升社会能力 → 孩子在某些互动比赛中，可以学会协商和妥协，学会在比赛中化解双方的矛盾，在一定程度上可以提升自己的社会能力。

提升孩子勇气 → 孩子在比赛中会遇到很多的困难和挑战，可以提高孩子迎难而上的勇气。

图6-1　比赛对孩子的促进作用

1　玩竞技游戏

如果孩子反应慢或者动作慢，父母可以通过一些小型的竞技来锻炼孩子的反应速度，如微信小程序中的某些测试和锻炼反应能力的小游戏，如图6-2所示。

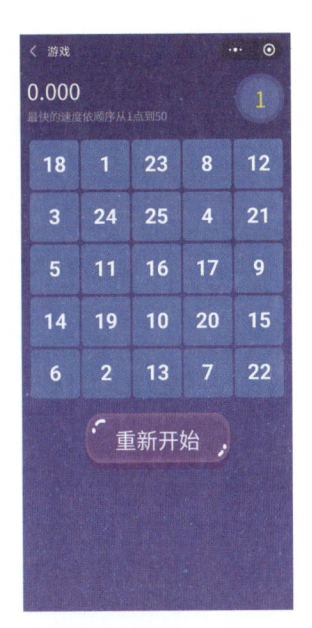

图 6-2　测试和锻炼反应能力的小游戏

② 参加体育活动或比赛

当然，父母也可以通过打篮球、羽毛球等体育活动或比赛，来提高孩子的反应能力和做事的速度。

③ 在生活中设置比赛

父母还可以在生活中设置一些比赛性质的活动，比如孩子在多久内完成某一件事情，父母会给相应的奖励。

笔者建议父母可以设计一张表格，将孩子做的事情或任务用红星来评分，孩子事情完成情况如何便可以直接通过红星的数量看出来。如果父母发现孩子这一周的红星数量增多，可以给予适当的奖励；如果孩子这一周红星有所减少，父母可以对孩子进行适当的批评和鼓励。

053　采用计数督促

父母采用计数法来督促孩子可以提高孩子的紧迫感，让孩子意识到事情的急迫性，因而让孩子做事的速度和效率都有所提升。

1 倒计时

对于耗时比较长但又害怕孩子拖拉的事情，父母可以采用倒计时的方法来督促孩子，如表 6-3 所示为晓晓妈妈为晓晓做的任务倒计时统计表。

表 6-3　任务倒计时统计表

任　务	倒计时开始时长	倒计时结束时长	备注或说明
提升晓晓做家庭作业速度（第一次统计）	60 分钟	超过倒计时时长	效率还是太低
提升晓晓做家庭作业速度（第二次统计）	60 分钟	2 分钟	有所提高，不过作业质量得到加强
提升晓晓做家庭作业速度（第三次统计）	60 分钟	4 分钟	效率和质量都不错，可以奖励孩子去一趟游乐园
减少晓晓打游戏时间（第一次统计）	45 分钟	超过倒计时时长	过于贪玩
减少晓晓打游戏时间（第二次统计）	45 分钟	超过倒计时时长	自制力还是太差
减少晓晓打游戏时间（第三次统计）	45 分钟	2 分钟	终于有所提高

2 计数

前文说的倒计时可以说是计数的一个变种，口头计数只适用于"拖延症"严重的孩子和所需时间短的事情。比如，父母可以和孩子商量好，数到多少声孩子就必须完成某一件简单的事情。等孩子准备好之后，父母可以进行计数："十……九……八……七……"给孩子造成一种紧迫感，迫使孩子不得不提升自己的效率，以按时完成父母交代的事情。

当然，在口头计数的过程中，父母也可以使用一些策略，比如已经开始计数后，孩子做事依然是不急不忙，父母计数可以稍微念快一些，让孩子有急迫感；当孩子离完成任务还太远时，父母计数可以慢一些，给孩子有完成事情的希望。

054　培养高效率习惯

前文说的通过比赛和计数法督促孩子，提升孩子做事的速度和效率，这些只能在

克服缓慢，10招提高做事速度 第6章

当时生效。因此，父母需要培养孩子的高效率习惯，如图6-3所示。

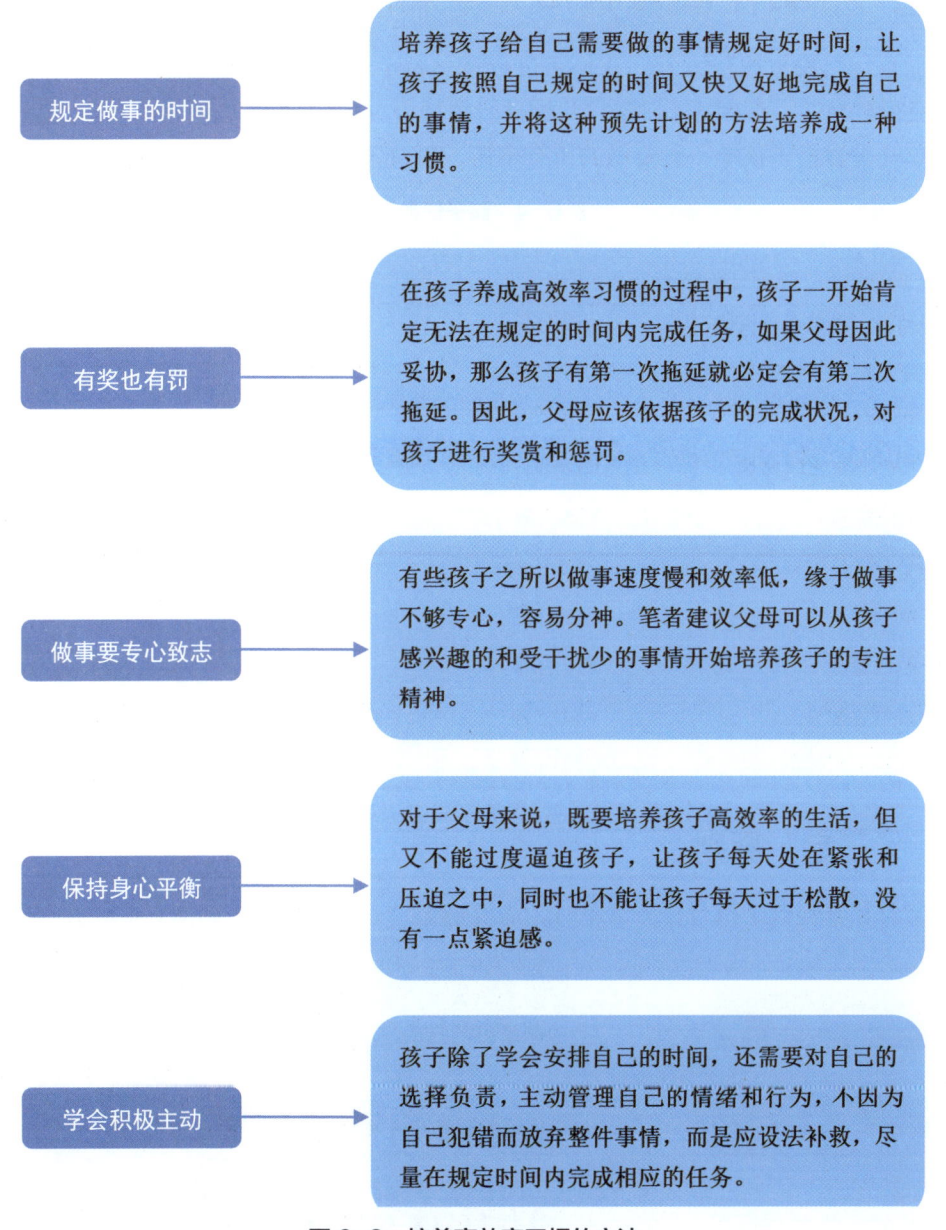

规定做事的时间	培养孩子给自己需要做的事情规定好时间，让孩子按照自己规定的时间又快又好地完成自己的事情，并将这种预先计划的方法培养成一种习惯。
有奖也有罚	在孩子养成高效率习惯的过程中，孩子一开始肯定无法在规定的时间内完成任务，如果父母因此妥协，那么孩子有第一次拖延就必定会有第二次拖延。因此，父母应该依据孩子的完成状况，对孩子进行奖赏和惩罚。
做事要专心致志	有些孩子之所以做事速度慢和效率低，缘于做事不够专心，容易分神。笔者建议父母可以从孩子感兴趣的和受干扰少的事情开始培养孩子的专注精神。
保持身心平衡	对于父母来说，既要培养孩子高效率的生活，但又不能过度逼迫孩子，让孩子每天处在紧张和压迫之中，同时也不能让孩子每天过于松散，没有一点紧迫感。
学会积极主动	孩子除了学会安排自己的时间，还需要对自己的选择负责，主动管理自己的情绪和行为，个因为自己犯错而放弃整件事情，而是应设法补救，尽量在规定时间内完成相应的任务。

图6-3 培养高效率习惯的方法

055 制作任务表格

如果孩子做事效率不高,父母可以将孩子每天要做的事情统计成一张任务表格,以此来激励孩子,如图 6-4 所示。与倒计时统计表只统计孩子拖延的事情不同的是,任务清单几乎囊括了孩子一天要做的所有事情,以及各时间的安排和规划。

表 6-4 孩子任务表格

任　务	计划所需时间	实际花费时间	节省时间
孩子起床、叠被子、洗漱	10 分钟	15 分钟	-5 分钟
孩子吃早餐和整理书包	25 分钟	20 分钟	5 分钟
孩子在学校学习	10 小时	10 小时	0 分钟
孩子放学回家、吃晚餐	1 小时	1.2 小时	-12 分钟
孩子做家庭作业	55 分钟	53 分钟	-2 分钟
孩子看电视打游戏	1.5 小时	2 小时	-30 分钟
孩子练钢琴	15 分钟	13 分钟	2 分钟
孩子朗读课文	10 分钟	9 分钟	1 分钟
孩子做奥数题目	30 分钟	35 分钟	-5 分钟
孩子准备上床睡觉	30 分钟	30 分钟	0 分钟

1 "三定"原则

父母在督促孩子执行任务清单时,需要遵循"三定"原则,如图 6-4 所示。

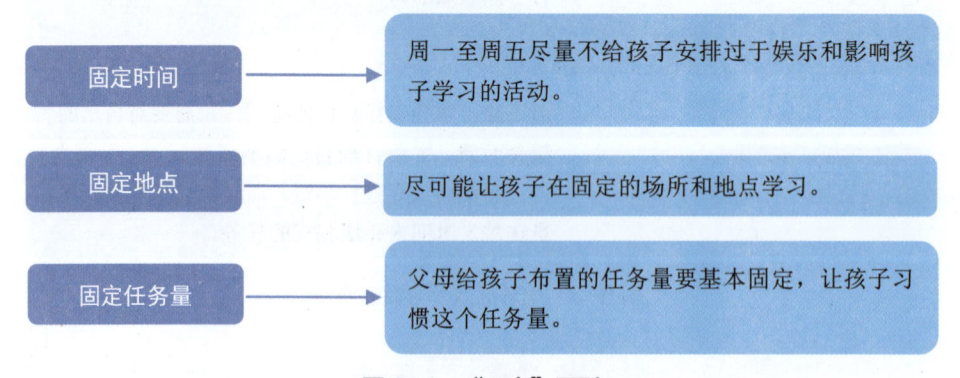

- 固定时间 → 周一至周五尽量不给孩子安排过于娱乐和影响孩子学习的活动。
- 固定地点 → 尽可能让孩子在固定的场所和地点学习。
- 固定任务量 → 父母给孩子布置的任务量要基本固定,让孩子习惯这个任务量。

图 6-4 "三定"原则

2 准备定时器

父母如果喜欢传统的计时器，防止手机计时的时候孩子偷偷玩手机，此时可以去网上或实体超市购买孩子喜欢的计时器，如图 6-5 所示。

图 6-5　计时器

当然，父母用手机计时也是不成问题的，如图 6-6 所示。手机自带的计时器功能比较简单，父母可以选择去应用市场下载计时类的应用。如图 6-7 所示，这款计时应用会将计时清单全部显示出来，相对来说很方便。

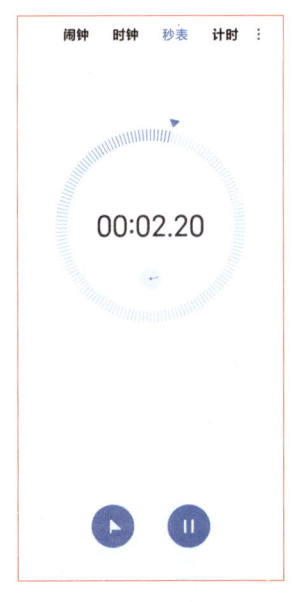

图 6-6　手机自带计时器

图 6-7　计时类应用

056 制作优点清单

父母要想帮助孩子建立自信心，激发孩子内心深处的动力，不仅需要了解孩子拖拉磨蹭的习惯，还需要对孩子的优点也有一定的了解。笔者建议父母可以将孩子的优点全部列举出来，如表 6-5 所示。

表 6-5 孩子优点清单

孩子的优点	孩子此项优点明显程度	举例说明
接人待物有礼貌		
不轻易认输，很有上进心		
知识面广，懂得很多东西		
乐于帮助他人		
富有幽默感		
有计划地花零用钱		
为人活泛，不拘一格		
处变不惊，有良好的应变能力		
身体棒，很少生病		
其他		

对于一些父母来说，这短短的十几项优点完全无法表现出孩子的好，因而父母在填写表格时肯定会心潮澎湃，为自己的孩子感到高兴，这时候父母可以尝试着把这种稍纵即逝的感觉写下来。同时，父母也可以将这种自豪感和满足感用欣赏的方式表达给孩子，仔细观察孩子的反应，并填写在表格中，如表 6-6 所示。

表 6-6 孩子反应记录表

内容	详情
父母对孩子优点的感触	
孩子对父母感触的反应	
孩子有哪些喜好	

057 红星奖励制度

我们活在这个世界，无形之中就会有一把尺子来衡量你，比如成绩分数、工作绩效、信用积分等，这些都涉及奖惩制度。在笔者看来，"红星奖励制度"是用红星数量来评价孩子的任务和行为，与豆瓣评星、烂番茄网站新鲜度和爆米花指数类似，如图6-8所示。

(a) 豆瓣评星

(b) 烂番茄网站的新鲜度和爆米花指数

图6-8 豆瓣和烂番茄网站

从图 6-8 中可以看出，这两个网站是围绕一个固定的指标去给电影评分，但是这个评分也只能作为参考，只能反映当前这个电影的综合水平。我们对待孩子也一样，我们用"红星奖励制度"只是评价孩子当前的表现，并不能代表孩子以后的人生。我们用这个制度只是一种手段，而不是最终的目的。

1 红星评价表

笔者在"制定明确目标"这一节，已提及红星评价表。笔者以涛涛妈妈填写的"孩子目标完成状态记录表（部分）"给诸位父母作为参考，如表 6-7 所示。

表 6-7　红星评价表

小目标	任　务	实际时间	标准时间	红星数量
小目标四下午放学	放学立马回家	45 分钟	50 分钟	★★★★★
	适度看电视、玩游戏放松自己	1 小时	1 小时 15 分钟	★★★★
	完成老师布置的作业	45 分钟	45 分钟	★★★★★
	练习钢琴	15 分钟	17 分钟	★★★★
	完成三道奥数题	20 分钟	18 分钟	★★★★★
	背一首五言绝句古诗	15 分钟	10 分钟	★★★★★
	阅读一篇课外文章	20 分钟	20 分钟	★★★★★
	摘录好词好句	30 分钟	34 分钟	★★★★
	自觉上床睡觉	45 分钟	46 分钟	★★★★

在表格中，孩子最好的表现为"★★★★★"，此后按照孩子的表现依次递减，最差的表现为"★"。

笔者要提醒父母的是，"红星奖励制度"有一条极为重要的规则：如果父母在孩子面前生气，或者打骂孩子，就要按照情节的严重性将 10～30 颗红星送给孩子。

2 鼓励孩子

当孩子得到很多红星时，需要父母的赞扬；当孩子得到的红星太少时，需要父母的鼓励。尤其是孩子进入青春期后，父母说话的方式得做一些改变，如果父母的言语太重，敏感的孩子可能会觉得父母在讥讽他。

当然，笔者明白有些父母虽然很想鼓励孩子，但总是说不出口，像传统文化强调的"父爱如山，母爱如水"，父母的爱就像山水一般常见，润物细无声，让孩子难以发觉。还有一些父母想鼓励孩子，但是总是在孩子面前说错话，引起孩子更大的误会，加深亲子间的矛盾。笔者建议父母可以给自己列一个清单，在其中将自己夸奖孩子的话和知心话都写出来，尝试当着孩子的面表达出来，如表 6-8 所示。

表 6-8　父母鼓励孩子记录表

内　容	详　情
父母夸奖孩子的话	
父母对孩子的知心话	
孩子对父母的倾诉	
父母对孩子的非口语赞赏（如击掌、拥抱、竖起大拇指）	

058　制定时间表格

父母可以根据前面对孩子的训练和实际情况，为孩子制定一周的时间表，下面这张表仅供父母参考，如表 6-9 所示。

表 6-9　孩子一周时间表

周一	周二	周三	周四	周五	周六	周日
7:15 起床	7:15 起床	7:15 起床	7:15 起床	7:15 起床	8:00 起床	8:00 起床
7:45 出门	7:45 出门	7:45 出门	7:45 出门	7:45 出门	8:30~10:30 写家庭作业	8:30~10:30 散步逛公园
17:00 放学	17:00 放学	17:00 放学	17:00 放学	17:00 放学	10:30~11:50 自主时间	10:30~11:50 自主时间
17:30~18:30 写家庭作业	17:30~18:30 写家庭作业	17:30~18:30 写家庭作业	17:30~18:30 写家庭作业	17:30~18:30 写家庭作业	11:50~12:30 吃午饭	11:50~12:30 吃午饭
18:30~19:00 吃晚饭	18:30~19:00 吃晚饭	18:30~19:00 吃晚饭	18:30~19:00 吃晚饭	18:30~19:00 吃晚饭	12:30~13:30 自主时间	12:30~13:30 自主时间
19:00~20:00 自主时间	19:00~20:00 自主时间	19:00~20:00 自主时间	19:00~20:00 自主时间	19:00~20:00 自主时间	13:30~14:30 钢琴课	13:30~14:30 奥数课

续表

周一	周二	周三	周四	周五	周六	周日
20:00~20:20 背英语单词	20:00~20:20 练习钢琴	20:00~20:20 朗读课文	20:00~20:20 做奥数题	20:00~20:40 课外阅读	14:30~16:00 做家庭作业	14:30~16:00 做家庭作业
20:20~20:30 洗漱	20:20~20:30 洗漱	20:20~20:30 洗漱	20:20~20:30 洗漱	20:40~20:50 洗漱	16:00~17:30 做体育运动	16:00~17:30 阅读名著
20:50 关灯睡觉	20:50 关灯睡觉	20:50 关灯睡觉	20:50 关灯睡觉	20:50 关灯睡觉	17:30~18:30 练习钢琴	17:30~18:30 做奥数题
					18:30~19:00 吃晚饭	18:30~19:00 吃晚饭
					19:00~20:00 自主时间	19:00~20:00 自主时间
					20:00~20:20 背英语单词	20:00~20:20 朗读课文
					20:20~20:30 洗漱	20:20~20:30 洗漱
					20:50 关灯睡觉	20:50 关灯睡觉

059 制定礼物清单

父母可以和孩子商定好，当孩子的红星累积到一定数量的时候，孩子可以使用一定数量的红星来兑换相对应的礼品；如果孩子每周都能有一定的进步或保持现状，父母可以奖励孩子一些额外的礼物；孩子每个学期开学时，父母可以根据孩子上个学期的表现，对孩子进行一定的奖励。

笔者上面所说的案例运用是代币制方法，代币制又可以称之为标记奖酬法，指的是用象征钱币、奖品等物件作为奖励，以鼓励和强化孩子的良好行为。对于孩子来说，代币制有如下的作用，如图 6-9 所示。

万事万物没有绝对好的，也没有绝对坏的，事物的好坏取决于角度。代币制也存在一些问题，不过父母可以通过下图进行了解，并努力在生活中克服这些问题，如图 6-10 所示。

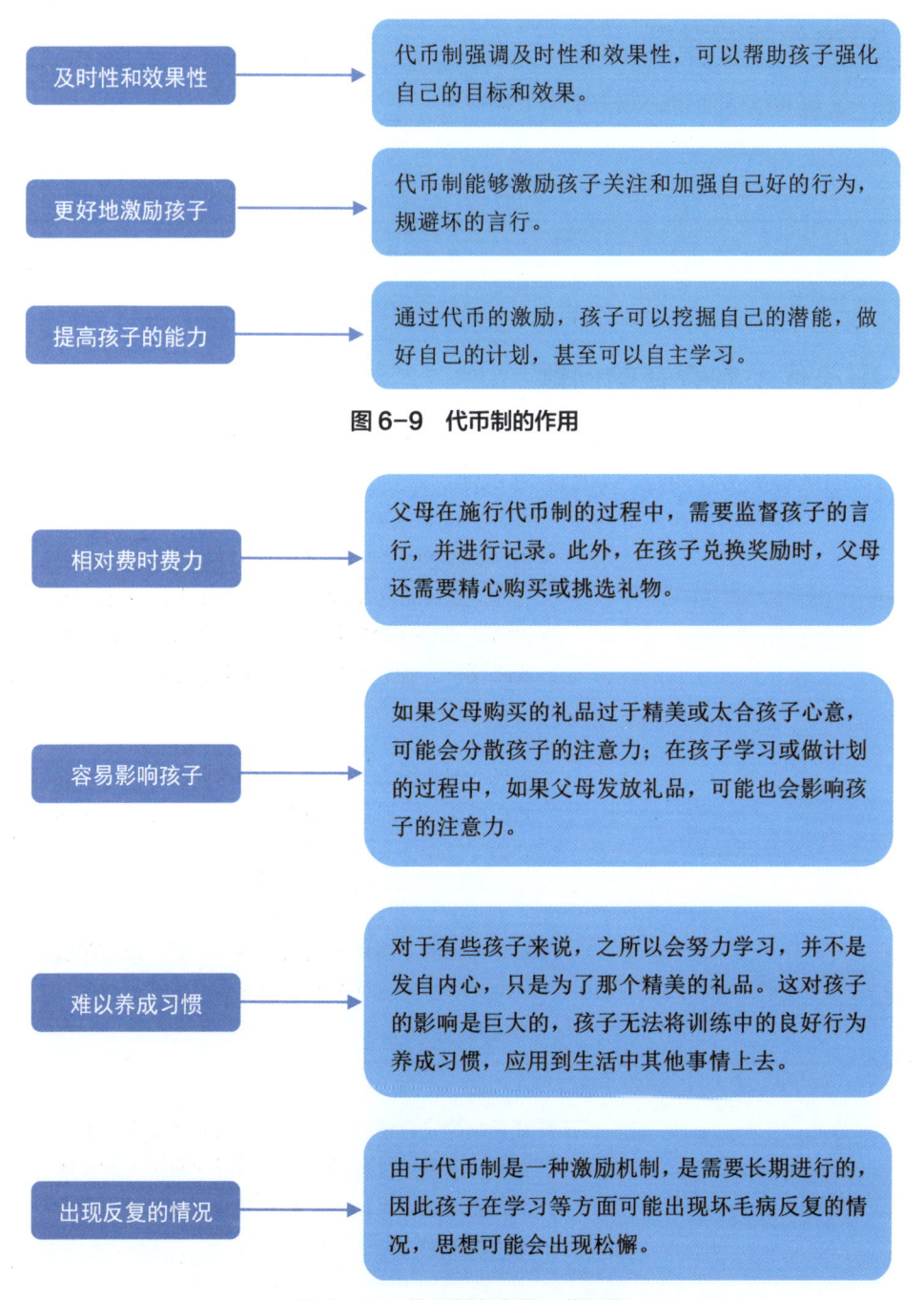

克服缓慢，10 招提高做事速度 第 6 章

及时性和效果性	代币制强调及时性和效果性，可以帮助孩子强化自己的目标和效果。
更好地激励孩子	代币制能够激励孩子关注和加强自己好的行为，规避坏的言行。
提高孩子的能力	通过代币的激励，孩子可以挖掘自己的潜能，做好自己的计划，甚至可以自主学习。

图 6-9　代币制的作用

相对费时费力	父母在施行代币制的过程中，需要监督孩子的言行，并进行记录。此外，在孩子兑换奖励时，父母还需要精心购买或挑选礼物。
容易影响孩子	如果父母购买的礼品过于精美或太合孩子心意，可能会分散孩子的注意力；在孩子学习或做计划的过程中，如果父母发放礼品，可能也会影响孩子的注意力。
难以养成习惯	对于有些孩子来说，之所以会努力学习，并不是发自内心，只是为了那个精美的礼品。这对孩子的影响是巨大的，孩子无法将训练中的良好行为养成习惯，应用到生活中其他事情上去。
出现反复的情况	由于代币制是一种激励机制，是需要长期进行的，因此孩子在学习等方面可能出现坏毛病反复的情况，思想可能会出现松懈。

图 6-10　代币制存在的一些问题

121

1 明确代币制条款

对于父母和孩子而言，双方都需要明确的一些事项有以下 5 个：

(1)"红星奖励制度"的细则需要父母和孩子双方明确；
(2)孩子的良好行为和恶习需要明确；
(3)代币制的评价总结周期需要明确，笔者建议一周总结一次；
(4)父母对孩子行为和表现的评价需要明确；
(5)孩子获得和扣除代币（红星）的标准需要父母和孩子双方明确。

2 解决代币制存在的问题

前文已经提过，代币制在施行的过程中存在一些问题，笔者建议父母可以按照下面的方法尝试解决这些问题，如图 6-11 所示。

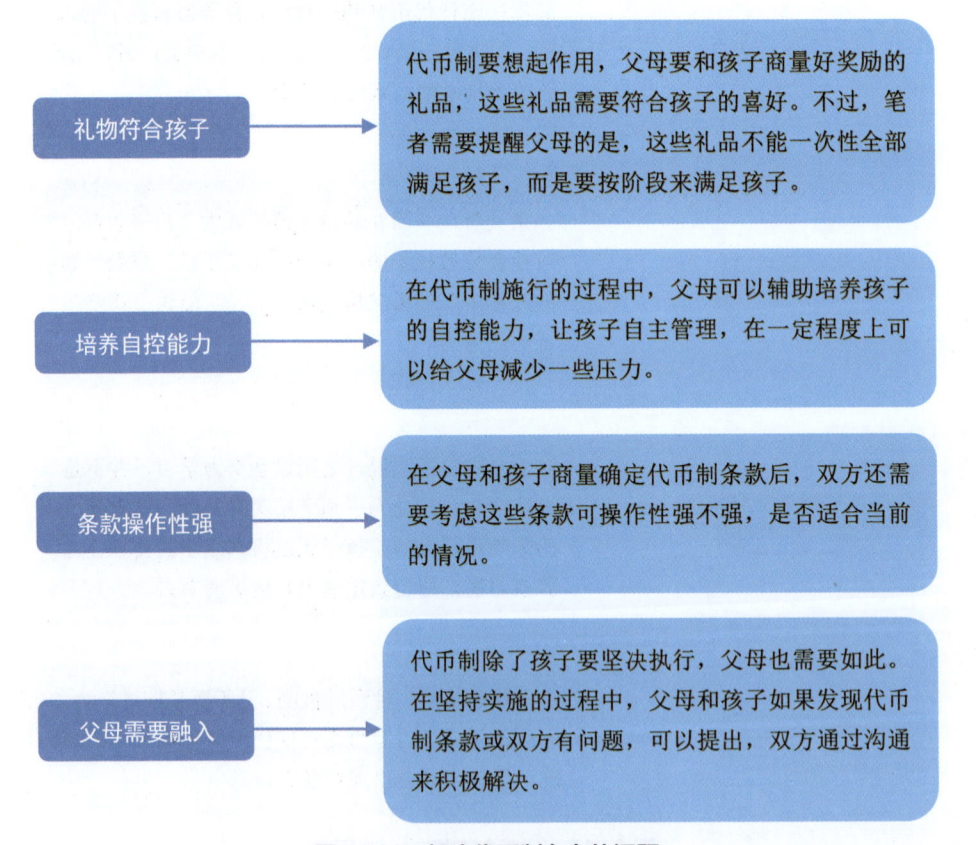

礼物符合孩子 → 代币制要想起作用，父母要和孩子商量好奖励的礼品，这些礼品需要符合孩子的喜好。不过，笔者需要提醒父母的是，这些礼品不能一次性全部满足孩子，而是要按阶段来满足孩子。

培养自控能力 → 在代币制施行的过程中，父母可以辅助培养孩子的自控能力，让孩子自主管理，在一定程度上可以给父母减少一些压力。

条款操作性强 → 在父母和孩子商量确定代币制条款后，双方还需要考虑这些条款可操作性强不强，是否适合当前的情况。

父母需要融入 → 代币制除了孩子要坚决执行，父母也需要如此。在坚持实施的过程中，父母和孩子如果发现代币制条款或双方有问题，可以提出，双方通过沟通来积极解决。

图 6-11　解决代币制存在的问题

3 礼物和零用钱

笔者还是建议父母在确定礼物时，最好符合孩子的喜好，不能直接给孩子钱，不然代币制会沦为纯粹的物质奖励，无法培养出孩子的成就感和上进心。更糟糕的是，还可能会培养出孩子的功利心，将努力和金钱挂钩，这种观念一旦在孩子心目中生根发芽，会影响孩子的成长，甚至导致孩子在今后的工作和人生中碰壁。

礼物并不能完全代替零用钱，或者可以这么说，零用钱是独立于礼物之外的，两种不仅不冲突，还各有各的作用。零用钱的作用如下：

(1) 教会孩子记账；
(2) 训练孩子的责任感；
(3) 培养孩子的理财能力；
(4) 给孩子一定程度的经济能力。

在父母给孩子发放零用钱时，也要注意一些事项，如图 6-12 所示。

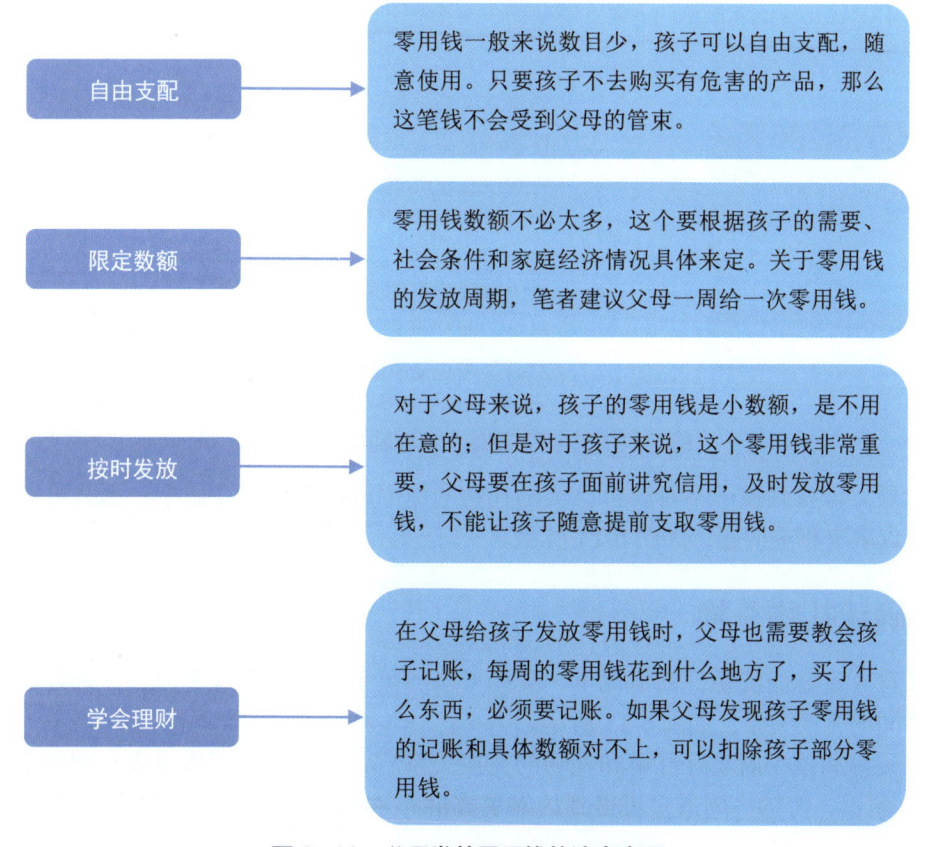

自由支配	零用钱一般来说数目少，孩子可以自由支配，随意使用。只要孩子不去购买有危害的产品，那么这笔钱不会受到父母的管束。
限定数额	零用钱数额不必太多，这个要根据孩子的需要、社会条件和家庭经济情况具体来定。关于零用钱的发放周期，笔者建议父母一周给一次零用钱。
按时发放	对于父母来说，孩子的零用钱是小数额，是不用在意的；但是对于孩子来说，这个零用钱非常重要，父母要在孩子面前讲究信用，及时发放零用钱，不能让孩子随意提前支取零用钱。
学会理财	在父母给孩子发放零用钱时，父母也需要教会孩子记账，每周的零用钱花到什么地方了，买了什么东西，必须要记账。如果父母发现孩子零用钱的记账和具体数额对不上，可以扣除孩子部分零用钱。

图 6-12 父母发放零用钱的注意事项

④ 孩子不喜欢父母奖励的礼品

对于父母奖励的礼物，有的孩子直接表示不喜欢，或者认为这个礼物可有可无，根本不在乎父母送不送这个礼物。在笔者看来，很多孩子不会当着父母面直接表达对礼物的不喜欢，而是心里或不当着父母面时抱怨父母送的礼物。如果父母没有发现孩子这种行为，那么随着孩子厌恶程度的加深，代币制也会失去它的作用。

一般来说，按照孩子的天性，他们都会很喜欢礼物，尤其喜欢父母送的礼物，但是父母发现孩子不喜欢礼物时，可以从以下几个角度去寻找孩子不喜欢父母奖励礼物的原因，如图 6-13 所示。

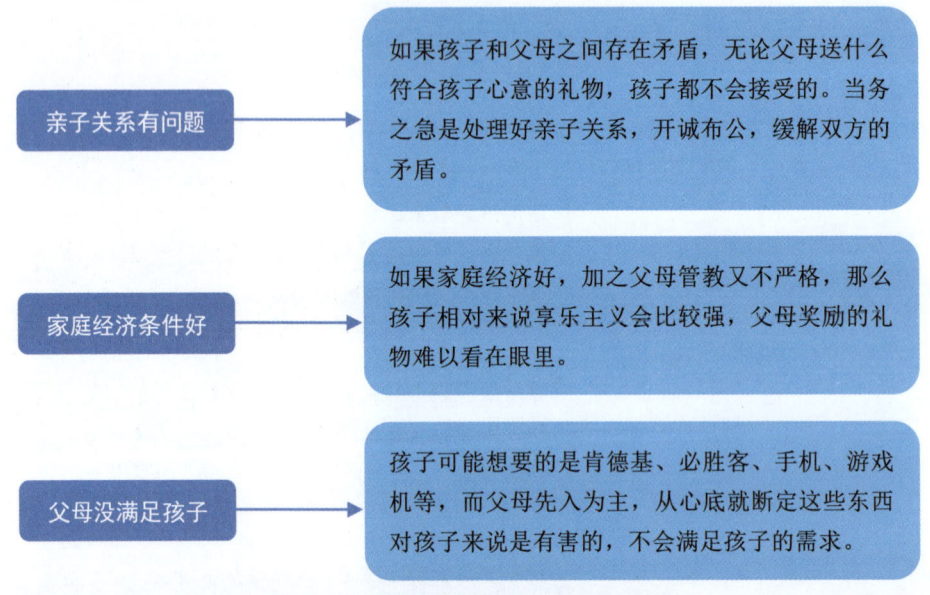

亲子关系有问题	→	如果孩子和父母之间存在矛盾，无论父母送什么符合孩子心意的礼物，孩子都不会接受的。当务之急是处理好亲子关系，开诚布公，缓解双方的矛盾。
家庭经济条件好	→	如果家庭经济好，加之父母管教又不严格，那么孩子相对来说享乐主义会比较强，父母奖励的礼物难以看在眼里。
父母没满足孩子	→	孩子可能想要的是肯德基、必胜客、手机、游戏机等，而父母先入为主，从心底就断定这些东西对孩子来说是有害的，不会满足孩子的需求。

图 6-13　孩子不喜欢父母奖励礼物的原因

如果父母找到孩子不喜欢自己奖励礼物的原因确实在以上 3 条中，那么可以根据以下建议解决相关问题，如图 6-14 所示。

⑤ 确认礼物兑换

在符合家庭经济条件的情况下，父母可以和孩子按照下面这个流程，确定红星和礼物之间的兑换关系，如图 6-15 所示。

在父母和孩子商量好红星和礼物的兑换关系后，可以直接制作成表格贴出来。如表 6-10 所示，涛涛一周最多可得到的红星数量为 805 颗，他与父母最终商定用 750 颗红星兑换普通礼物。

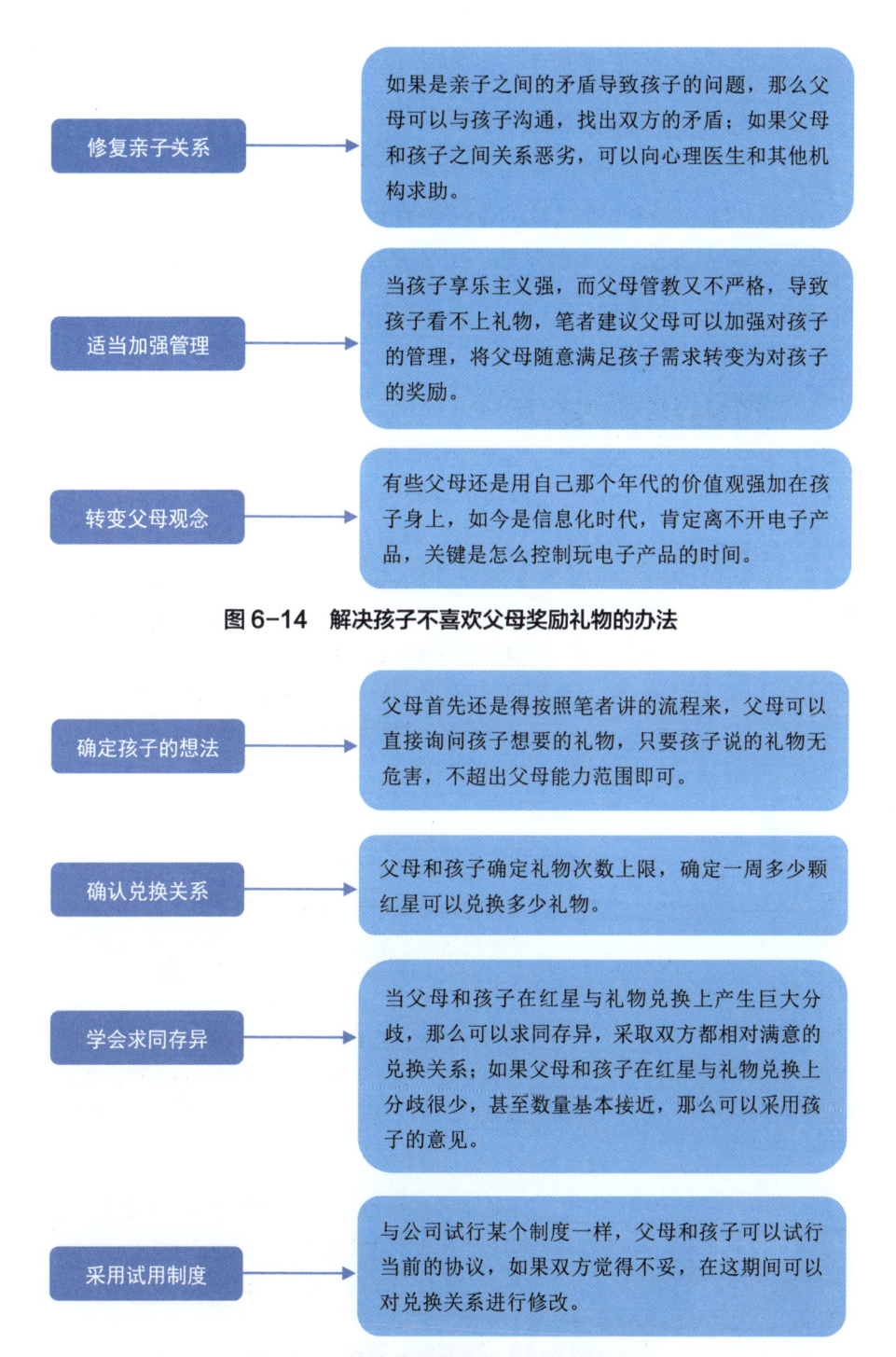

克服缓慢，10招提高做事速度 第6章

修复亲子关系	→	如果是亲子之间的矛盾导致孩子的问题，那么父母可以与孩子沟通，找出双方的矛盾；如果父母和孩子之间关系恶劣，可以向心理医生和其他机构求助。
适当加强管理	→	当孩子享乐主义强，而父母管教又不严格，导致孩子看不上礼物，笔者建议父母可以加强对孩子的管理，将父母随意满足孩子需求转变为对孩子的奖励。
转变父母观念	→	有些父母还是用自己那个年代的价值观强加在孩子身上，如今是信息化时代，肯定离不开电子产品，关键是怎么控制玩电子产品的时间。

图 6-14　解决孩子不喜欢父母奖励礼物的办法

确定孩子的想法	→	父母首先还是得按照笔者讲的流程来，父母可以直接询问孩子想要的礼物，只要孩子说的礼物无危害，不超出父母能力范围即可。
确认兑换关系	→	父母和孩子确定礼物次数上限，确定一周多少颗红星可以兑换多少礼物。
学会求同存异	→	当父母和孩子在红星与礼物兑换上产生巨大分歧，那么可以求同存异，采取双方都相对满意的兑换关系；如果父母和孩子在红星与礼物兑换上分歧很少，甚至数量基本接近，那么可以采用孩子的意见。
采用试用制度	→	与公司试行某个制度一样，父母和孩子可以试行当前的协议，如果双方觉得不妥，在这期间可以对兑换关系进行修改。

图 6-15　确定红星和礼物之间的兑换关系

表 6-10　父母鼓励孩子记录

普通礼物	所需红星	惊喜礼物	所需红星
漫画书	750	出远门旅游	40000
电影院看一场电影	1500	参加夏/冬令营	35000
吃一顿肯德基	1050	看明星演唱会	38000
去一趟游乐园	1500	家庭聚餐	5000

060　适当惩罚强化

在教育孩子的过程中，如果父母对孩子采取适当的惩罚，便可以强化孩子的能力。父母可以通过以下几种方式来理解"惩罚"，如图 6-16 所示。

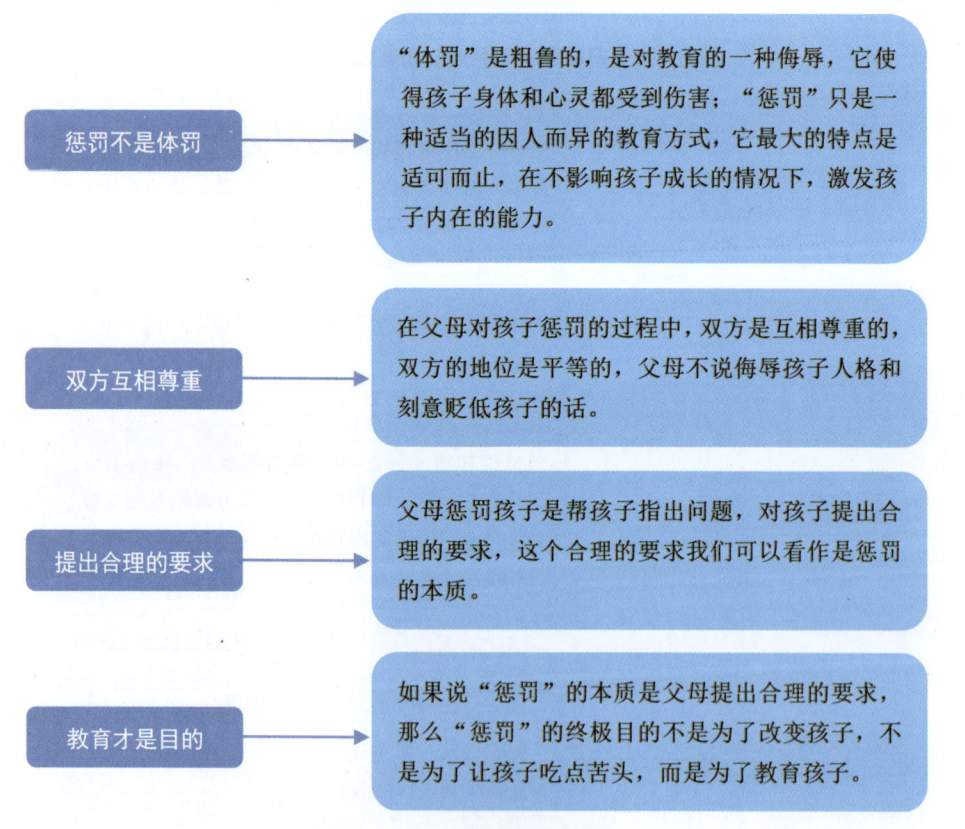

惩罚不是体罚 → "体罚"是粗鲁的，是对教育的一种侮辱，它使得孩子身体和心灵都受到伤害；"惩罚"只是一种适当的因人而异的教育方式，它最大的特点是适可而止，在不影响孩子成长的情况下，激发孩子内在的能力。

双方互相尊重 → 在父母对孩子惩罚的过程中，双方是互相尊重的，双方的地位是平等的，父母不说侮辱孩子人格和刻意贬低孩子的话。

提出合理的要求 → 父母惩罚孩子是帮孩子指出问题，对孩子提出合理的要求，这个合理的要求我们可以看作是惩罚的本质。

教育才是目的 → 如果说"惩罚"的本质是父母提出合理的要求，那么"惩罚"的终极目的不是为了改变孩子，不是为了让孩子吃点苦头，而是为了教育孩子。

图 6-16　如何理解"惩罚"

"惩罚"需要父母掌握一个度，如果父母忽略了这个度，惩罚可能就变成了"体罚"，好心就变成了一种坏手段。那么，如果惩罚过度会给孩子带来什么不好的影响？

(1) 容易引起孩子强烈的不满情绪和反抗心理；
(2) 父母暴力对待孩子会产生不好的示范作用；
(3) 容易引起孩子的逆反心理；
(4) 亲子关系会出现裂缝。

笔者的建议是，如无必要，不要对孩子进行惩罚。如果非要对孩子进行惩罚，父母需要注意以下问题，如图6-17所示。

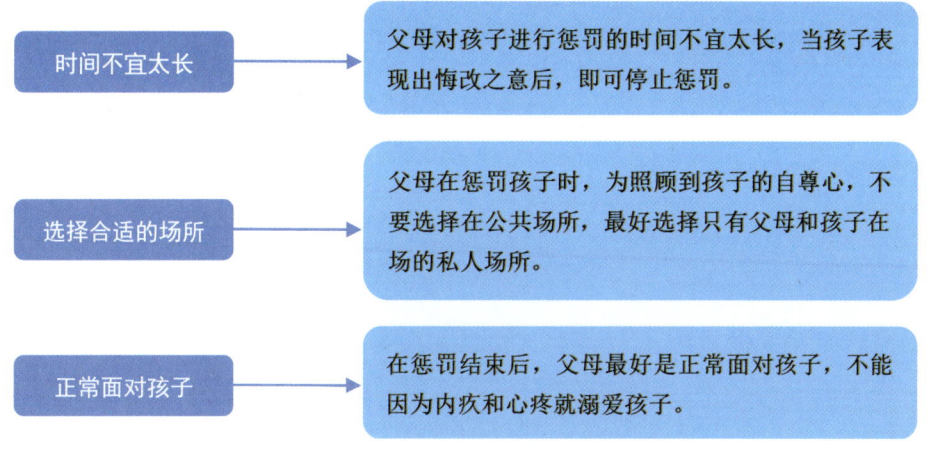

时间不宜太长	父母对孩子进行惩罚的时间不宜太长，当孩子表现出悔改之意后，即可停止惩罚。
选择合适的场所	父母在惩罚孩子时，为照顾到孩子的自尊心，不要选择在公共场所，最好选择只有父母和孩子在场的私人场所。
正常面对孩子	在惩罚结束后，父母最好是正常面对孩子，不能因为内疚和心疼就溺爱孩子。

图6-17 惩罚时父母需要注意的问题

第 7 章

克服粗心，
10招增强做事准确性

学前提示

很多父母会认为小孩子粗心是很正常的事情，但其实不然。在苏联时期，由于专家在计算时点错了小数点，导致载人火箭发生意外，这是很著名的"小粗心引发大问题"的例子。父母改正孩子粗心的毛病，需要从小开始训练，防止孩子粗心的毛病被养成习惯。

要点展示

- ▶ 让孩子自愿多做事
- ▶ 养成检查习惯
- ▶ 训练孩子的注意力
- ▶ 学会鼓励孩子
- ▶ 寻找粗心根源
- ▶ 保持适度的紧张情绪
- ▶ 目标要适度
- ▶ 三思而后行
- ▶ 制作"粗心集"
- ▶ 重视所做事情

061 让孩子自愿多做事

在音律优美的歌曲《相亲相爱一家人》中，其中一句歌词为"我喜欢快乐时马上就想要和你一起分享，我喜欢受伤时就想起你们温暖的怀抱，我喜欢生气时就想到你们永远包容多么伟大，我喜欢旅行时为你把美好记忆带回家。因为我们是一家人，相亲相爱的一家人"。歌曲中描绘的这种温馨场面，不仅需要父母关系融洽，还需要亲子关系和谐，才能营造得出来。

1 建立良好的亲子关系

父母有时候容易产生过多的担忧，若与孩子关系过于亲密，担心自己对孩子太宠溺；若与孩子关系太疏远，又觉得自己对孩子的关爱不够。笔者认为，想要建立良好的亲子关系，可以从以下三个方面入手，如图 7-1 所示。

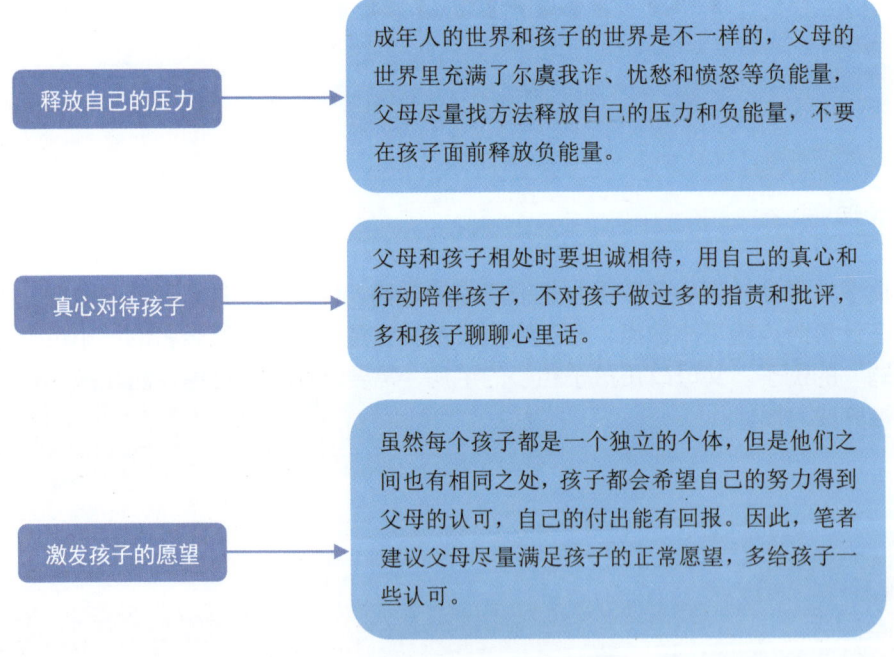

- **释放自己的压力** → 成年人的世界和孩子的世界是不一样的，父母的世界里充满了尔虞我诈、忧愁和愤怒等负能量，父母尽量找方法释放自己的压力和负能量，不要在孩子面前释放负能量。

- **真心对待孩子** → 父母和孩子相处时要坦诚相待，用自己的真心和行动陪伴孩子，不对孩子做过多的指责和批评，多和孩子聊聊心里话。

- **激发孩子的愿望** → 虽然每个孩子都是一个独立的个体，但是他们之间也有相同之处，孩子都会希望自己的努力得到父母的认可，自己的付出能有回报。因此，笔者建议父母尽量满足孩子的正常愿望，多给孩子一些认可。

图 7-1 如何建立良好的亲子关系

2 付出与回报

在父母认可孩子时，给孩子的付出多一些回报(零食、零用钱、鼓励等)。但是有些时候父母却担心，如果孩子只是为了得到回报而学习，会不会导致孩子没有回报就不学习了？或者，孩子以后无论去完成什么样的任务都讲究回报？笔者认为，这是父母对"回报"的理解有误，如图7-2所示。

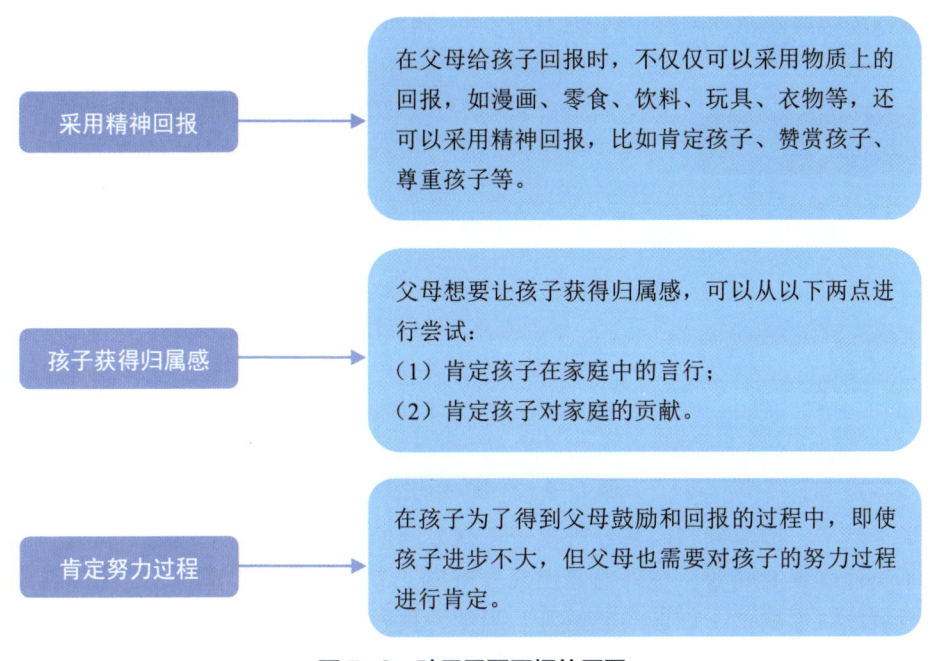

采用精神回报 → 在父母给孩子回报时，不仅仅可以采用物质上的回报，如漫画、零食、饮料、玩具、衣物等，还可以采用精神回报，比如肯定孩子、赞赏孩子、尊重孩子等。

孩子获得归属感 → 父母想要让孩子获得归属感，可以从以下两点进行尝试：
（1）肯定孩子在家庭中的言行；
（2）肯定孩子对家庭的贡献。

肯定努力过程 → 在孩子为了得到父母鼓励和回报的过程中，即使孩子进步不大，但父母也需要对孩子的努力过程进行肯定。

图 7-2　孩子需要回报的原因

3 归因理论

按照维纳（B.Weiner）的归因理论，我们可以将"原因"分类，如表7-1所示。

表 7-1　原因分类

控制点	内部归因		外部归因	
稳定性	稳定归因	不稳定归因	稳定归因	不稳定归因
普遍性				
普遍归因	智力不足	体质不佳（感冒、发烧）	试题实在太难	自己运气不好
特殊归因	老师的教学能力太低	考试那天刚好感冒	刚好我这次做的题目比平时的难太多	考试那天运气不佳

我们可以把影响孩子做事准确性的原因按照其可控程度，分为可控归因和不可控归因两种，按照其稳定性不同可以分为稳定归因和不稳定归因，按照其控制点不同可以分为内部归因和外部归因。何为内部归因，何为外部归因，如图7-3所示。

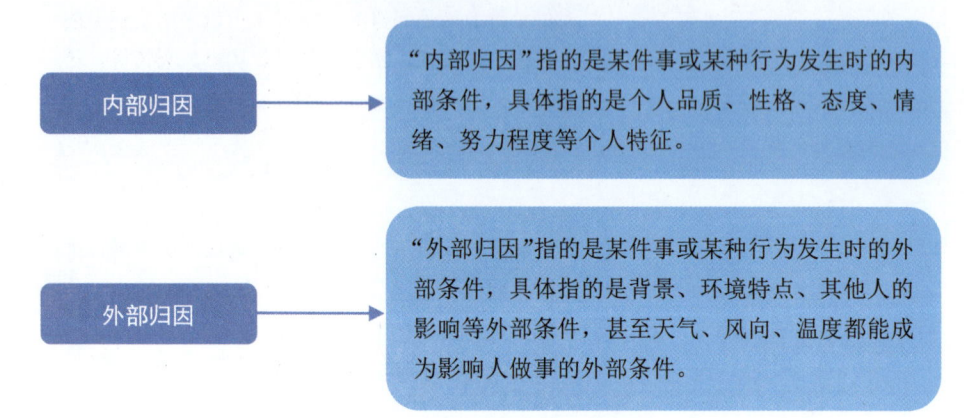

内部归因 → "内部归因"指的是某件事或某种行为发生时的内部条件，具体指的是个人品质、性格、态度、情绪、努力程度等个人特征。

外部归因 → "外部归因"指的是某件事或某种行为发生时的外部条件，具体指的是背景、环境特点、其他人的影响等外部条件，甚至天气、风向、温度都能成为影响人做事的外部条件。

图7-3　内部归因和外部归因

举个例子，按内部归因来分析孩子考试差的原因是——孩子做题不认真、做题时犹豫不决而耽误时间等，按外部归因来分析孩子考试差的原因是——考试时孩子肚子痛、教室气氛影响孩子做题的心情等。当然，我们也可以用归因理论来分析孩子成功和失败的原因。孩子和父母使用归因理论的区别如图7-4所示。

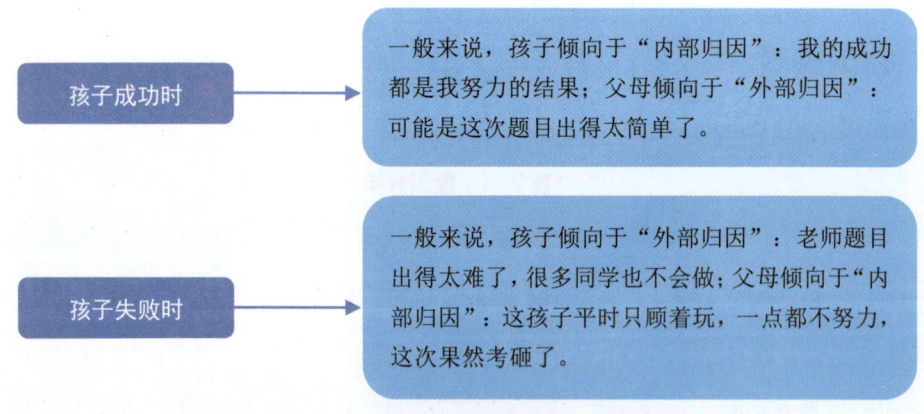

孩子成功时 → 一般来说，孩子倾向于"内部归因"：我的成功都是我努力的结果；父母倾向于"外部归因"：可能是这次题目出得太简单了。

孩子失败时 → 一般来说，孩子倾向于"外部归因"：老师题目出得太难了，很多同学也不会做；父母倾向于"内部归因"：这孩子平时只顾着玩，一点都不努力，这次果然考砸了。

图7-4　孩子和父母使用归因理论的区别

笔者想要说明的是，这两种想法都过于极端了，父母如果有类似想法，以最大的恶意来揣摩自己的孩子，这是最伤害孩子的行为。其实，无论孩子成功还是失败，其原因都不是单一的，而是复杂的。因此，父母和孩子只有客观分析孩子失败的原因，才能帮助孩子成长。

062 学会鼓励孩子

在心理学上有个专业名词叫"贴标签效应"，又可以称之为"暗示效应"，笔者下面列举几个有关暗示效应的例子。

案例一：魏武帝曹操曾远征行军，找不到取水的道路，所有士兵都渴得要命。曹操于是说："前面有一大片的梅子林，林子里梅子很多，又酸又甜，可以用来解渴。"士兵们听到后，嘴角都流下了口水。曹操正是利用这个办法让士兵们行军赶到了前面的水源。

——笔者译自《世说新语·假谲》

案例二：著名教育界叶圣陶先生有非常严重的失眠症，每天晚上需要叶夫人给他吞咽三片安眠药才能入睡。我们都知道，长期服用安眠药会使人产生药瘾、损害肝肾、反应迟钝，甚至呼吸困难。因此，叶夫人给叶圣陶先生服用的并不是真正的安眠药，而是她私下替换的维生素片。但是，叶圣陶先生一直以为是安眠药，每次吃完后不久都会安然入睡。

案例三：2020年初我国爆发了"COVID-19"病毒引起的肺炎，大家说发热是"COVID-19"病毒症状。笔者看到肺炎确诊人数上涨速度极快，心里不由得害怕。因此，笔者隐隐感觉自己有点发热，甚至开始担心自己是否感染病毒。但是，经过笔者连续两周的体温测量，发现我感觉到的发热是一种心理暗示引起的错觉，实际体温是正常的。

笔者相信大家看完这3个例子后，能够想到更多关于"暗示效应"的例子。比如，魔术师的"读心术"就是一开始就布下的局，魔术师会在表演"读心术"之前，用各种手段包括但不限于环境布局、声音等，给助演观众一些强烈的心理暗示。等魔术师表演"读心术"时，助演观众下意识的想法就是魔术师的心理暗示。

再比如，夏日炎炎的中午，老师上课是最吃力的，学生的精神状态也是最差的，只要其中一个同学伸懒腰打哈欠，周围一片同学像是受到了传染似的，全部都有了倦意，甚至有几个同学也打起了哈欠。

笔者想起了一个假说：如果一个人每天多次在心理暗示自己会成为钢琴家，那么这个心理暗示的想法就植根于这个人的脑海中，那么这个人就会朝着成为钢琴家的方向而努力。如果这个人最终没能成为钢琴家，要么是他天分不够，要么就是这个想法还没有完全植根于他的脑海。

通过这些例子，父母们应该能够感受到"暗示效应"的强大之处。如果父母在现实生活中，也能积极运用暗示效应，相当于用一种最特殊的方式在鼓励自己的孩子。

那么，父母在用暗示效应鼓励孩子时，要注意哪些问题呢？如图 7-5 所示。

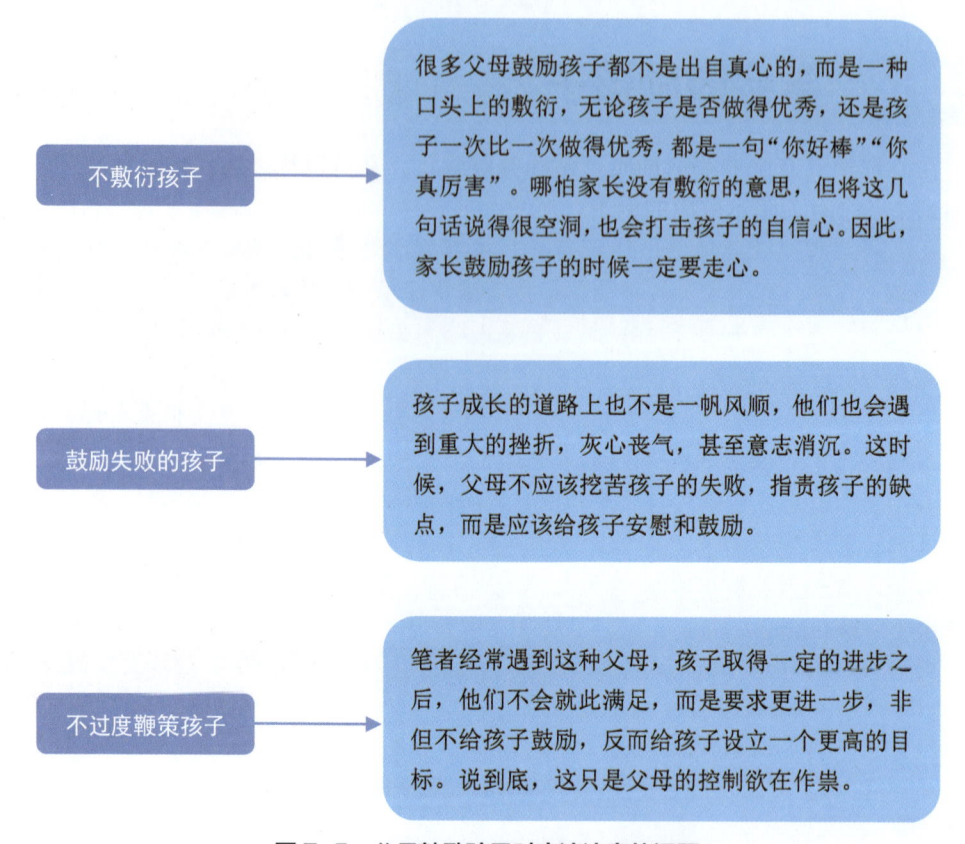

不敷衍孩子 → 很多父母鼓励孩子都不是出自真心的，而是一种口头上的敷衍，无论孩子是否做得优秀，还是孩子一次比一次做得优秀，都是一句"你好棒""你真厉害"。哪怕家长没有敷衍的意思，但将这几句话说得很空洞，也会打击孩子的自信心。因此，家长鼓励孩子的时候一定要走心。

鼓励失败的孩子 → 孩子成长的道路上也不是一帆风顺，他们也会遇到重大的挫折，灰心丧气，甚至意志消沉。这时候，父母不应该挖苦孩子的失败，指责孩子的缺点，而是应该给孩子安慰和鼓励。

不过度鞭策孩子 → 笔者经常遇到这种父母，孩子取得一定的进步之后，他们不会就此满足，而是要求更进一步，非但不给孩子鼓励，反而给孩子设立一个更高的目标。说到底，这只是父母的控制欲在作祟。

图 7-5　父母鼓励孩子时应该注意的问题

063 目标要适度

在笔者接触到的案例中，很多父母给孩子制定的目标太小了。归根到底，这是父母对孩子的能力不了解而造成的，父母需要分析自己制定的目标不符合孩子的真正原因。

(1) 孩子只把学习当成任务，没意识到学习的重要性和目标的重要性。
(2) 孩子害怕一旦确立了明确目标，就需要面对很多问题。
(3) 孩子对确立明确目标很茫然，根本不会自己去确立目标。

那如何帮助孩子确立明确而又适度的目标呢？笔者认为父母可以参考以下的方法，如图 7-6 所示。

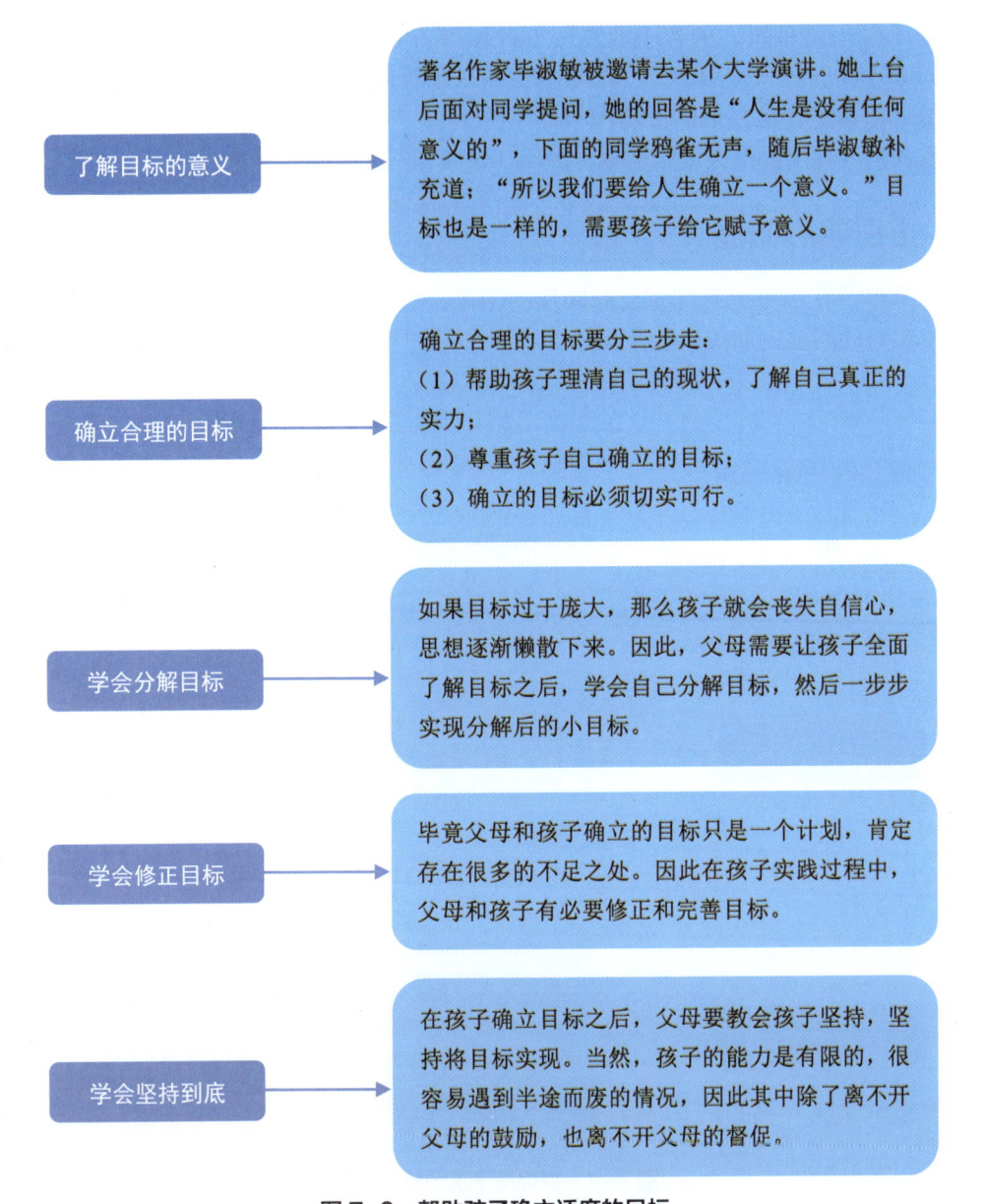

克服粗心，10招增强做事准确性 第7章

了解目标的意义 → 著名作家毕淑敏被邀请去某个大学演讲。她上台后面对同学提问，她的回答是"人生是没有任何意义的"，下面的同学鸦雀无声，随后毕淑敏补充道："所以我们要给人生确立一个意义。"目标也是一样的，需要孩子给它赋予意义。

确立合理的目标 → 确立合理的目标要分三步走：
（1）帮助孩子理清自己的现状，了解自己真正的实力；
（2）尊重孩子自己确立的目标；
（3）确立的目标必须切实可行。

学会分解目标 → 如果目标过于庞大，那么孩子就会丧失自信心，思想逐渐懒散下来。因此，父母需要让孩子全面了解目标之后，学会自己分解目标，然后一步步实现分解后的小目标。

学会修正目标 → 毕竟父母和孩子确立的目标只是一个计划，肯定存在很多的不足之处。因此在孩子实践过程中，父母和孩子有必要修正和完善目标。

学会坚持到底 → 在孩子确立目标之后，父母要教会孩子坚持，坚持将目标实现。当然，孩子的能力是有限的，很容易遇到半途而废的情况，因此其中除了离不开父母的鼓励，也离不开父母的督促。

图 7-6　帮助孩子确立适度的目标

064　制作粗心集

在训练班的时候，经常有父母问我这个问题："明明这个问题错过一次了，为什么孩子会一错再错、屡教不改？"笔者记得古希腊的唯物主义哲学家赫拉克利特(Heraclitus)说过这么一句话："人是不会两次踏进同一条河流的。"但是这句话用在孩子身上仿佛不合适，他们更适用的是黑格尔(G. W. F. Hegel)的那句"历史给人类唯一的教训是人类永远不会记住教训"。

1 正视粗心问题

如果孩子在学习上总是重复犯同样的错误，那么父母可以从以下 3 个方面督促孩子正视粗心的问题，如图 7-7 所示。

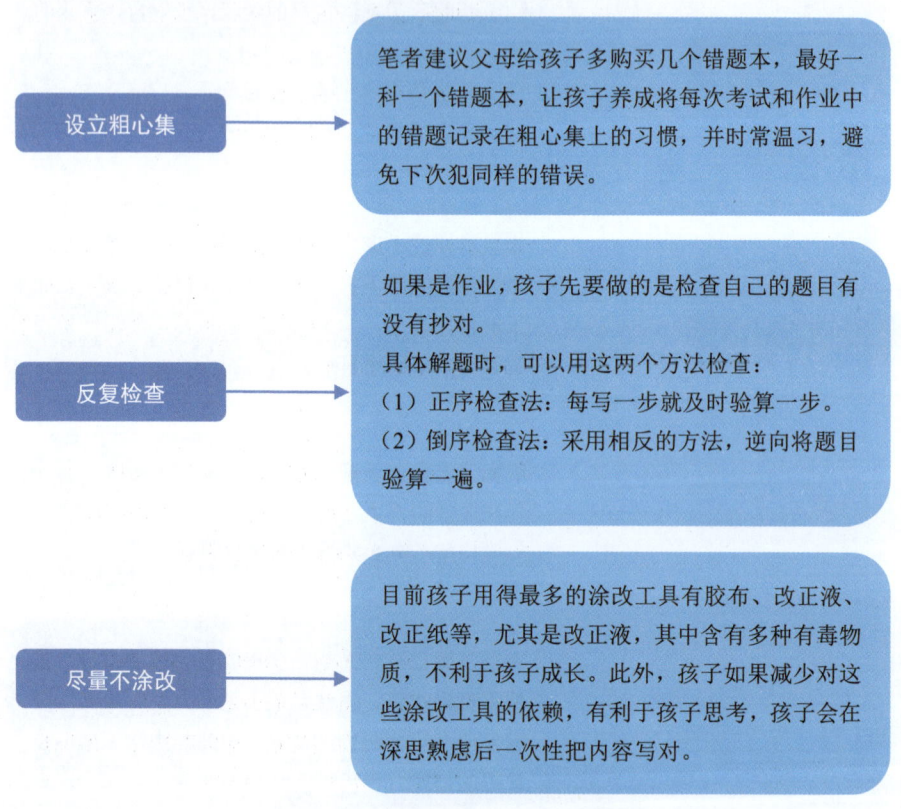

设立粗心集：笔者建议父母给孩子多购买几个错题本，最好一科一个错题本，让孩子养成将每次考试和作业中的错题记录在粗心集上的习惯，并时常温习，避免下次犯同样的错误。

反复检查：如果是作业，孩子先要做的是检查自己的题目有没有抄对。
具体解题时，可以用这两个方法检查：
（1）正序检查法：每写一步就及时验算一步。
（2）倒序检查法：采用相反的方法，逆向将题目验算一遍。

尽量不涂改：目前孩子用得最多的涂改工具有胶布、改正液、改正纸等，尤其是改正液，其中含有多种有毒物质，不利于孩子成长。此外，孩子如果减少对这些涂改工具的依赖，有利于孩子思考，孩子会在深思熟虑后一次性把内容写对。

图 7-7　督促孩子正视粗心问题

2 建立粗心集的必要性

粗心集就是"好记性不如烂笔头"这句话最好的实践，孩子可以自己建立一个粗心集。粗心集里的错题可以来自试卷、课堂作业本、家庭作业本、基础训练本、参考书等，不一而足。在考试前，孩子可以翻翻自己的粗心集，避免自己在考试中又犯同一种错误。

笔者认为孩子建立一个粗心集有如下必要性，如图7-8所示。

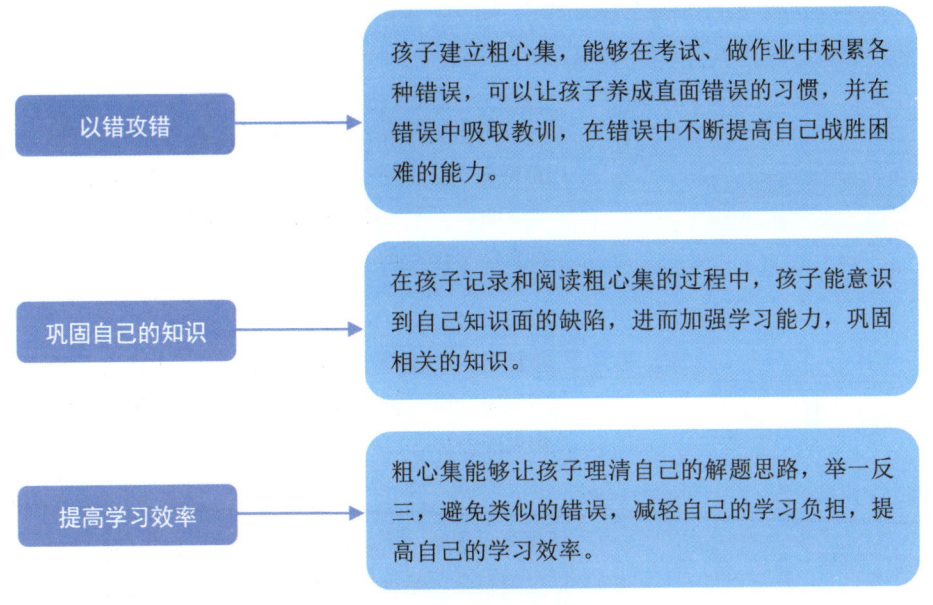

以错攻错 → 孩子建立粗心集，能够在考试、做作业中积累各种错误，可以让孩子养成直面错误的习惯，并在错误中吸取教训，在错误中不断提高自己战胜困难的能力。

巩固自己的知识 → 在孩子记录和阅读粗心集的过程中，孩子能意识到自己知识面的缺陷，进而加强学习能力，巩固相关的知识。

提高学习效率 → 粗心集能够让孩子理清自己的解题思路，举一反三，避免类似的错误，减轻自己的学习负担，提高自己的学习效率。

图 7-8 建立粗心集的必要性

3 建立粗心集的原则

孩子建立一个粗心集时需要遵循以下原则，如图7-9所示。

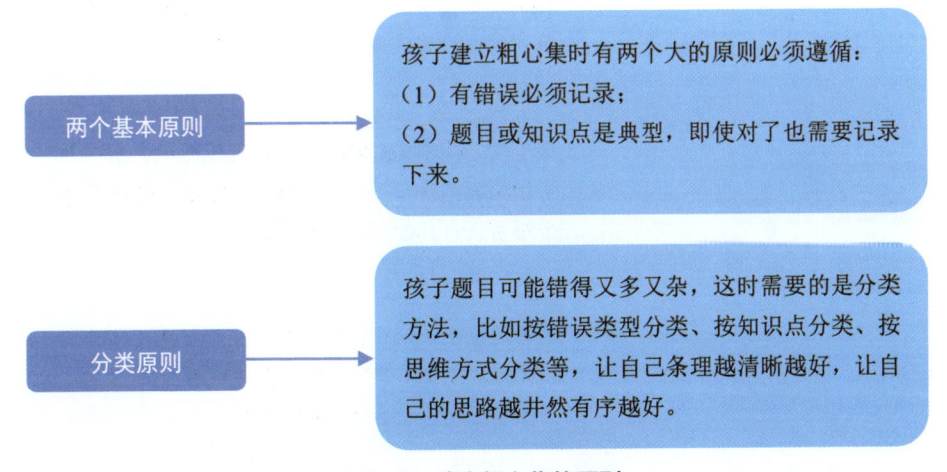

两个基本原则 → 孩子建立粗心集时有两个大的原则必须遵循：
（1）有错误必须记录；
（2）题目或知识点是典型，即使对了也需要记录下来。

分类原则 → 孩子题目可能错得又多又杂，这时需要的是分类方法，比如按错误类型分类、按知识点分类、按思维方式分类等，让自己条理越清晰越好，让自己的思路越井然有序越好。

图 7-9 建立粗心集的原则

4 建立粗心集的步骤

笔者对训练班的优秀学生建立粗心集的步骤进行了归纳总结，可供父母和孩子进行参考，如图 7-10 所示。

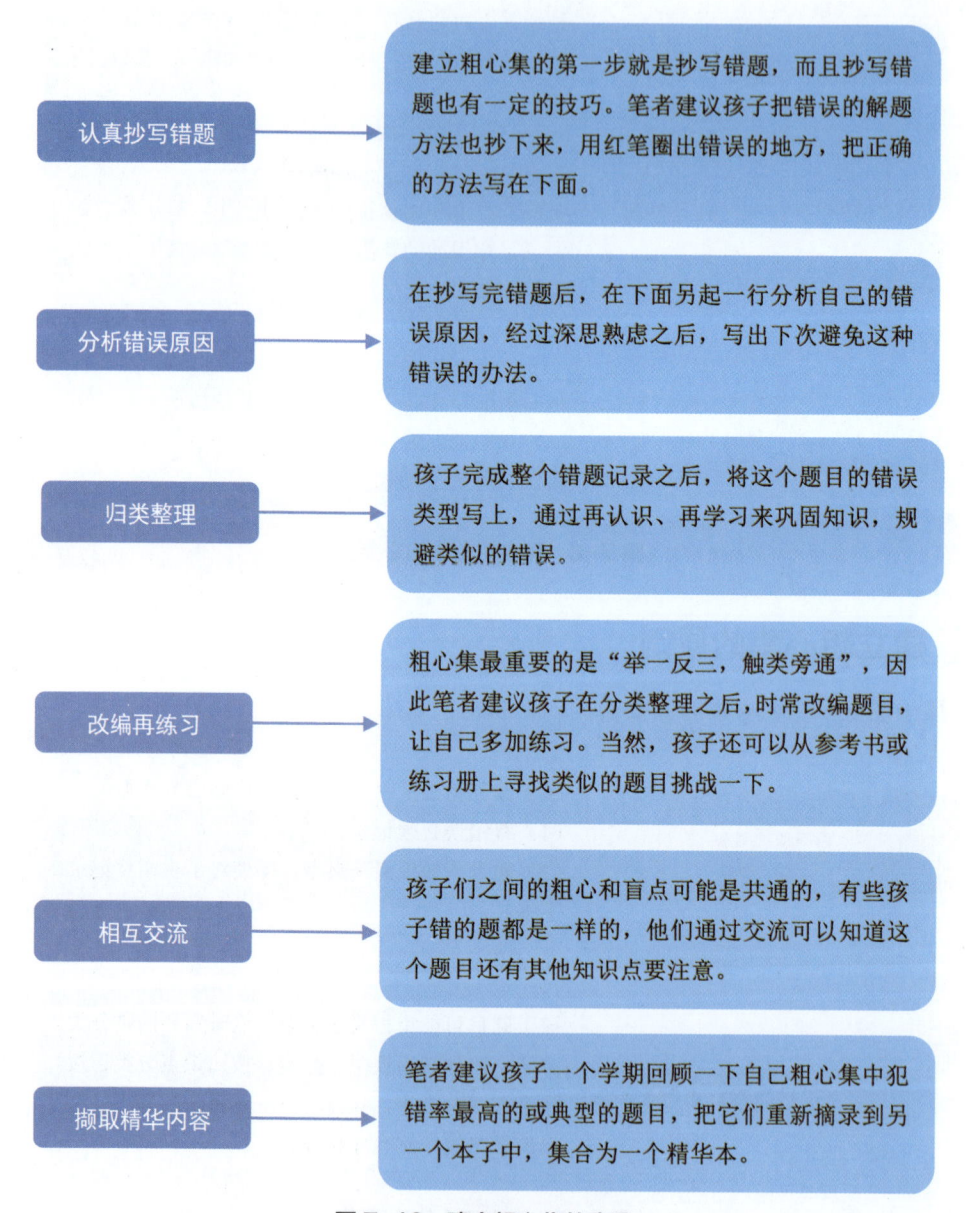

认真抄写错题 → 建立粗心集的第一步就是抄写错题，而且抄写错题也有一定的技巧。笔者建议孩子把错误的解题方法也抄下来，用红笔圈出错误的地方，把正确的方法写在下面。

分析错误原因 → 在抄写完错题后，在下面另起一行分析自己的错误原因，经过深思熟虑之后，写出下次避免这种错误的办法。

归类整理 → 孩子完成整个错题记录之后，将这个题目的错误类型写上，通过再认识、再学习来巩固知识，规避类似的错误。

改编再练习 → 粗心集最重要的是"举一反三，触类旁通"，因此笔者建议孩子在分类整理之后，时常改编题目，让自己多加练习。当然，孩子还可以从参考书或练习册上寻找类似的题目挑战一下。

相互交流 → 孩子们之间的粗心和盲点可能是共通的，有些孩子错的题都是一样的，他们通过交流可以知道这个题目还有其他知识点要注意。

撷取精华内容 → 笔者建议孩子一个学期回顾一下自己粗心集中犯错率最高的或典型的题目，把它们重新摘录到另一个本子中，集合为一个精华本。

图 7-10 建立粗心集的步骤

笔者在前面提到了建立粗心集的步骤，父母和孩子可以看出粗心集是一个很特殊的本子，其基本格式如表 7-2 所示，各大文具店都可以买到，只是不同厂商的粗心集格式略有差别。

表 7-2　粗心集基本格式

原题（可粘贴）	日　期 （标注学习日期，掌握好学习进度）
（孩子可以誊录原题，也可以选择粘贴原题）	难易程度：★★★ （区分难易程度，进行评估）
	考点和知识点归纳 （归纳题目中的考点、知识点，对题目进行"瘦身"）
错误解法（可粘贴）	日　期 （标注学习日期，掌握好学习进度）
（孩子可以誊录错误解法，也可以选择粘贴错误解法）	错因分析 （分析自己错题的原因）
正确解法（可粘贴）	日　期 （标注学习日期，掌握好学习进度）
（孩子自己将正确解法写在下面）	正解分析 （分析正确解法的知识点）

065　养成检查习惯

在做作业和考试时，老师和父母对孩子重复最多的就是要求孩子养成检查的习惯。在做数学题时，老师强调孩子要多验算算式，只要计算错一步，后面计算得再正确也是没分的；在做语文考试时，父母会告诉孩子，要检查自己写的每一句话有没有错别字，

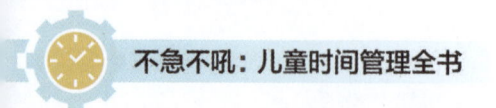

作文里有没有出现漏字问题。

但是，对于某些孩子来说，父母和老师的谆谆告诫只是耳旁风，当时点头应承下来，但是到了做作业和考试的时候，他们早已经把父母和老师的告诫抛到了九霄云外，还是不检查自己的答案，那些犯过的错误一而再、再而三地出现在作业本和试卷上。

这是因为孩子不听话的结果？未必是这样，可能孩子只是从小没养成检查的习惯。父母和老师可以尝试以下方法，帮助孩子养成检查的好习惯，如图 7-11 所示。

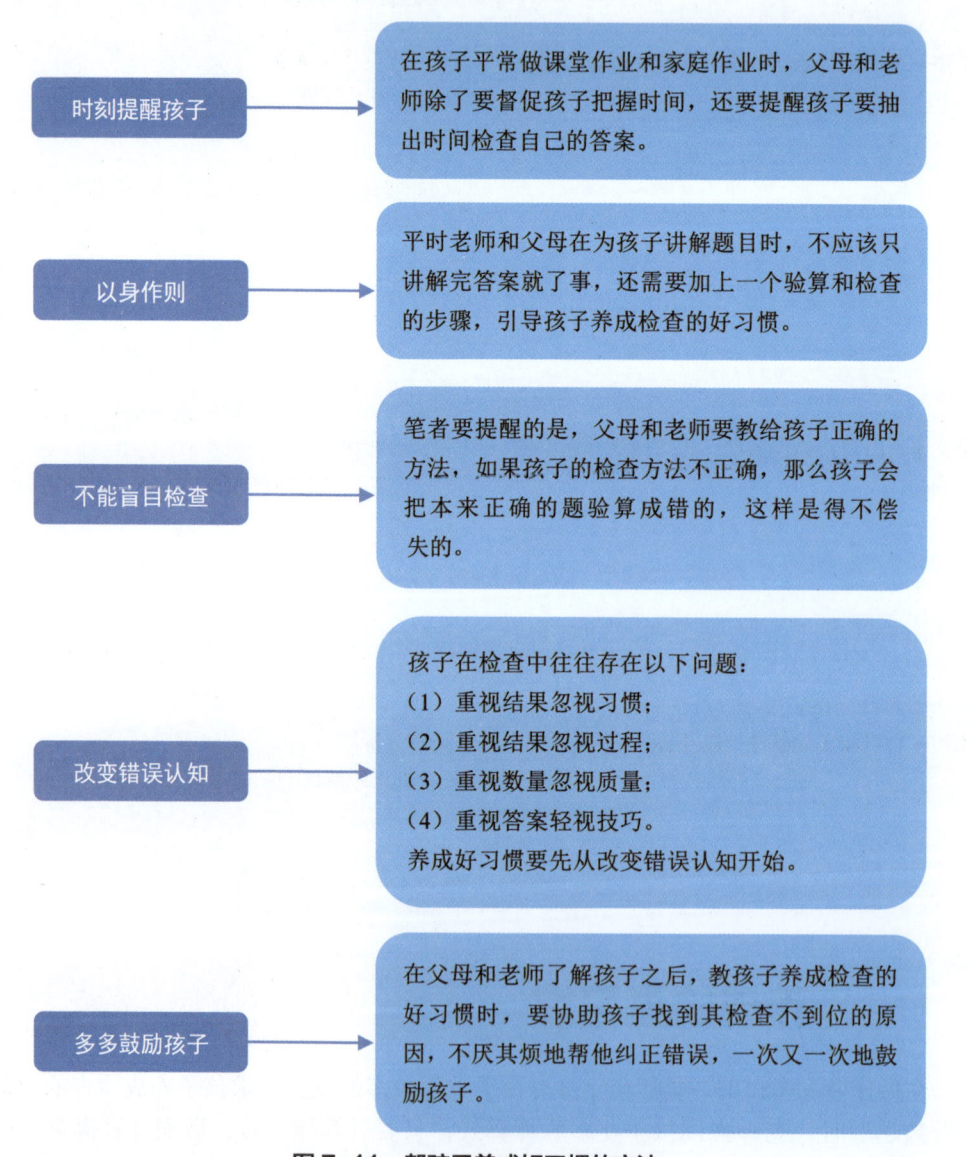

时刻提醒孩子 → 在孩子平常做课堂作业和家庭作业时，父母和老师除了要督促孩子把握时间，还要提醒孩子要抽出时间检查自己的答案。

以身作则 → 平时老师和父母在为孩子讲解题目时，不应该只讲解完答案就了事，还需要加上一个验算和检查的步骤，引导孩子养成检查的好习惯。

不能盲目检查 → 笔者要提醒的是，父母和老师要教给孩子正确的方法，如果孩子的检查方法不正确，那么孩子会把本来正确的题验算成错的，这样是得不偿失的。

改变错误认知 → 孩子在检查中往往存在以下问题：
（1）重视结果忽视习惯；
（2）重视结果忽视过程；
（3）重视数量忽视质量；
（4）重视答案轻视技巧。
养成好习惯要先从改变错误认知开始。

多多鼓励孩子 → 在父母和老师了解孩子之后，教孩子养成检查的好习惯时，要协助孩子找到其检查不到位的原因，不厌其烦地帮他纠正错误，一次又一次地鼓励孩子。

图 7-11　帮孩子养成好习惯的方法

066 寻找粗心根源

孩子出现错误是有一定原因的,父母可以根据笔者对粗心的分类去寻找孩子犯错的根本原因,如图 7-12 所示。

遗忘型粗心 → 有些孩子平时认真听讲,基础知识也扎实,可是一到考试就由于紧张、焦虑等原因,把知识点全忘了,脑子一片空白,做题目时也粗心大意,犯了不该犯的错。

技巧型粗心 → "技巧型粗心"是最常见的,孩子平常粗心常常是这种类型的粗心。

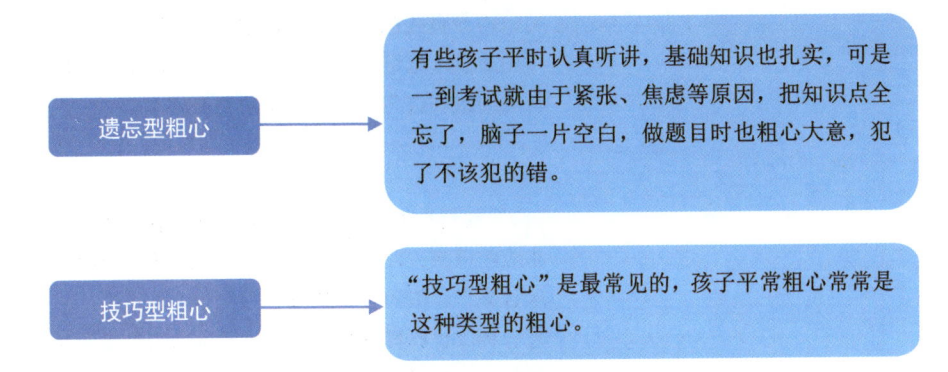

图 7-12 粗心的两大类别

根据错误不同,技巧型粗心还可以细分,具体分析如图 7-13 所示。

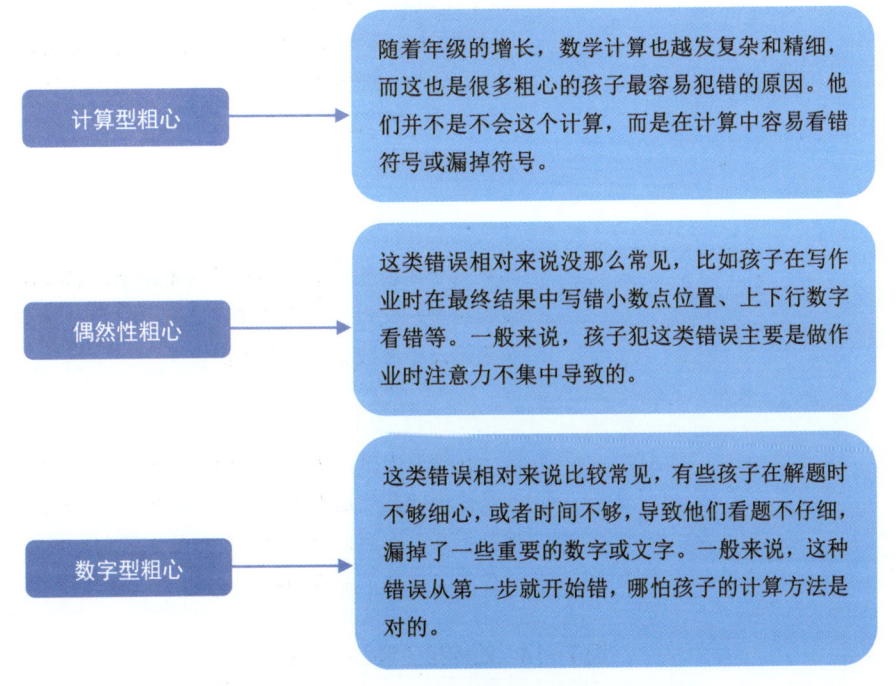

计算型粗心 → 随着年级的增长,数学计算也越发复杂和精细,而这也是很多粗心的孩子最容易犯错的原因。他们并不是不会这个计算,而是在计算中容易看错符号或漏掉符号。

偶然性粗心 → 这类错误相对来说没那么常见,比如孩子在写作业时在最终结果中写错小数点位置、上下行数字看错等。一般来说,孩子犯这类错误主要是做作业时注意力不集中导致的。

数字型粗心 → 这类错误相对来说比较常见,有些孩子在解题时不够细心,或者时间不够,导致他们看题不仔细,漏掉了一些重要的数字或文字。一般来说,这种错误从第一步就开始错,哪怕孩子的计算方法是对的。

图 7-13 技巧型粗心分类

不同孩子犯粗心错误的原因不同，其解决方法也不一样。因此，父母可以参考笔者的总结，帮助孩子改掉粗心的毛病，如图 7-14 所示。

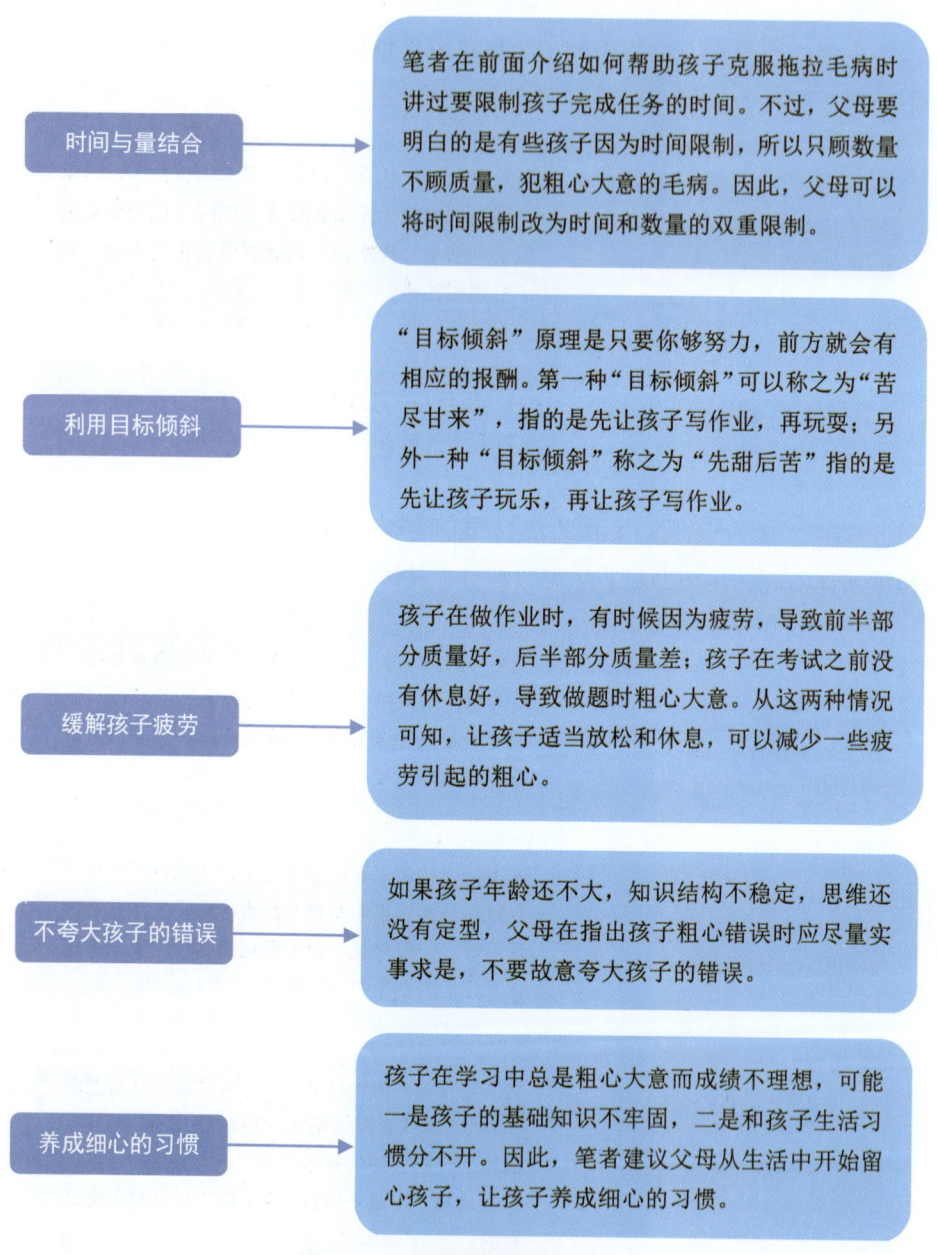

时间与量结合 → 笔者在前面介绍如何帮助孩子克服拖拉毛病时讲过要限制孩子完成任务的时间。不过，父母要明白的是有些孩子因为时间限制，所以只顾数量不顾质量，犯粗心大意的毛病。因此，父母可以将时间限制改为时间和数量的双重限制。

利用目标倾斜 → "目标倾斜"原理是只要你够努力，前方就会有相应的报酬。第一种"目标倾斜"可以称之为"苦尽甘来"，指的是先让孩子写作业，再玩耍；另外一种"目标倾斜"称之为"先甜后苦"指的是先让孩子玩乐，再让孩子写作业。

缓解孩子疲劳 → 孩子在做作业时，有时候因为疲劳，导致前半部分质量好，后半部分质量差；孩子在考试之前没有休息好，导致做题时粗心大意。从这两种情况可知，让孩子适当放松和休息，可以减少一些疲劳引起的粗心。

不夸大孩子的错误 → 如果孩子年龄还不大，知识结构不稳定，思维还没有定型，父母在指出孩子粗心错误时应尽量实事求是，不要故意夸大孩子的错误。

养成细心的习惯 → 孩子在学习中总是粗心大意而成绩不理想，可能一是孩子的基础知识不牢固，二是和孩子生活习惯分不开。因此，笔者建议父母从生活中开始留心孩子，让孩子养成细心的习惯。

图 7-14　改掉孩子粗心的方法

067 三思而后行

"三思而后行"这句话出自《论语·公冶长》:"季文子三思而后行。子闻之,曰:'再,斯可矣。'"

关于孔子这句话的翻译,目前存在争论,其中一些学者认为应该这么翻译——季文子每次做事情都会深思熟虑后才行动,孔子听闻之后说:"只要考虑两次就够了。"而另一些学者认为应该这么翻译——季文子每次做事情都会深思熟虑后才行动,孔子听闻之后说:"还要再多考虑两次,这才可以。"

从这两种观点我们可以看出,一方是认为思考问题需要多思考几次,另一方认为思考问题两次就够了。因此,"三思而后行"告诉我们的是多加思考是有利于提高做事准确性的,同时如果像《史记》中所言:"当断不断,反受其乱。"由于思考得太久而耽误了事情,就得不偿失了。

父母培养孩子爱思考习惯的时候,需要注意避免因为思考太久养成拖拉磨蹭、迟疑不决的坏毛病,具体做法如图7-15所示。

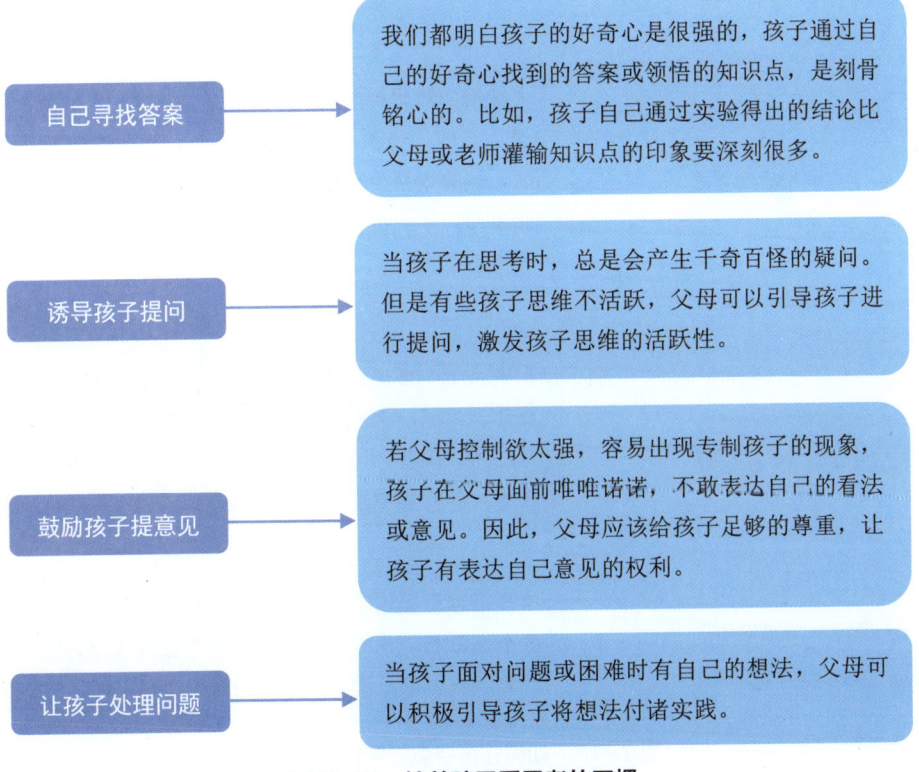

自己寻找答案	我们都明白孩子的好奇心是很强的,孩子通过自己的好奇心找到的答案或领悟的知识点,是刻骨铭心的。比如,孩子自己通过实验得出的结论比父母或老师灌输知识点的印象要深刻很多。
诱导孩子提问	当孩子在思考时,总是会产生千奇百怪的疑问。但是有些孩子思维不活跃,父母可以引导孩子进行提问,激发孩子思维的活跃性。
鼓励孩子提意见	若父母控制欲太强,容易出现专制孩子的现象,孩子在父母面前唯唯诺诺,不敢表达自己的看法或意见。因此,父母应该给孩子足够的尊重,让孩子有表达自己意见的权利。
让孩子处理问题	当孩子面对问题或困难时有自己的想法,父母可以积极引导孩子将想法付诸实践。

图 7-15 培养孩子爱思考的习惯

068 重视所做事情

历史上有无数的例子，如曹操轻视孙刘，最终败走华容道；刘备轻视陆逊，最终被火烧连营八百里；关羽轻视吕蒙，最终被白衣渡江的江东子弟斩首……读历史即读人心，它们用嘶喊在告诉我们：重视自己周遭的一切是多么的重要！

在生活中，孩子由于轻视也带来了不少问题。如孩子信誓旦旦说自己能考好，结果因为自己的疏忽而考得一塌糊涂；孩子说打完这把游戏就做家庭作业，结果后来忘了做家庭作业，第二天上学受到老师的批评……那么父母应该怎么去教孩子重视自己所做的事情呢？笔者认为可以从以下建议入手，如图7-16所示。

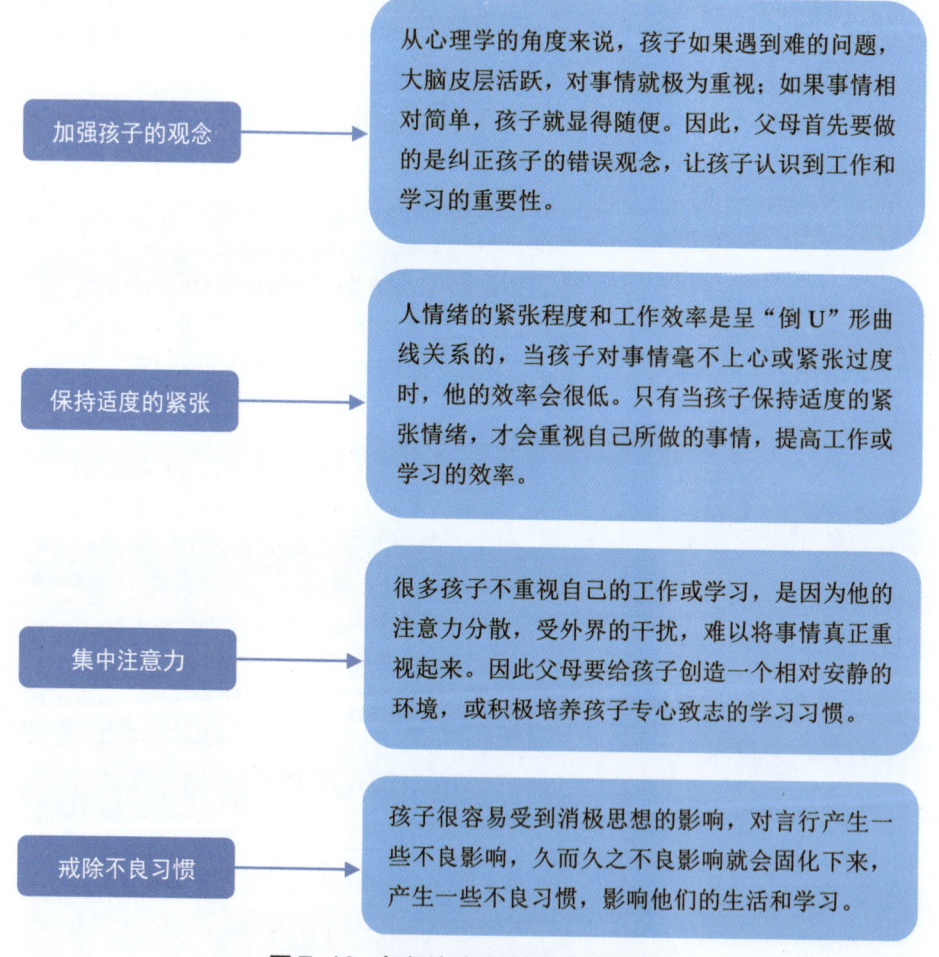

加强孩子的观念	从心理学的角度来说，孩子如果遇到难的问题，大脑皮层活跃，对事情就极为重视；如果事情相对简单，孩子就显得随便。因此，父母首先要做的是纠正孩子的错误观念，让孩子认识到工作和学习的重要性。
保持适度的紧张	人情绪的紧张程度和工作效率是呈"倒U"形曲线关系的，当孩子对事情毫不上心或紧张过度时，他的效率会很低。只有当孩子保持适度的紧张情绪，才会重视自己所做的事情，提高工作或学习的效率。
集中注意力	很多孩子不重视自己的工作或学习，是因为他的注意力分散，受外界的干扰，难以将事情真正重视起来。因此父母要给孩子创造一个相对安静的环境，或积极培养孩子专心致志的学习习惯。
戒除不良习惯	孩子很容易受到消极思想的影响，对言行产生一些不良影响，久而久之不良影响就会固化下来，产生一些不良习惯，影响他们的生活和学习。

图7-16　如何让孩子重视所做的事情

069 训练孩子的注意力

笔者认为，在生活中和学习上，很多孩子注意力差，主要受以下 4 个因素的影响，如图 7-17 所示。

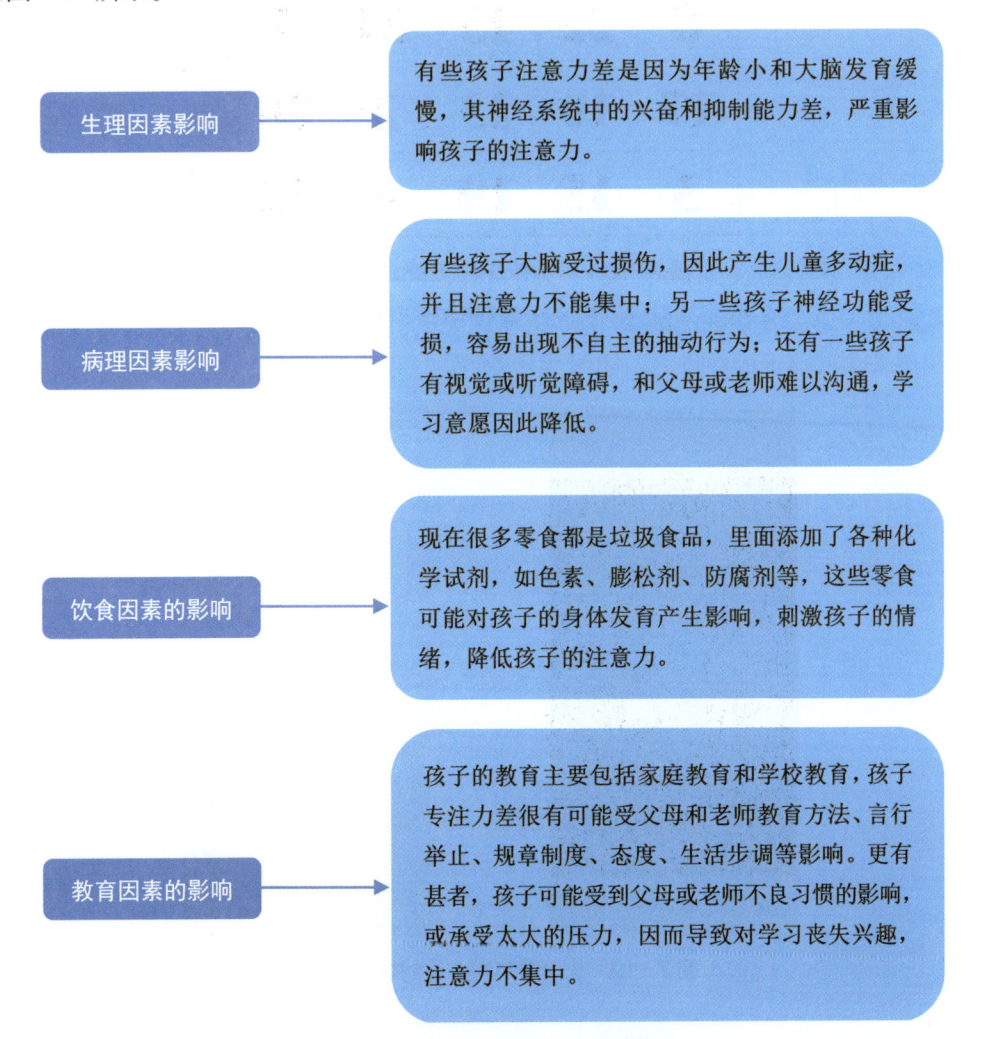

生理因素影响 → 有些孩子注意力差是因为年龄小和大脑发育缓慢，其神经系统中的兴奋和抑制能力差，严重影响孩子的注意力。

病理因素影响 → 有些孩子大脑受过损伤，因此产生儿童多动症，并且注意力不能集中；另一些孩子神经功能受损，容易出现不自主的抽动行为；还有一些孩子有视觉或听觉障碍，和父母或老师难以沟通，学习意愿因此降低。

饮食因素的影响 → 现在很多零食都是垃圾食品，里面添加了各种化学试剂，如色素、膨松剂、防腐剂等，这些零食可能对孩子的身体发育产生影响，刺激孩子的情绪，降低孩子的注意力。

教育因素的影响 → 孩子的教育主要包括家庭教育和学校教育，孩子专注力差很有可能受父母和老师教育方法、言行举止、规章制度、态度、生活步调等影响。更有甚者，孩子可能受到父母或老师不良习惯的影响，或承受太大的压力，因而导致对学习丧失兴趣，注意力不集中。

图 7-17 孩子注意力差的原因

对于孩子注意力不集中，父母可以用"舒尔特方格 (Schulte Grid)"来测试孩子的注意力。在测试中，孩子需要按从小到大的顺序依次指出 25 个方格，如图 7-18 所示，孩子花费的测试时间越短，证明孩子注意力越集中。

图 7-18　舒尔特方格（Schulte Grid）

父母不一定需要在纸上画 25 个格子填写数字，可以通过一些关于舒尔特方格的微信小程序来测试孩子的注意力，如图 7-19 所示。

图 7-19　关于舒尔特方格的微信小程序

070　保持适度的紧张情绪

前文笔者已经提过，人情绪的紧张程度和工作效率是呈"倒 U"形曲线关系。尤其在考试中，孩子既不能过度紧张影响发挥，也不能因为毫不紧张而轻视考题。笔者认为，在考试之前，父母可以尝试以下方法培养孩子的紧张情绪，如图 7-20 所示。

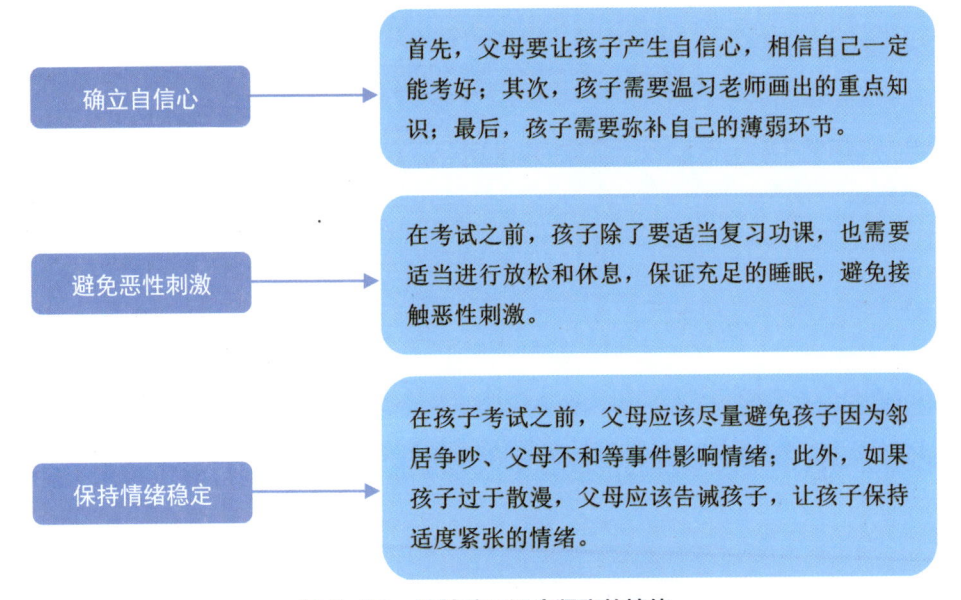

确立自信心：首先，父母要让孩子产生自信心，相信自己一定能考好；其次，孩子需要温习老师画出的重点知识；最后，孩子需要弥补自己的薄弱环节。

避免恶性刺激：在考试之前，孩子除了要适当复习功课，也需要适当进行放松和休息，保证充足的睡眠，避免接触恶性刺激。

保持情绪稳定：在孩子考试之前，父母应该尽量避免孩子因为邻居争吵、父母不和等事件影响情绪；此外，如果孩子过于散漫，父母应该告诫孩子，让孩子保持适度紧张的情绪。

图 7-20　培养孩子适度紧张的情绪

第 8 章

克服懒散，10 招提升做事效率

学前提示

父母在孩子的生活或学习中，总能发现一些问题，比如某些事情明明可以 5 分钟做完，他偏偏要 15 分钟才能进入状态，还需要 15 分钟才能完成。孩子做事效率低是最常见的问题，本章着重介绍的是提高孩子做事效率的 10 个方法。

要点展示

- 以故事为引导
- 保持心情愉快
- 激发学习兴趣
- 提高挑战意识
- 分清事情主次
- 从小事做起
- 纠正"双重标准"
- 适时调整红星表
- 制定黑星对照表
- 成绩管理法

071 以故事为引导

孩子在成长过程中是离不开阅读的，对于年龄相对小的孩子，父母可以给孩子买一些童话书或故事绘本，通过有趣的故事来教会孩子为人处世的道理，如图8-1所示。

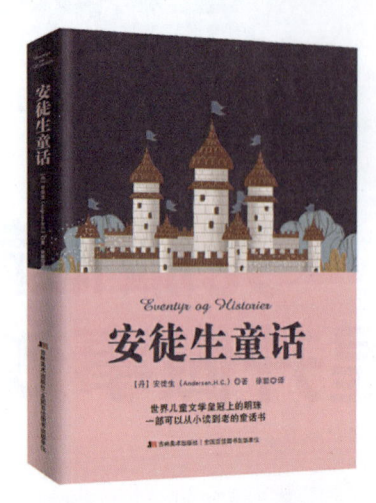

图 8-1　童话书和故事绘本

对于年纪稍长的孩子，笔者建议父母购买《林清玄散文精选》《简·爱》等名著，一来可以提高孩子的写作能力，二来孩子可以学到很多道理，如图8-2所示。

图 8-2　《林清玄散文精选》与《简·爱》

笔者是非常推荐父母购买名著给孩子阅读的，其作用如图 8-3 所示。

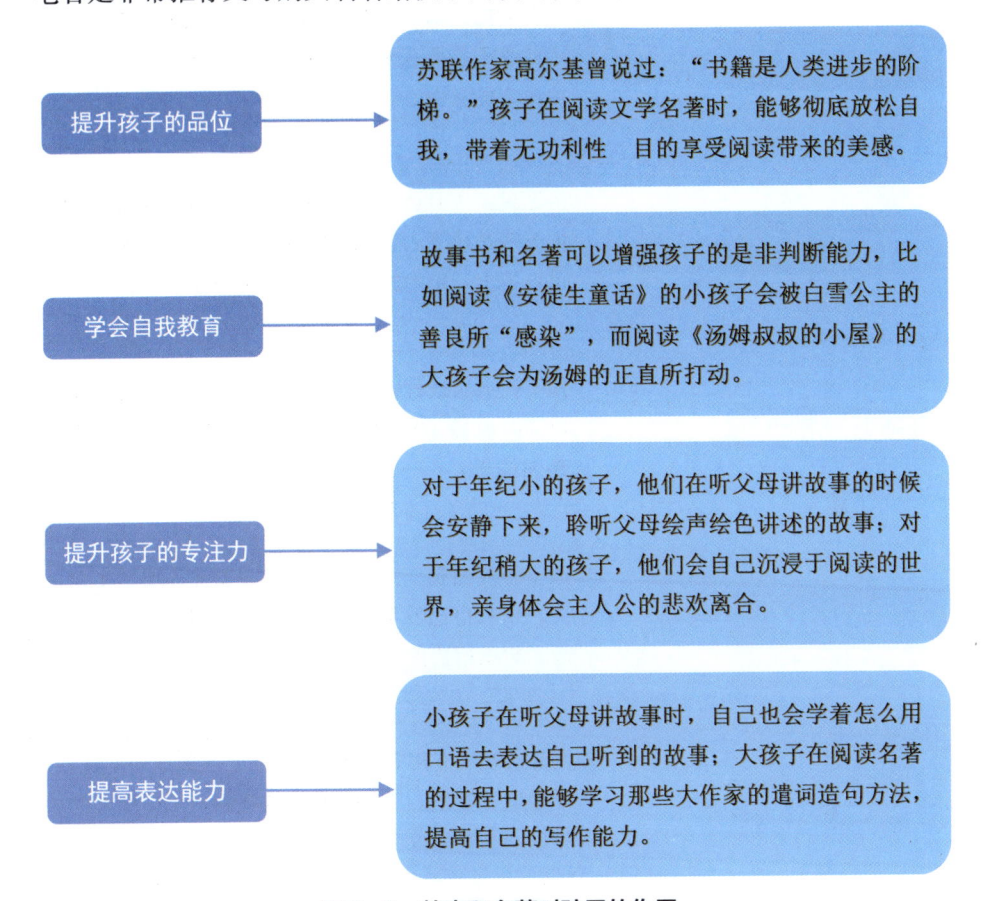

提升孩子的品位	→	苏联作家高尔基曾说过："书籍是人类进步的阶梯。"孩子在阅读文学名著时，能够彻底放松自我，带着无功利性 目的享受阅读带来的美感。
学会自我教育	→	故事书和名著可以增强孩子的是非判断能力，比如阅读《安徒生童话》的小孩子会被白雪公主的善良所"感染"，而阅读《汤姆叔叔的小屋》的大孩子会为汤姆的正直所打动。
提升孩子的专注力	→	对于年纪小的孩子，他们在听父母讲故事的时候会安静下来，聆听父母绘声绘色讲述的故事；对于年纪稍大的孩子，他们会自己沉浸于阅读的世界，亲身体会主人公的悲欢离合。
提高表达能力	→	小孩子在听父母讲故事时，自己也会学着怎么用口语去表达自己听到的故事；大孩子在阅读名著的过程中，能够学习那些大作家的遣词造句方法，提高自己的写作能力。

图 8-3　故事和名著对孩子的作用

父母在用故事引导孩子时，应该注意这 3 个问题：

(1) 父母既要孩子相信童话里的道理，但又不能让孩子把童话故事情节当真；
(2) 父母要了解孩子的思维，以改变孩子某些错误的思维模式；
(3) 故事或名著要适合该年龄段的孩子。

072　保持心情愉快

孩子的学习状态和心情状态是有相关性的，当孩子心情好时学习状态好，学习效率高；当孩子心情差时学习状态差，学习效率也低。因此，父母可以按照笔者以下的建议帮助孩子保持愉快的心情，如图 8-4 所示。

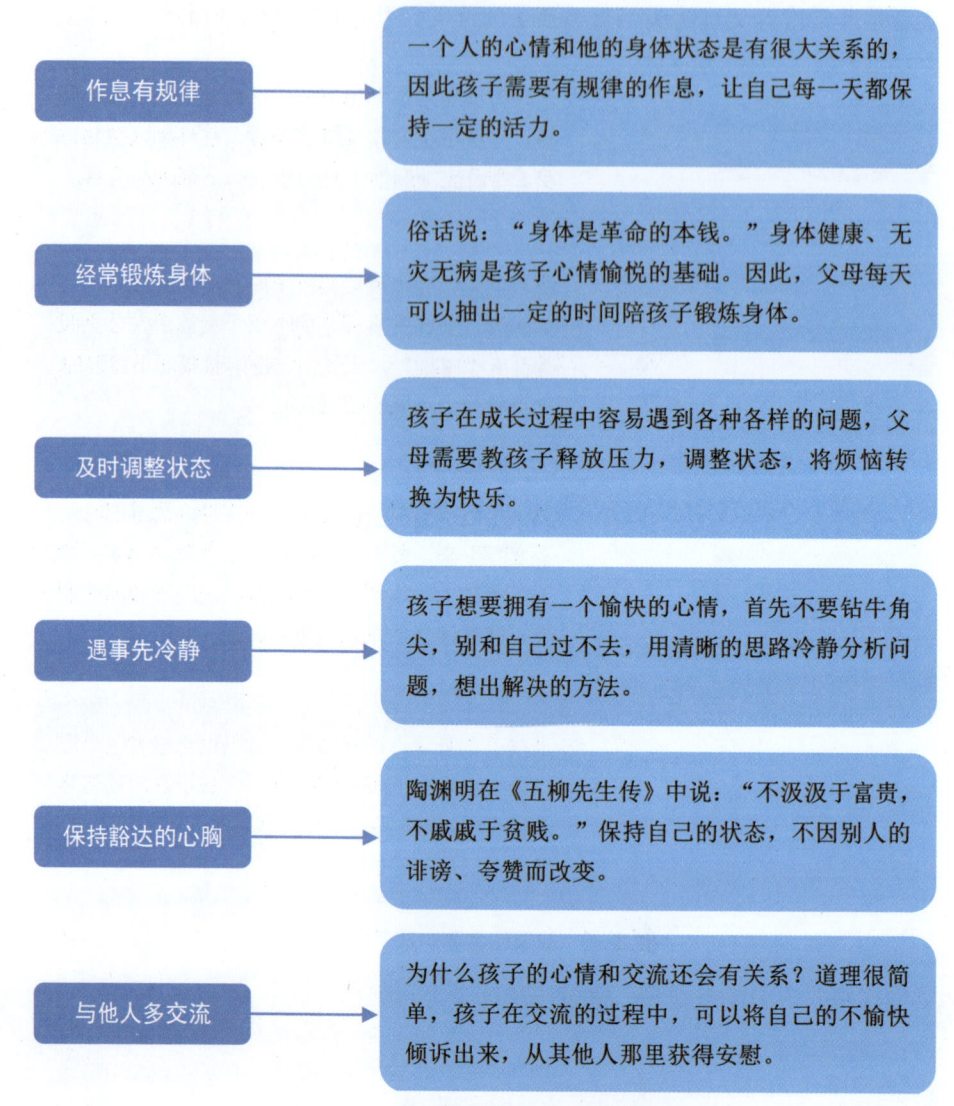

作息有规律	一个人的心情和他的身体状态是有很大关系的，因此孩子需要有规律的作息，让自己每一天都保持一定的活力。
经常锻炼身体	俗话说："身体是革命的本钱。"身体健康、无灾无病是孩子心情愉悦的基础。因此，父母每天可以抽出一定的时间陪孩子锻炼身体。
及时调整状态	孩子在成长过程中容易遇到各种各样的问题，父母需要教孩子释放压力，调整状态，将烦恼转换为快乐。
遇事先冷静	孩子想要拥有一个愉快的心情，首先不要钻牛角尖，别和自己过不去，用清晰的思路冷静分析问题，想出解决的方法。
保持豁达的心胸	陶渊明在《五柳先生传》中说："不汲汲于富贵，不戚戚于贫贱。"保持自己的状态，不因别人的诽谤、夸赞而改变。
与他人多交流	为什么孩子的心情和交流还会有关系？道理很简单，孩子在交流的过程中，可以将自己的不愉快倾诉出来，从其他人那里获得安慰。

图 8-4　如何帮助孩子保持愉快的心情

经过笔者的观察，让孩子保持心情愉悦，有以下这些好处：

(1) 对孩子的呼吸系统有好处；
(2) 消除心理紧张，让孩子保持乐观的生活态度；
(3) 新陈代谢加快，促进身体健康；
(4) 可以减少心脏疾病发作的风险；
(5) 根据研究，压力过大会减少人的免疫力，身心愉悦可以减少生病；
(6) 长期心情愉悦的人可以减少犯抑郁症的风险；

(7) 心情愉悦时能帮孩子做出更准确的决定。

073 激发学习兴趣

很多孩子出现厌学的情况，或者成绩永远提不上去，父母们对此束手无策，却不知道孩子的根源是缺乏学习兴趣。父母想要激发孩子的兴趣，可以按照笔者所说的建议尝试，如图 8-5 所示。

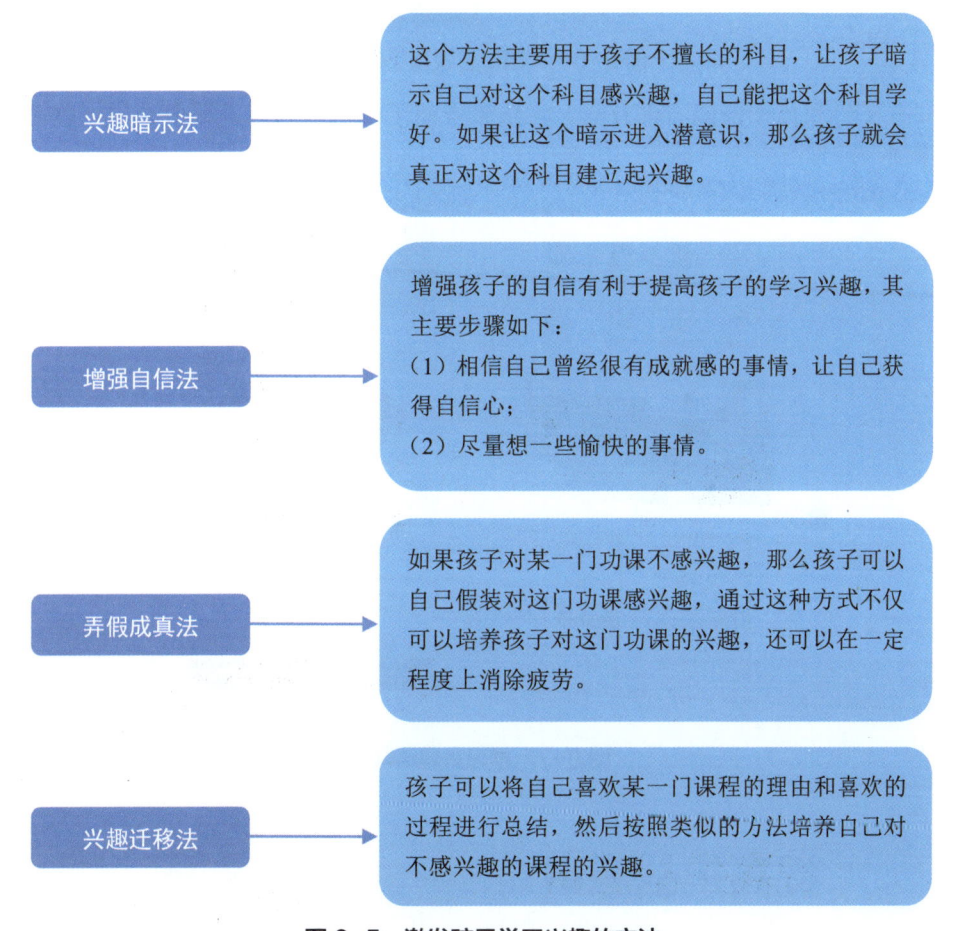

兴趣暗示法 → 这个方法主要用于孩子不擅长的科目，让孩子暗示自己对这个科目感兴趣，自己能把这个科目学好。如果让这个暗示进入潜意识，那么孩子就会真正对这个科目建立起兴趣。

增强自信法 → 增强孩子的自信有利于提高孩子的学习兴趣，其主要步骤如下：
（1）相信自己曾经很有成就感的事情，让自己获得自信心；
（2）尽量想一些愉快的事情。

弄假成真法 → 如果孩子对某一门功课不感兴趣，那么孩子可以自己假装对这门功课感兴趣，通过这种方式不仅可以培养孩子对这门功课的兴趣，还可以在一定程度上消除疲劳。

兴趣迁移法 → 孩子可以将自己喜欢某一门课程的理由和喜欢的过程进行总结，然后按照类似的方法培养自己对不感兴趣的课程的兴趣。

图 8-5 激发孩子学习兴趣的方法

"兴趣是最好的老师"，为什么我们经常会说这一句话？理由很简单，兴趣能激发孩子的动力，而动力可以驱动孩子不断去学习，如图 8-6 所示。

图 8-6　兴趣能激发孩子的动力

　　如果父母和孩子的能力都有限，无法激发孩子的学习兴趣，那么父母可以考虑让孩子参加一些学习兴趣培训班，培养孩子的学习兴趣，如图 8-7 所示。

图 8-7　学习兴趣培训班

074　提高挑战意识

　　毛泽东在《水调歌头·重上井冈山》中如此写道："世上无难事，只要肯登攀。"对于孩子来说，他们有时疲于应对生活和学习中的各种挑战，心里渐渐变得麻木，失去了往日的热血。如果父母想要孩子提高挑战意识，可以按照笔者下面所说的建议尝试，如图 8-8 所示。

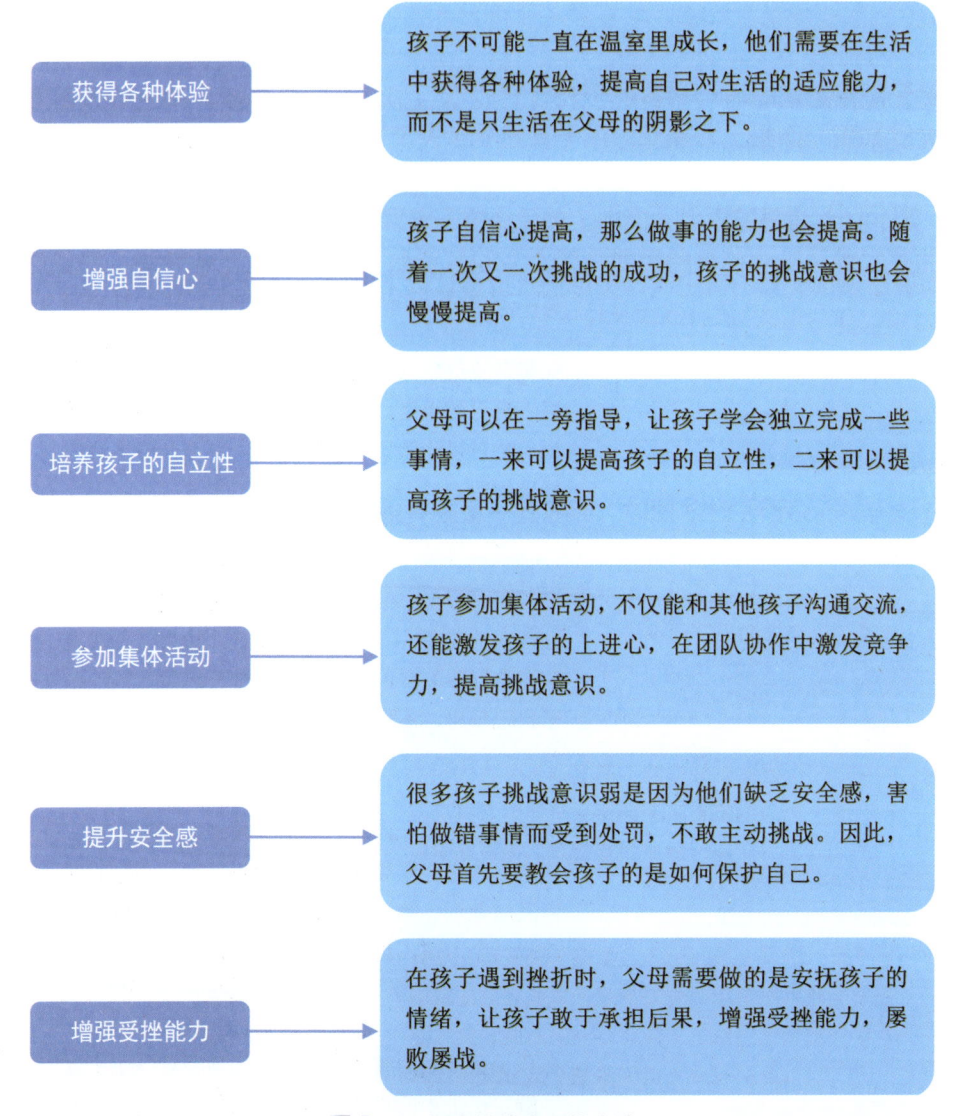

获得各种体验	孩子不可能一直在温室里成长，他们需要在生活中获得各种体验，提高自己对生活的适应能力，而不是只生活在父母的阴影之下。
增强自信心	孩子自信心提高，那么做事的能力也会提高。随着一次又一次挑战的成功，孩子的挑战意识也会慢慢提高。
培养孩子的自立性	父母可以在一旁指导，让孩子学会独立完成一些事情，一来可以提高孩子的自立性，二来可以提高孩子的挑战意识。
参加集体活动	孩子参加集体活动，不仅能和其他孩子沟通交流，还能激发孩子的上进心，在团队协作中激发竞争力，提高挑战意识。
提升安全感	很多孩子挑战意识弱是因为他们缺乏安全感，害怕做错事情而受到处罚，不敢主动挑战。因此，父母首先要教会孩子的是如何保护自己。
增强受挫能力	在孩子遇到挫折时，父母需要做的是安抚孩子的情绪，让孩子敢于承担后果，增强受挫能力，屡败屡战。

图 8-8 提高挑战意识的方法

075 分清事情主次

笔者先来讲一个小故事：

从前，有一个楚国人在郑国贩卖珍珠，他装的珍珠用的盒子是木兰做的，然后用桂椒等香料将盒子熏香，用珠玉、玫瑰、翡翠来装饰这个盒子。一个郑国人过来只买走了盒子，把珍珠退了回来。这可以说郑国人善于买盒子，而不是善于买珍珠。

——笔者译自《韩非子·外储说左上》

这个成语故事讽刺的是郑国人对事物分不清主次。在日常生活中，孩子也会发生"买椟还珠"这样的事情。

1 如何分清主次

如果发现孩子分不清主次，父母们可以尝试以下方法，如图 8-9 所示。

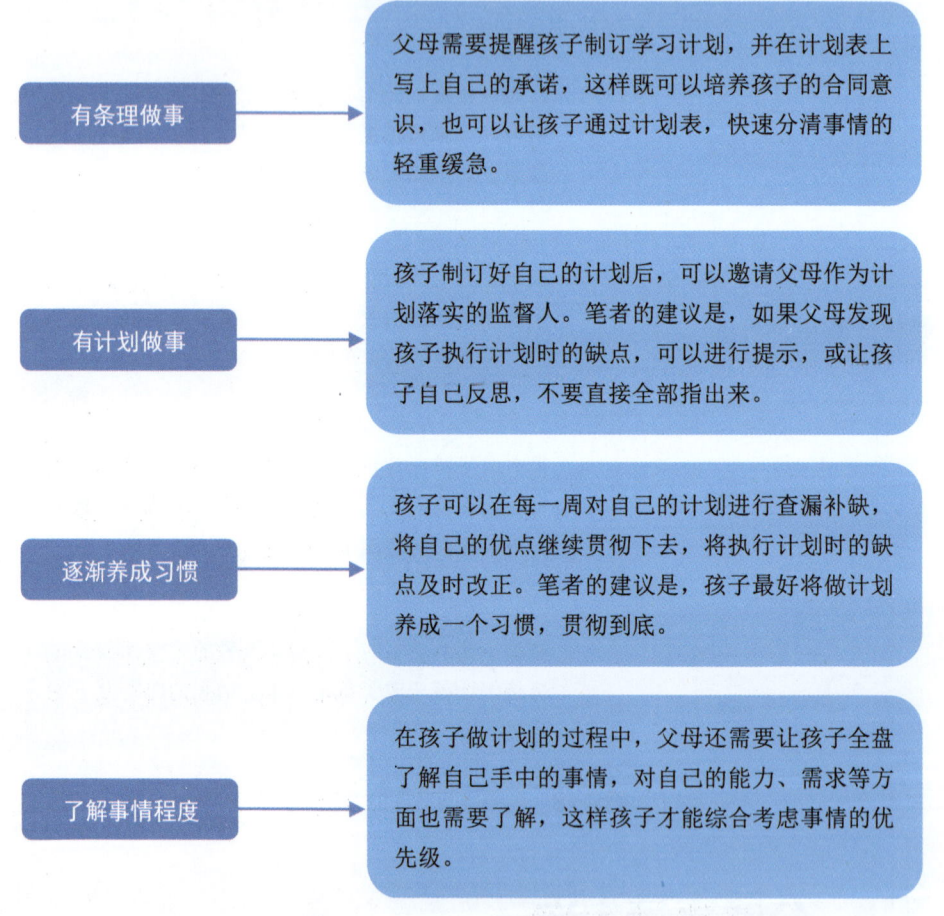

有条理做事	父母需要提醒孩子制订学习计划，并在计划表上写上自己的承诺，这样既可以培养孩子的合同意识，也可以让孩子通过计划表，快速分清事情的轻重缓急。
有计划做事	孩子制订好自己的计划后，可以邀请父母作为计划落实的监督人。笔者的建议是，如果父母发现孩子执行计划时的缺点，可以进行提示，或让孩子自己反思，不要直接全部指出来。
逐渐养成习惯	孩子可以在每一周对自己的计划进行查漏补缺，将自己的优点继续贯彻下去，将执行计划时的缺点及时改正。笔者的建议是，孩子最好将做计划养成一个习惯，贯彻到底。
了解事情程度	在孩子做计划的过程中，父母还需要让孩子全盘了解自己手中的事情，对自己的能力、需求等方面也需要了解，这样孩子才能综合考虑事情的优先级。

图 8-9　教孩子分清主次的方法

2 分清主次的 5 个步骤

下面来看一个表格，了解做计划分清主次的重要性，如表 8-1 所示。

表 8-1　时间间隔与记忆量关系

时间间隔	记忆量
刚记完	100%
20 分钟后	58.2%
1 小时后	44.2%
8~9 小时后	35.8%
1 天后	33.7%
2 天后	27.8%
6 天后	25.4%

从这个表格我们可以看出，人的时间间隔和记忆量是呈负相关关系的，我们在生活、学习中不断地学习新事物，同时也不断地遗忘一些事物。当然，正是因为我们会自动遗忘大脑认为不重要的事情，才需要计划表，去提醒大脑某些事情也很重要，不应该遗忘。

(1) 列出事情清单。

笔者建议父母监督孩子，在前一天晚上将第二天要做的事情全部列举出来。

(2) 根据事情的重要性进行排序。

在孩子再三斟酌后，将列表中的事情通过重要性指标来进行排序，父母和孩子可参考表 8-2 的格式。

表 8-2　通过重要性指标对事情排序

事　情	重要性排序
复习功课，准备迎接本周的期中考试	5
准备一个月后的田径比赛	5
明天是好朋友生日，准备好生日礼物	3
跟好朋友微信聊天	1
今天下午和妈妈一起去逛商场	2
周末和同学一起去爬山，不能爽约	4
父母结婚纪念日，记得买礼物	4
明天下午协助老师做课件	3

(3) 根据事情的紧迫性进行排序。

孩子再三考虑后，将列表中的事情通过紧迫性指标来进行排序，父母和孩子可参考表 8-3 的格式。

表 8-3　通过紧迫性指标对事情排序

事　情	紧迫性排序
复习功课，准备迎接本周的期中考试	5
准备一个月后的田径比赛	4
明天是好朋友生日，准备好生日礼物	5
跟好朋友微信聊天	1
今天下午和妈妈一起去逛商场	4
周末和同学一起去爬山，不能爽约	3
下个月父母结婚纪念日，记得买礼物	3
明天下午协助老师做课件	4

(4) 将两个表格汇总。

将列表中的事情通过重要性和紧迫性指标来进行综合排序，父母和孩子可参考表 8-4 的格式。

表 8-4　通过综合指标对事情排序

	非常紧迫(5)	紧迫(4)	不是很紧迫(3)	不紧迫(2)	可以推迟(1)
非常重要(5)	复习功课	准备田径比赛			
重要(4)			周末爬山、父母纪念礼物		
不是很重要(3)		帮老师做课件	同学生日礼物		
不重要(2)		和妈妈逛商场			
可有可无(1)					跟朋友聊天

(5) 分类执行列表中的计划。

我们可以看出，列表中的计划综合了两个指标，在做好这个汇总列表之后，父母便可以督促孩子执行计划了。

076 从小事做起

先来看范晔《后汉书》中的一个小故事：

陈蕃，字仲举，汝南平舆人，他祖上做过河东太守。陈蕃十五岁那年，曾独自居住在一小室之内。他父亲同郡友人薛勤亲自上门来拜访，对陈蕃说："小伙子你怎么不洒扫庭院来宴待宾客？"陈蕃却说："大丈夫活在世上，应该扫荡天下，怎么能安居一室之内？"薛勤这才知道陈蕃有激浊扬清的大志向，觉得他与众不同。

——笔者译自《后汉书》

看完这个故事，父母们是不是感觉自己身边有太多的"陈蕃"了？明明自己没有陈蕃这样的能力，偏偏有陈蕃这样的口气。对于一般的孩子来说，有远大的志向并不是不行，关键得从身边最小的事情开始做起，毕竟"千里之行，始于足下"。

如果父母发现孩子好高骛远，可以通过以下的方法纠正，如图8-10所示。

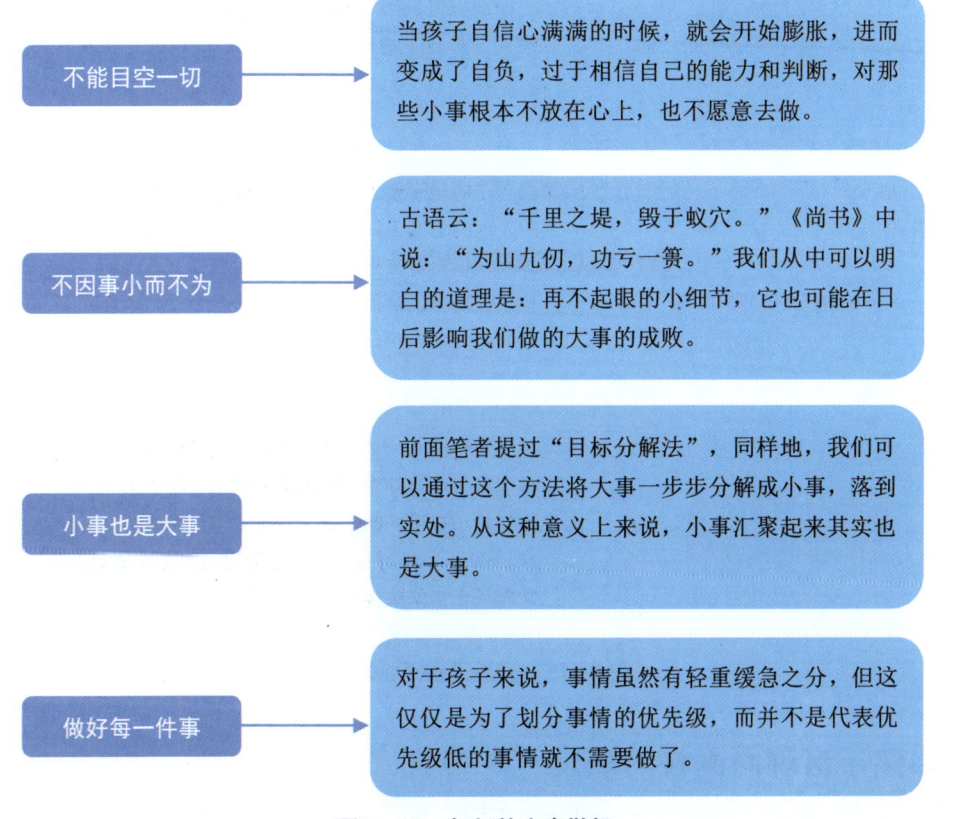

不能目空一切 → 当孩子自信心满满的时候，就会开始膨胀，进而变成了自负，过于相信自己的能力和判断，对那些小事根本不放在心上，也不愿意去做。

不因事小而不为 → 古语云："千里之堤，毁于蚁穴。"《尚书》中说："为山九仞，功亏一篑。"我们从中可以明白的道理是：再不起眼的小细节，它也可能在日后影响我们做的大事的成败。

小事也是大事 → 前面笔者提过"目标分解法"，同样地，我们可以通过这个方法将大事一步步分解成小事，落到实处。从这种意义上来说，小事汇聚起来其实也是大事。

做好每一件事 → 对于孩子来说，事情虽然有轻重缓急之分，但这仅仅是为了划分事情的优先级，而并不是代表优先级低的事情就不需要做了。

图8-10 如何从小事做起

077 纠正"双重标准"

笔者记得不久之前知乎上有一个热门话题，话题中的提问是这样的："一个小女孩问父母，为什么父母总是要求孩子要听父母的话，而父母却从不听孩子的话。"笔者觉得可以这么去分析：前半句表明了父母有很强的控制欲，后半句表明的是父母喜欢用双重标准。

1 家长的双重标准

笔者总结了十多对父母的经验，父母双重标准基本体现在这些方面，如图8-11所示。

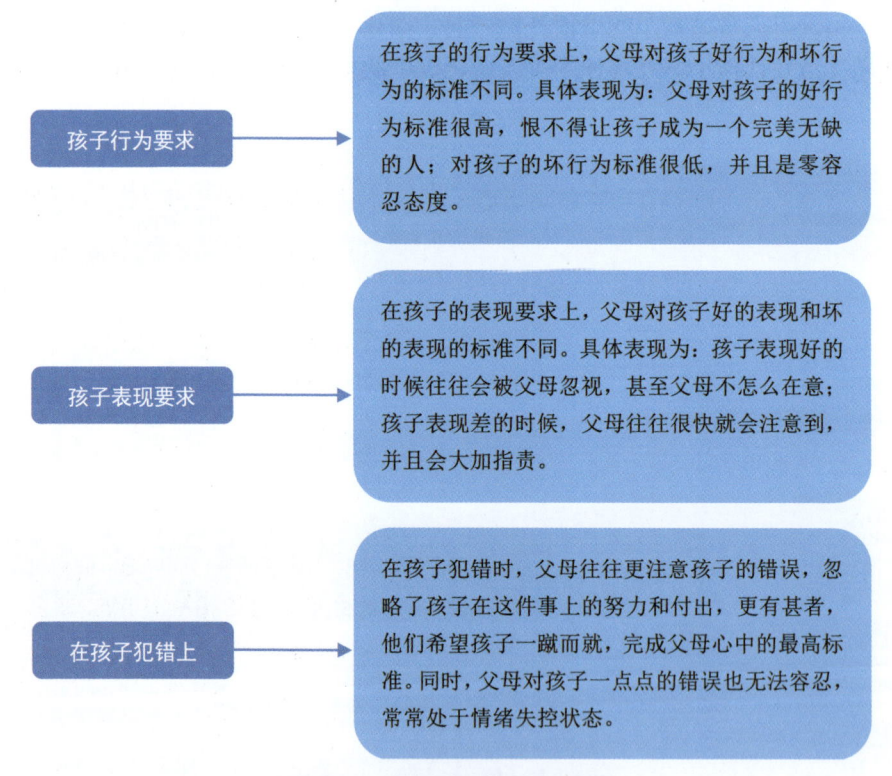

孩子行为要求 → 在孩子的行为要求上，父母对孩子好行为和坏行为的标准不同。具体表现为：父母对孩子的好行为标准很高，恨不得让孩子成为一个完美无缺的人；对孩子的坏行为标准很低，并且是零容忍态度。

孩子表现要求 → 在孩子的表现要求上，父母对孩子好的表现和坏的表现的标准不同。具体表现为：孩子表现好的时候往往会被父母忽视，甚至父母不怎么在意；孩子表现差的时候，父母往往很快就会注意到，并且会大加指责。

在孩子犯错上 → 在孩子犯错时，父母往往更注意孩子的错误，忽略了孩子在这件事上的努力和付出，更有甚者，他们希望孩子一蹴而就，完成父母心中的最高标准。同时，父母对孩子一点点的错误也无法容忍，常常处于情绪失控状态。

图 8-11　家长双重标准的表现

2 孩子出现两面性的表现

孩子是具有两面性的，他们一方面拥有天使一般的纯洁，但是时不时会玩出撒旦一般的恶作剧。

孩子天使的一面表现如下：

(1) 想象力异常丰富；

(2) 动手能力很强，能做出一些新奇的玩意儿；

(3) 敢于认错。

孩子撒旦式的表现具体如下：

(1) 为人固执，不听话；

(2) 性格顽皮，喜欢搞破坏；

(3) 不敢承担责任，喜欢撒谎。

3 孩子出现两面性的原因

孩子不仅在性格上会出现截然相反的一面，而且有时随着场所不同，他们也会呈现出两面性，如有的孩子在家里和学校有截然不同的表现。至于其原因，笔者认为主要有以下3点，如图8-12所示。

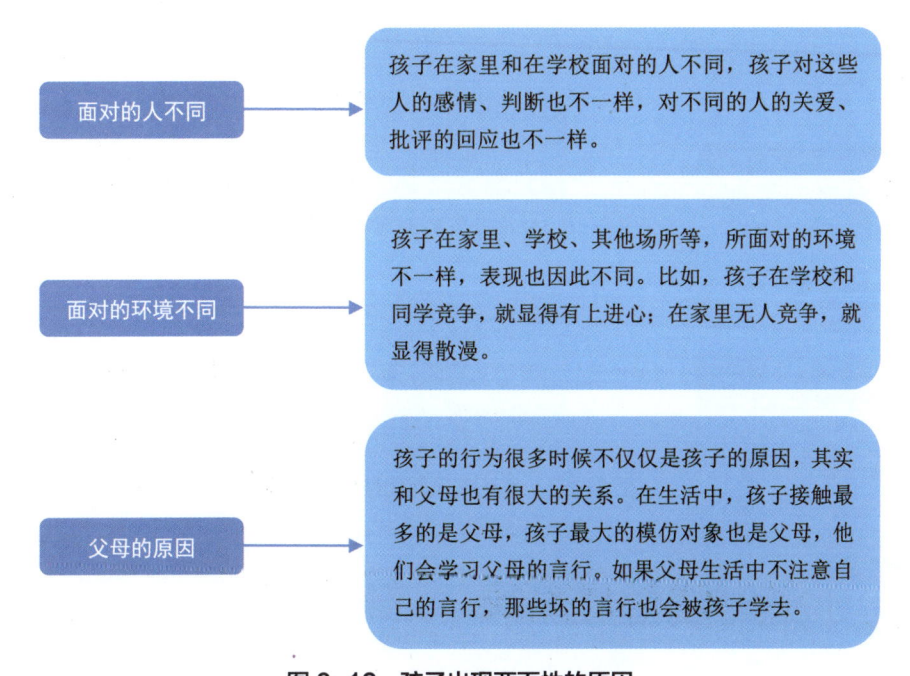

面对的人不同 → 孩子在家里和在学校面对的人不同，孩子对这些人的感情、判断也不一样，对不同的人的关爱、批评的回应也不一样。

面对的环境不同 → 孩子在家里、学校、其他场所等，所面对的环境不一样，表现也因此不同。比如，孩子在学校和同学竞争，就显得有上进心；在家里无人竞争，就显得散漫。

父母的原因 → 孩子的行为很多时候不仅仅是孩子的原因，其实和父母也有很大的关系。在生活中，孩子接触最多的是父母，孩子最大的模仿对象也是父母，他们会学习父母的言行。如果父母生活中不注意自己的言行，那些坏的言行也会被孩子学去。

图 8-12　孩子出现两面性的原因

4 纠正孩子的两面性

如果父母发现孩子出现了两面性，那么可以参考笔者下面提供的方法，如图8-13所示。

尊重孩子	父母需要理性看待孩子这种两面性。对于孩子来说，家是他们温暖的港湾，他们也需要一个空间放松自己，父母应该给孩子一些尊重和理解。
满足合理需求	有些孩子在家里表现得异常活跃，他们可能只是需要父母的关注，可父母因为工作或其他原因，忽视了孩子的感受。因此，父母应该了解孩子的需求，找到安抚孩子的方法。
父母以身作则	孩子最喜欢的是模仿，所以父母要以身作则，为孩子树立良好的榜样，让孩子在与父母相处的过程之中感受到平等。
及时与孩子沟通	当孩子出现很明显的两面性时，父母需要做的是平心静气地和孩子沟通。这样一来可以加深亲子关系，二来可以找到孩子出现两面性的根本原因，从而制定解决问题的方案。
正确爱孩子	父母对孩子不能溺爱，也不能保护过度，需要给孩子一定的空间去思考，让他们在实践中锻炼自己的能力。

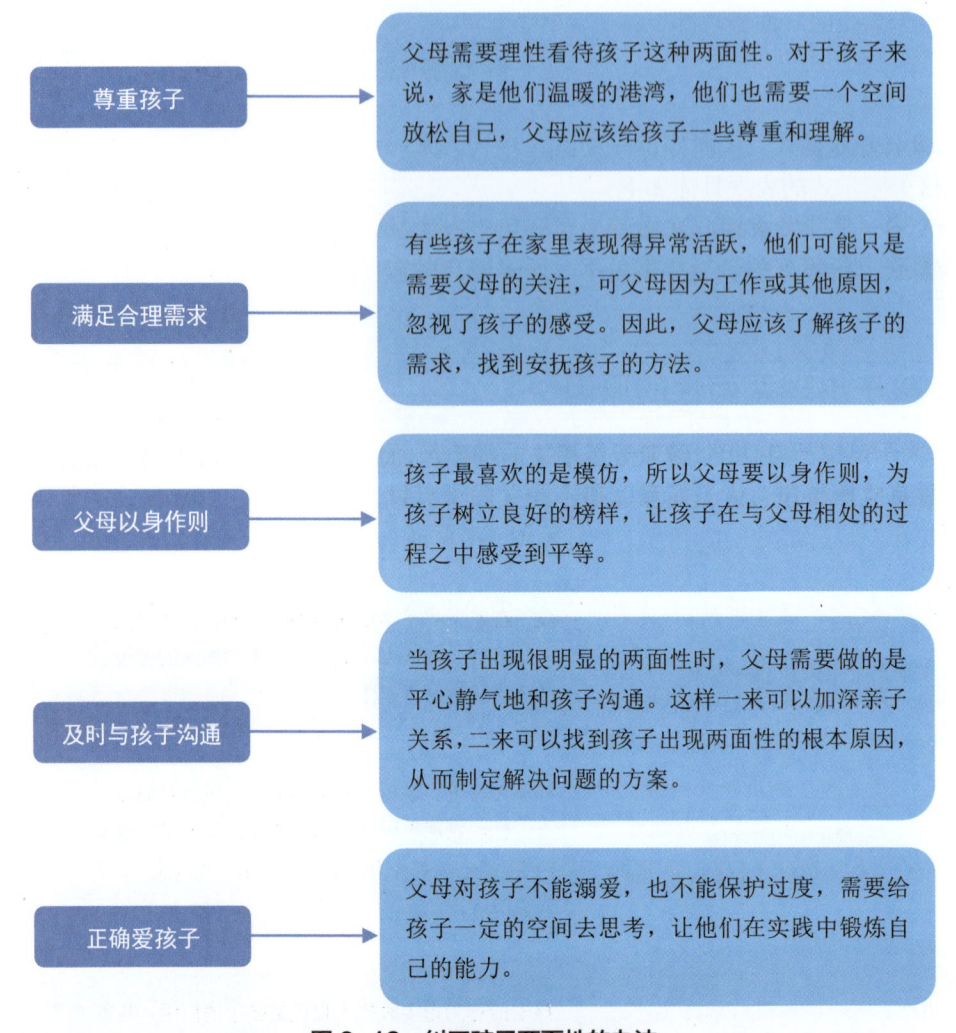

图 8-13　纠正孩子两面性的办法

078　适时调整红星表

前面笔者已经提过红星表，通过红星表的积分和奖励制度，可以大大提高孩子的做事效率。但是在实际使用过程中，如果孩子在一周里都没有拿到某项任务的红星，这就证明此任务的难度较高，因此需要给孩子重新划定红星标准，最高不再全部以"★★★★★"为标准。父母可参考表 8-5 的格式和内容。

表 8-5 红星数量调整表

小目标	任务	红星新标准	说明或备注
小目标一 家里早晨	及时起床漱口	★	
	自己整理床铺，叠好被子	★★★	
	快速吃完早餐，准备自己的书包和餐盒	★★★	
小目标二 学校白天	作文本页面工整，无错别字	★★	
	上课保持好纪律	★★★★	
	小组卫生保持干净	★★	
	得到奖状和老师的表扬	★★	
	上课认真听讲	★	
	上课积极举手回答老师问题	★★★★★	涛涛胆子小，此项难度较高
	积极参加校园文化艺术节	★★★★★	涛涛不敢当众表现才艺，此项难度较高
小目标三 作业质量	按时完成作业	★	
	作业得优	★★★	
	认真检查作业	★★	
小目标四 下午放学	放学立马回家	★	
	适度看电视、玩游戏放松自己	★	
	完成老师布置的作业	★	
	练习钢琴	★★	
	完成三道奥数题	★★★	
	背一首五言绝句古诗	★★	
	阅读一篇课外文章	★★	
	摘录好词好句	★★★	
	自觉上床睡觉	★★★	

当红星标准调整之后，规则也要有相应的变化，孩子表现最好的为表格中"★"的数量，此后按照孩子的表现依次递减，最差为没有红星。

079 制定黑星对照表

父母用鼓励、督促等方法肯定孩子的努力之后，能明显地发现孩子的进步之处。与此同时，孩子的一些问题也渐渐浮现了出来，比如不赖床、按时完成作业，这些小事情他们常常做不好；再比如，限时玩耍、做家务等，孩子常常忘记做。此时，父母可以采用行为结果法增强责任感。

1 行为结果法

我们可以这么说，孩子的认知模式指导着他的行为，孩子的行为决定着他的结果，孩子最终得到的结果是以他自己的认知为基础的，其关系如图8-14所示。

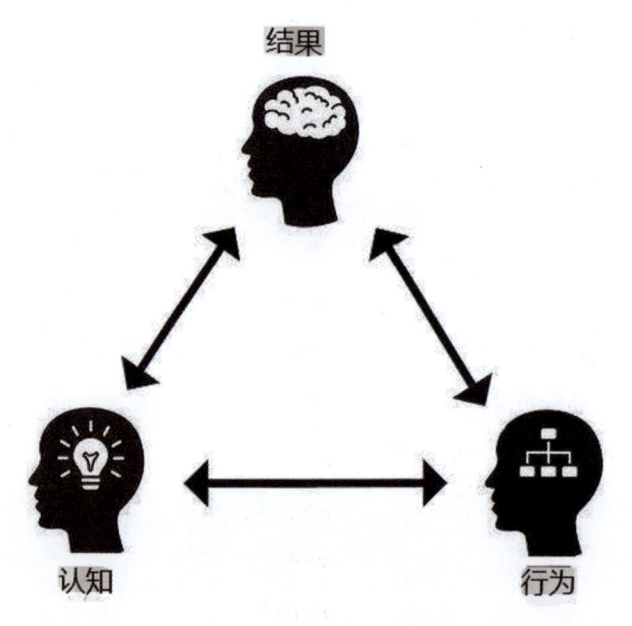

图8-14 认知、行为与结果的关系

认知、行为、结果之间的内部原则如下：
(1) 在一定程度上尊重孩子自己的决定和信念；
(2) 尽可能帮助孩子改正错误的认知；
(3) 改变错误的结果和行为之前，先寻找孩子认知上存在的问题；
(4) 在正确的认知上和孩子建立良好关系。

关于行为结果法的主要内容，如图8-15所示。

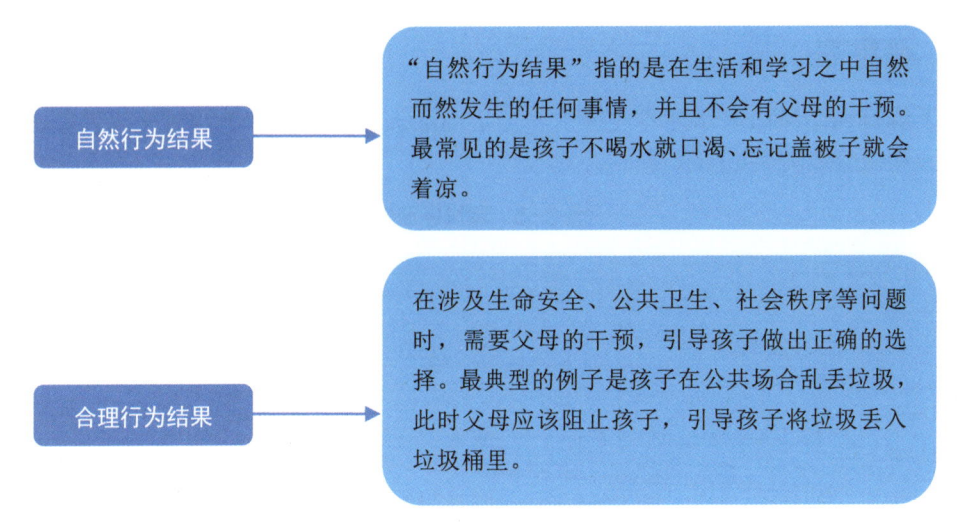

克服懒散，10招提升做事效率 **第8章**

自然行为结果 →	"自然行为结果"指的是在生活和学习之中自然而然发生的任何事情，并且不会有父母的干预。最常见的是孩子不喝水就口渴、忘记盖被子就会着凉。
合理行为结果 →	在涉及生命安全、公共卫生、社会秩序等问题时，需要父母的干预，引导孩子做出正确的选择。最典型的例子是孩子在公共场合乱丢垃圾，此时父母应该阻止孩子，引导孩子将垃圾丢入垃圾桶里。

图 8-15　行为结果法的主要内容

❷ 合理行为结果

前文已经具体解释了行为结果的主要内容，下面介绍合理行为结果的四大原则，如图 8-16 所示。

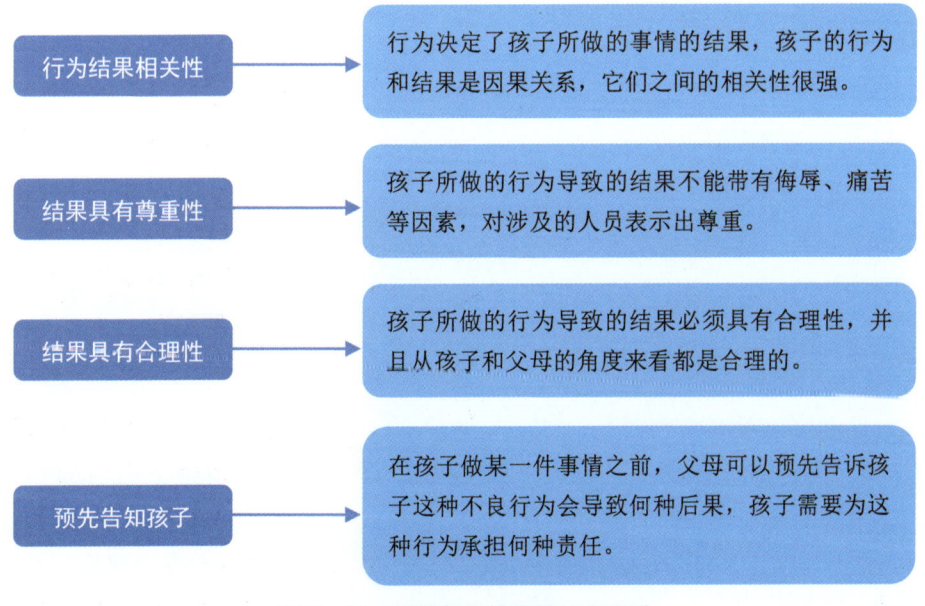

行为结果相关性 →	行为决定了孩子所做的事情的结果，孩子的行为和结果是因果关系，它们之间的相关性很强。
结果具有尊重性 →	孩子所做的行为导致的结果不能带有侮辱、痛苦等因素，对涉及的人员表示出尊重。
结果具有合理性 →	孩子所做的行为导致的结果必须具有合理性，并且从孩子和父母的角度来看都是合理的。
预先告知孩子 →	在孩子做某一件事情之前，父母可以预先告诉孩子这种不良行为会导致何种后果，孩子需要为这种行为承担何种责任。

图 8-16　合理行为结果的四大原则

3 黑星表

了解行为结果法后，笔者建议引入黑星标准表，以警醒孩子及时完成任务，其具体格式和内容如表 8-6 所示。

表 8-6 黑星标准表

小目标	任　务	黑星标准	说明或备注
小目标一 家里早晨	及时起床漱口	★/分钟	孩子起床漱口每拖延 1 分钟就得 1 颗★。
	自己整理床铺，叠好被子	★★/5 分钟	孩子整理床铺每拖延 5 分钟就得 2 颗★。
	快速吃完早餐，准备自己的书包和餐盒	★/10 分钟	孩子吃早餐每拖延 10 分钟就得 1 颗★。
小目标二 学校白天	作文本页面工整，无错别字	★/个错别字	孩子写作文每出现 1 个错别字就得 1 颗★。
	上课保持好纪律	★/次	孩子因纪律问题被扣学分 1 次就得 1 颗★。
	小组卫生保持干净	★/次	孩子因卫生问题被老师扣学分 1 次就得 1 颗★。
	得到奖状和老师的表扬	★/次	孩子被老师批评 1 次就得 1 颗★。
	上课认真听讲	★/次	孩子上课走神 1 次就得 1 颗★。
	上课积极举手回答老师问题	★/次	孩子上课未积极回答老师问题 1 次就得 1 颗★。
	积极参加校园文化艺术节	★/次	孩子未积极参加校园文化艺术节 1 次就得 1 颗★。
小目标三 作业质量	按时完成作业	★/5 分钟	孩子做作业每拖延 5 分钟就得 1 颗★。
	作业得优	★/5 次	孩子每 5 次未得优就得 1 颗★。
	认真检查作业	★/5	孩子作业每错误 1 处就得 1 颗★。
小目标四 下午放学	放学立马回家	★/5 次	孩子未按时回家 5 次就得 1 颗★（特殊情况不算）。
	适度看电视、玩游戏放松自己	★/5 分钟	孩子看电视、打游戏每拖延 5 分钟就得 1 颗★。

续表

小目标	任 务	黑星标准	说明或备注
小目标四 下午放学	完成老师布置的作业	★/次	孩子未完成作业1次就得1颗★。
	练习钢琴	★/次	孩子未练习钢琴1次就得1颗★。
	完成三道奥数题	★/次	孩子每少做一道奥数题1次就得1颗★。
	背一首五言绝句古诗	★/字	孩子每背错1个字就得1颗★。
	阅读一篇课外文章	★/次	孩子未阅读课外文章1次就得1颗★。
	摘录好词好句	★/次	孩子未摘录好词好句1次就得1颗★。
	自觉上床睡觉	★/次	孩子未自觉上床睡觉1次就得1颗★。

如果父母决定引入黑星表，那么孩子当日实际红星数量计算公式如下：

当日实际红星数量＝当日所有红星数量－当日所有黑星数量

080 成绩管理法

什么是成绩管理法？它指的是孩子和父母约定一个评定成绩和作业的办法，当孩子达到这个标准之后，那么孩子就可以自主管理学习。

1 成绩管理法的基本原则

(1) 作业得优或者考试成绩得优(100分得90分、120分得108分、150分得135分)，孩子不需要多做题目；

(2) 作业得优或考试得优，可奖励红星或减少黑星；

(3) 作业成绩低于优的标准，需要补做练习题；

(4) 考试成绩低于优的标准，需要补做试卷。

此4个原则仅供父母参考，父母可以根据孩子的实际情况对成绩管理法基本原则进行修改。

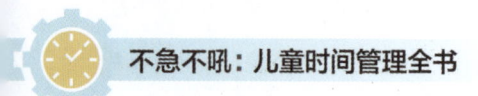

② 成绩管理法的运用

除了前文所说的 4 个原则需要父母根据孩子实际情况进行修改外，在成绩管理法运用过程中父母也需要考虑以下问题，如图 8-17 所示。

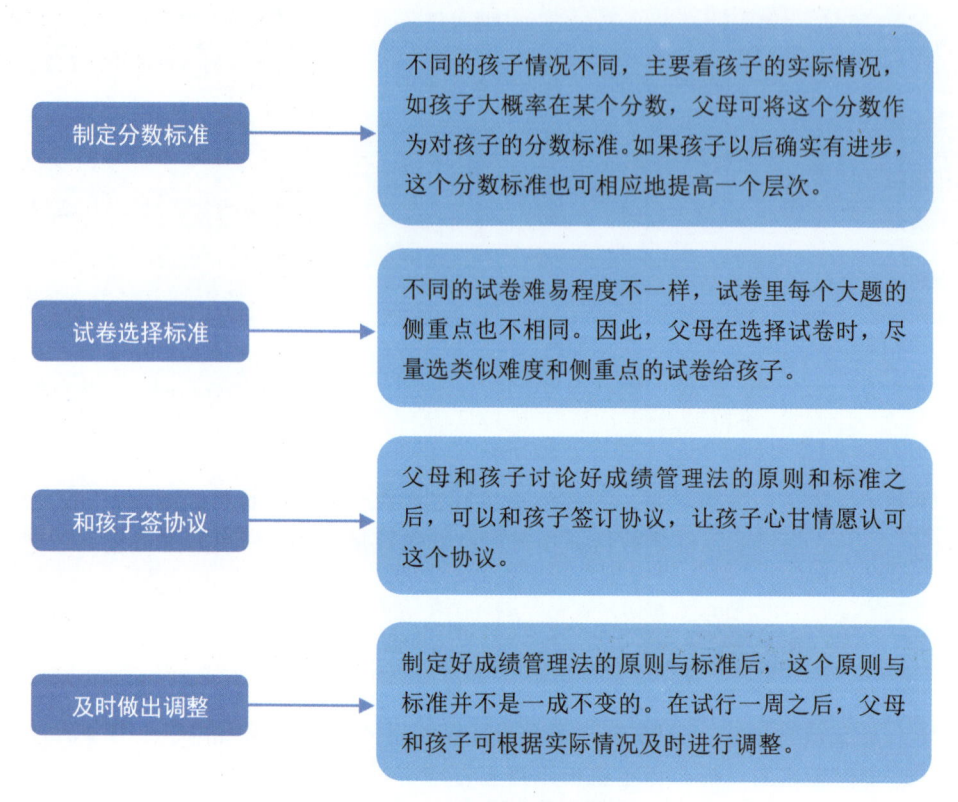

制定分数标准 → 不同的孩子情况不同，主要看孩子的实际情况，如孩子大概率在某个分数，父母可将这个分数作为对孩子的分数标准。如果孩子以后确实有进步，这个分数标准也可相应地提高一个层次。

试卷选择标准 → 不同的试卷难易程度不一样，试卷里每个大题的侧重点也不相同。因此，父母在选择试卷时，尽量选类似难度和侧重点的试卷给孩子。

和孩子签协议 → 父母和孩子讨论好成绩管理法的原则和标准之后，可以和孩子签订协议，让孩子心甘情愿认可这个协议。

及时做出调整 → 制定好成绩管理法的原则与标准后，这个原则与标准并不是一成不变的。在试行一周之后，父母和孩子可根据实际情况及时进行调整。

图 8-17　成绩管理法的运用

第 9 章

学会管理，10招提高孩子自控力

学前提示

很多时候，孩子在学习过程中很容易控制不住自己，坐在桌子上玩橡皮；或者是一听到外面小伙伴们玩耍时的嬉闹声，心思就已经不在学习上，父母的谆谆告诫已经抛到耳后了……鉴于孩子的这种状况，笔者提供10招有效的教育方法，帮父母更好地管理孩子。

要点展示

- ▶ 讲解情绪链
- ▶ 提前打好预防针
- ▶ 情绪合理宣泄
- ▶ 兴趣吸引法
- ▶ 自控力测试
- ▶ 游戏辅助培养
- ▶ 矫正孩子行为
- ▶ 给孩子立规矩
- ▶ 有效的惩罚方式
- ▶ 科学的教育方式

081　讲解情绪链

佛经上说："人生有八苦，生、老、病、死、爱别离、恨长久、求不得、放不下。"这些境遇加上七情六欲等情绪，构成了我们精彩的人生。

1　人类的情绪中心

人的大脑是非常奇妙的东西，而大脑中的情绪中心对人的影响是非常大的，如图 9-1 所示。

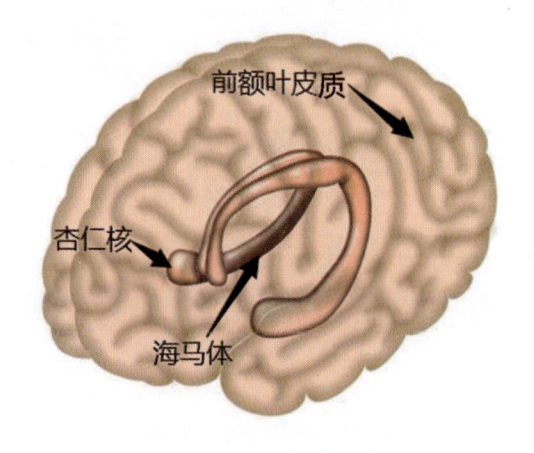

图 9-1　大脑部分结构

人类情绪中心主要包括杏仁核 (Amygdala) 和海马体 (Hippocampus)，其中杏仁核又名杏仁体，也有书籍翻译成扁桃体 (非呼吸道与消化道交汇处的腭扁桃体)。人类理性中心主要指的是人的前额叶皮质 (Dorso Lateral Pre Frontal Cortex，简称为 DLPFC)。最著名的案例是英国工人盖吉 (Gage) 被一根铁棍贯穿整个脑部后侥幸活了下来，如图 9-2 所示。但是盖吉大脑的前额叶皮质遭到损伤，导致他无法控制自己的情绪，性格大变，无法适应社会生活。

(1) 杏仁核 (Amygdala)。

杏仁核因呈杏仁状而得名，它是人类的情绪感知中心，通过复杂的加工判断接收到的刺激信号是否有威胁性。

(2) 海马体 (Hippocampus)。

海马体是人类的学习记忆中心，类似于电脑的储存芯片，但是人类的大脑远比计算机要复杂。海马体还负责将接收到的恐惧情绪信号和周围的环境联系起来。

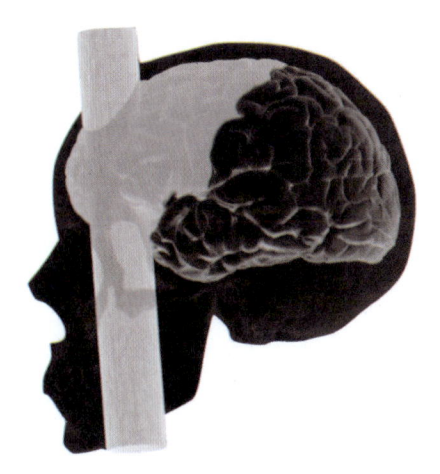

图 9-2　铁棍贯穿盖吉大脑示意图（灰色部分为前额叶皮质）

(3) 前额叶皮质 (Dorso Lateral Pre Frontal Cortex，简称为 DLPFC)。
前额叶皮质是人类的执行控制中心，主要控制着人类的思想、情绪和动作。

2　负面情绪的危害

如果孩子在成长过程中挫败感太强，或者父母经常在孩子面前发泄情绪，那么孩子的杏仁核就会积累大量的负面情绪，对孩子造成严重的危害，如图 9-3 所示。

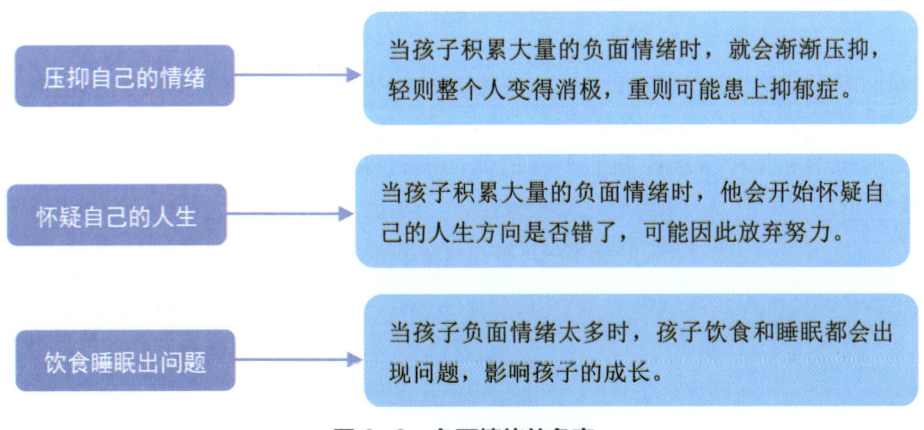

压抑自己的情绪	当孩子积累大量的负面情绪时，就会渐渐压抑，轻则整个人变得消极，重则可能患上抑郁症。
怀疑自己的人生	当孩子积累大量的负面情绪时，他会开始怀疑自己的人生方向是否错了，可能因此放弃努力。
饮食睡眠出问题	当孩子负面情绪太多时，孩子饮食和睡眠都会出现问题，影响孩子的成长。

图 9-3　负面情绪的危害

3　情绪类型

孩子的情绪类型主要和父母的教育方式有关系，而在情绪控制上，父母的教育方式大致可以分为以下 4 类，如图 9-4 所示。

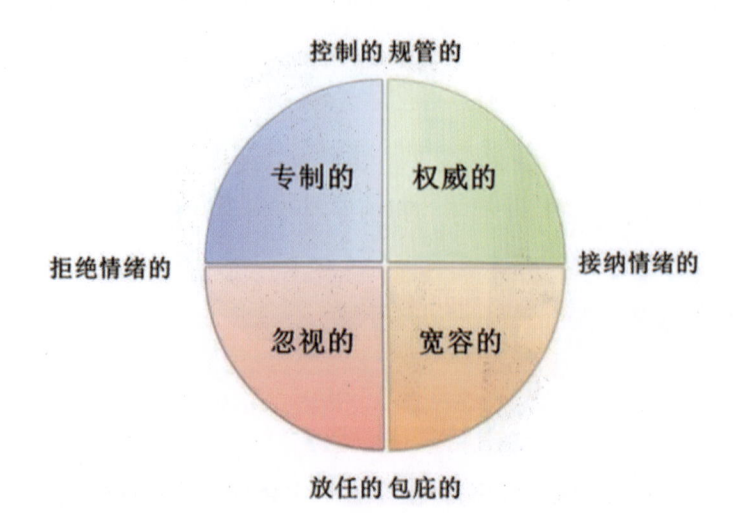

图 9-4　父母教育方式分类

第一类：权威型的教育方式是最有利于孩子成长的，父母能够体谅孩子的情绪，并且能为孩子树立榜样。

第二类：对于过于任性的孩子来说，宽容型的教育方式是不太好的，父母对孩子宽容的程度很难把握，如果出现纵容过度的情况，容易使孩子变得娇弱。

第三类：当孩子年龄还小的时候，如果父母采用的是忽视型的教育方式，那么孩子的情绪很容易被父母所忽视，孩子长大后可能会因为性格和情绪的问题而无法融入社会。

第四类：当孩子进入青春期后，如果父母采用的是专制型的教育方式，很有可能会出现反弹的情况，孩子会故意忤逆父母。

根据孩子和父母情绪控制的不同情况，我们可以将父母和孩子分成 4 个类型，如表 9-1 所示。

表 9-1　父母与孩子情绪类型

孩子的情绪类型	父母类型	教育方式	表现
安全型孩子	安全型父母	权威型教育方式	家庭教育方式适应性强，孩子和父母的自主能力都很强。
矛盾焦虑型孩子	专制型父母	专制型教育方式	孩子的表现令人生气，对父母的依赖心很强。
回避型孩子	不称职的父母	宽容型教育方式	父母的过度宽容导致孩子产生不安全感，家庭风格相对散漫。

续表

孩子的情绪类型	父母类型	教育方式	表　现
紊乱型孩子	可怕的父母	忽视型教育方式	父母缺乏对孩子情绪的关注，导致孩子产生强烈的不安全感，家庭风格是无导向型的。

4 四个时刻

孩子最需要父母关爱和安抚情绪的时刻主要有 4 个：父母因工作原因与孩子暂时分离的时刻、父母与孩子相聚的时刻、孩子需要父母陪伴的时刻、孩子希望得到鼓励或表扬的时刻，如图 9-5 所示。

图 9-5　4 个时刻

082　提前打好预防针

父母在和孩子相处的过程中，如果发现孩子反复出现同一个情绪，可以尝试用笔者下面提出的方法进行预防，如图 9-6 所示。

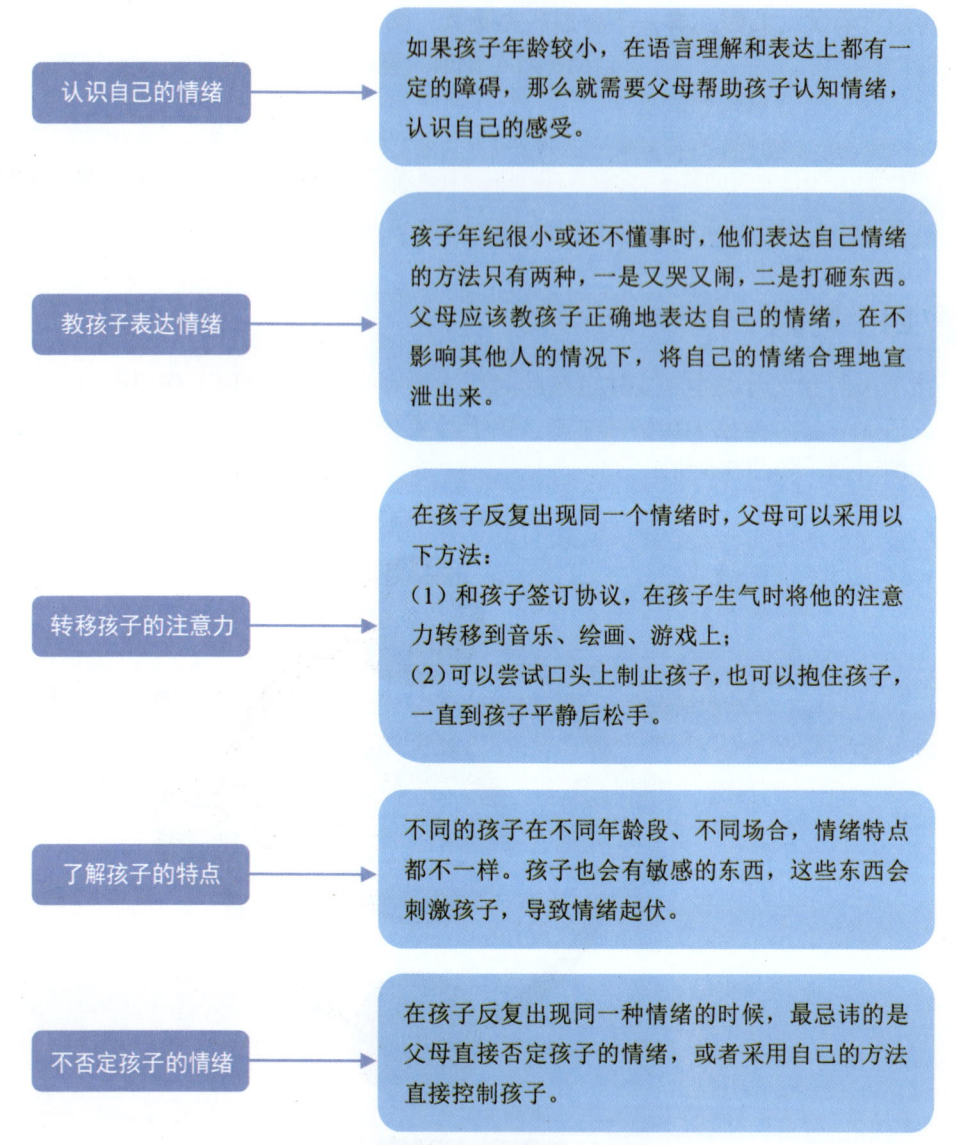

认识自己的情绪	如果孩子年龄较小，在语言理解和表达上都有一定的障碍，那么就需要父母帮助孩子认知情绪，认识自己的感受。
教孩子表达情绪	孩子年纪很小或还不懂事时，他们表达自己情绪的方法只有两种，一是又哭又闹，二是打砸东西。父母应该教孩子正确地表达自己的情绪，在不影响其他人的情况下，将自己的情绪合理地宣泄出来。
转移孩子的注意力	在孩子反复出现同一个情绪时，父母可以采用以下方法： （1）和孩子签订协议，在孩子生气时将他的注意力转移到音乐、绘画、游戏上； （2）可以尝试口头上制止孩子，也可以抱住孩子，一直到孩子平静后松手。
了解孩子的特点	不同的孩子在不同年龄段、不同场合，情绪特点都不一样。孩子也会有敏感的东西，这些东西会刺激孩子，导致情绪起伏。
不否定孩子的情绪	在孩子反复出现同一种情绪的时候，最忌讳的是父母直接否定孩子的情绪，或者采用自己的方法直接控制孩子。

图 9-6　预防孩子反复出现同一个情绪的方法

083　情绪合理宣泄

前文已经提过父母如何控制情绪，其针对的人群是家长，本节叙述的内容针对的是孩子。因针对的人群不同，叙述的角度和具体细节也有偏差。

1 合理宣泄情绪原则

在孩子合理宣泄情绪问题上，父母们问得最多的问题是孩子如何做到"合理"？关于这个"度"的把握，笔者给出 6 个合理宣泄情绪的原则，如图 9-7 所示。

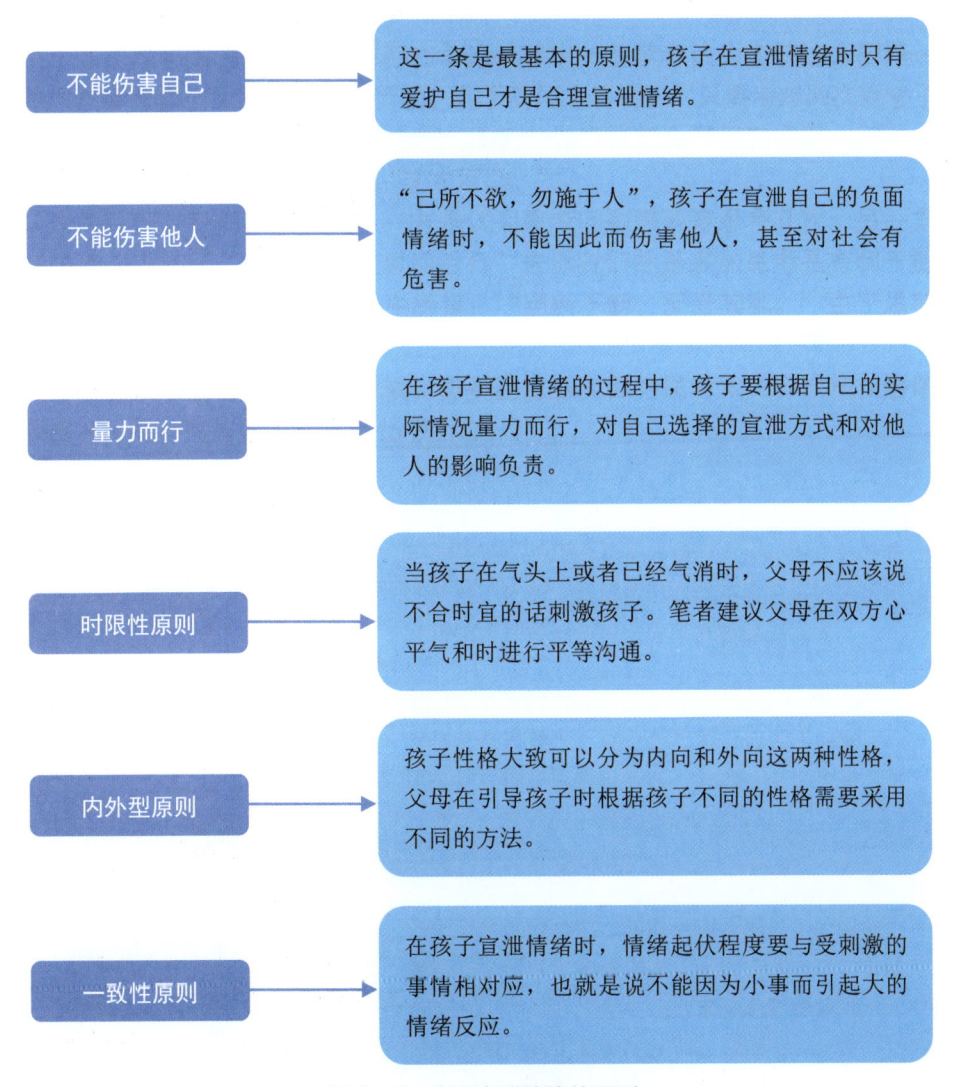

不能伤害自己 → 这一条是最基本的原则，孩子在宣泄情绪时只有爱护自己才是合理宣泄情绪。

不能伤害他人 → "己所不欲，勿施于人"，孩子在宣泄自己的负面情绪时，不能因此而伤害他人，甚至对社会有危害。

量力而行 → 在孩子宣泄情绪的过程中，孩子要根据自己的实际情况量力而行，对自己选择的宣泄方式和对他人的影响负责。

时限性原则 → 当孩子在气头上或者已经气消时，父母不应该说不合时宜的话刺激孩子。笔者建议父母在双方心平气和时进行平等沟通。

内外型原则 → 孩子性格大致可以分为内向和外向这两种性格，父母在引导孩子时根据孩子不同的性格需要采用不同的方法。

一致性原则 → 在孩子宣泄情绪时，情绪起伏程度要与受刺激的事情相对应，也就是说不能因为小事而引起大的情绪反应。

图 9-7　合理宣泄情绪的原则

2 合理宣泄情绪的方法

笔者总结了一些可供孩子合理宣泄情绪的方法，可供父母和孩子参考，如图 9-8

所示。

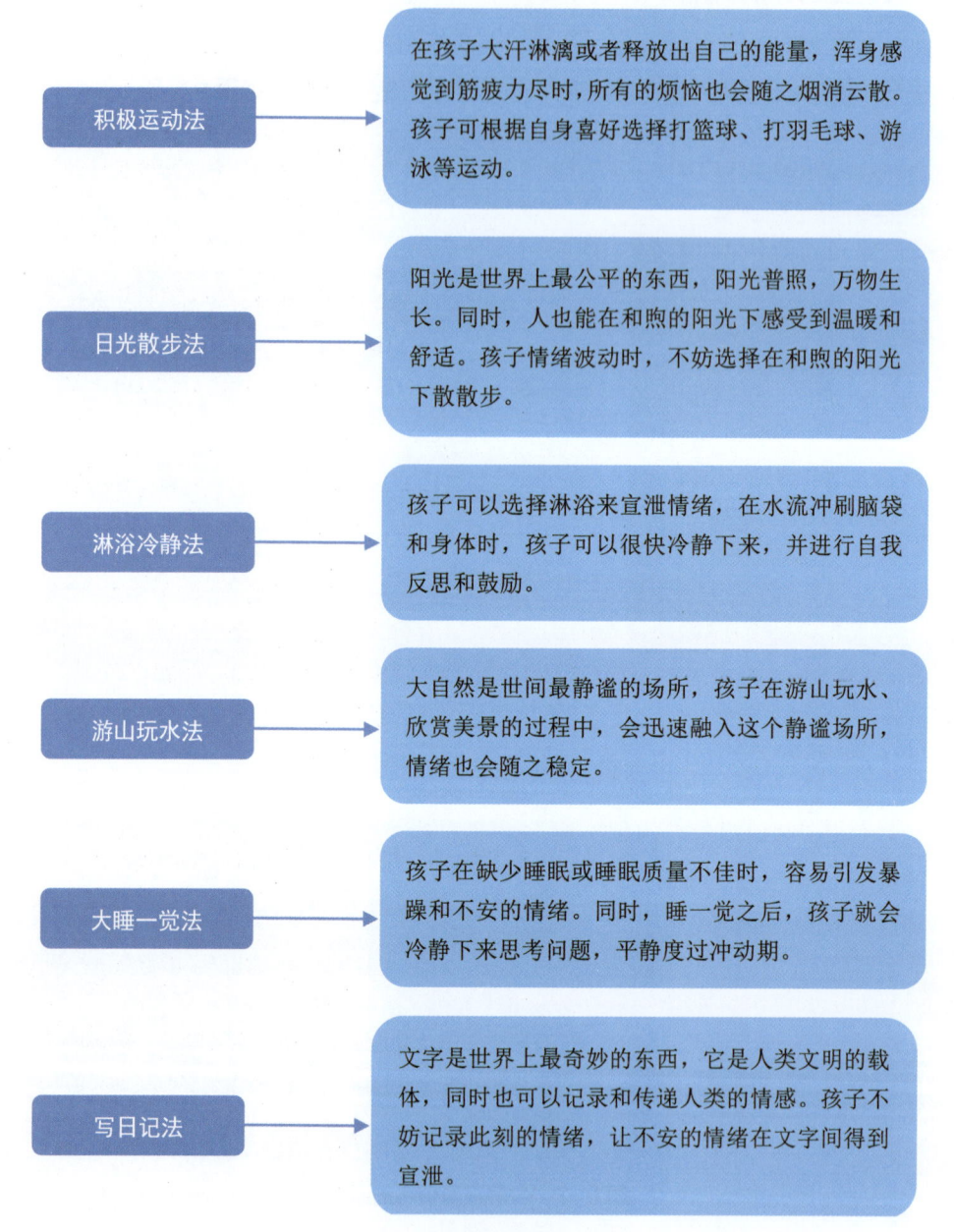

积极运动法	在孩子大汗淋漓或者释放出自己的能量，浑身感觉到筋疲力尽时，所有的烦恼也会随之烟消云散。孩子可根据自身喜好选择打篮球、打羽毛球、游泳等运动。
日光散步法	阳光是世界上最公平的东西，阳光普照，万物生长。同时，人也能在和煦的阳光下感受到温暖和舒适。孩子情绪波动时，不妨选择在和煦的阳光下散散步。
淋浴冷静法	孩子可以选择淋浴来宣泄情绪，在水流冲刷脑袋和身体时，孩子可以很快冷静下来，并进行自我反思和鼓励。
游山玩水法	大自然是世间最静谧的场所，孩子在游山玩水、欣赏美景的过程中，会迅速融入这个静谧场所，情绪也会随之稳定。
大睡一觉法	孩子在缺少睡眠或睡眠质量不佳时，容易引发暴躁和不安的情绪。同时，睡一觉之后，孩子就会冷静下来思考问题，平静度过冲动期。
写日记法	文字是世界上最奇妙的东西，它是人类文明的载体，同时也可以记录和传递人类的情感。孩子不妨记录此刻的情绪，让不安的情绪在文字间得到宣泄。

图 9-8 合理宣泄情绪的方法

084 兴趣吸引法

2020年初，周杰伦的歌曲《听妈妈的话》上了抖音的热门话题，究其原因竟然是其中一句歌词——"小朋友，你是否有很多问号？"随后这段歌词引发的现象成为了一种亚文化，如图9-9所示。

(a)《听妈妈的话》歌曲　　　　(b)《听妈妈的话》相关热门话题

图9-9　《听妈妈的话》引发讨论

"小朋友，你是否有很多问号？"本意说的是孩子的好奇心和兴趣，并没有现在的网络引申义。但值得深究的是，孩子的兴趣究竟来源于哪里？如图9-10所示。

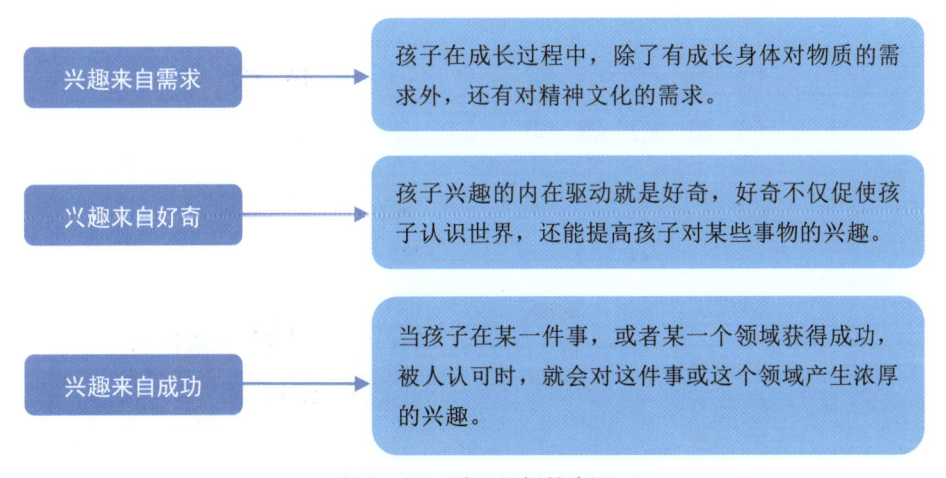

兴趣来自需求	孩子在成长过程中，除了有成长身体对物质的需求外，还有对精神文化的需求。
兴趣来自好奇	孩子兴趣的内在驱动就是好奇，好奇不仅促使孩子认识世界，还能提高孩子对某些事物的兴趣。
兴趣来自成功	当孩子在某一件事，或者某一个领域获得成功，被人认可时，就会对这件事或这个领域产生浓厚的兴趣。

图9-10　孩子兴趣的来源

那么，父母如何利用孩子的兴趣来提高孩子的自控力？笔者有以下3点建议，如图 9-11 所示。

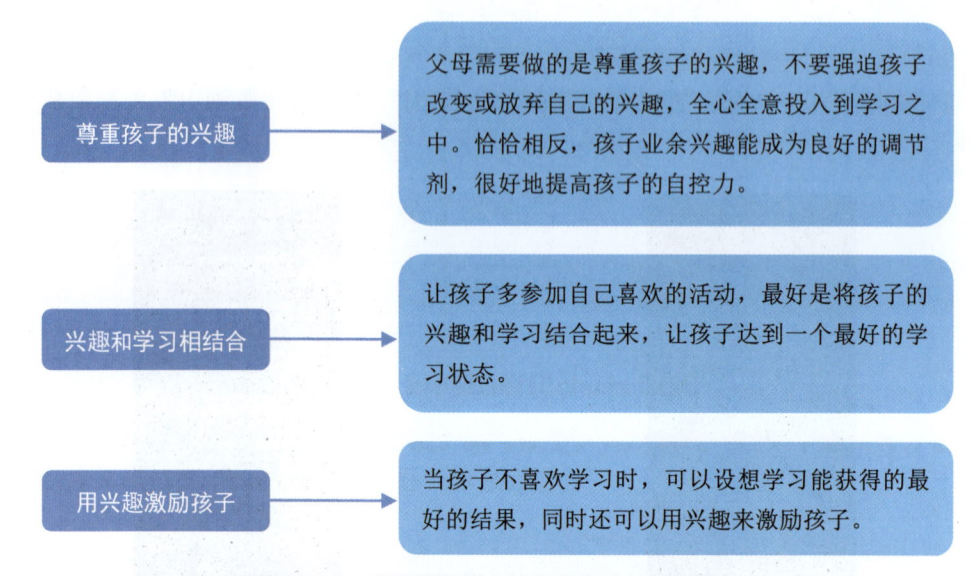

尊重孩子的兴趣 → 父母需要做的是尊重孩子的兴趣，不要强迫孩子改变或放弃自己的兴趣，全心全意投入到学习之中。恰恰相反，孩子业余兴趣能成为良好的调节剂，很好地提高孩子的自控力。

兴趣和学习相结合 → 让孩子多参加自己喜欢的活动，最好是将孩子的兴趣和学习结合起来，让孩子达到一个最好的学习状态。

用兴趣激励孩子 → 当孩子不喜欢学习时，可以设想学习能获得的最好的结果，同时还可以用兴趣来激励孩子。

图 9-11　利用孩子的兴趣来提高孩子的自控力

父母还可以给孩子报一些兴趣班，辅助孩子提高对学习的兴趣，如图 9-12 所示为兴趣班培训类微信小程序。

图 9-12　兴趣班培训类微信小程序

085 自控力测试

笔者列出了一个孩子自控力测试表，如表9-2所示，请父母按照孩子的真实表现填写表格（经常出现记2分，偶尔出现记1分，没有出现记0分）。

表9-2 孩子自控力测试表

题 目	经常出现	偶尔出现	没有出现
(1) 无论是不是周末，孩子都无法按时睡觉，也无法按时起床。			
(2) 孩子自己制订的学习计划难以按时完成。			
(3) "下次再也不这样了！"和"这是最后一次了！"是孩子的口头禅。			
(4) 孩子经常做出令自己后悔的事情。			
(5) 跑步、爬山、打羽毛球等体育运动，孩子很难坚持下来，过一段时间就会放弃。			
(6) 孩子的作息时间不稳定，基本是按性子来。			
(7) 孩子花零用钱没有计划，一个星期没过完就几乎把零用钱用完了。			
(8) 孩子脾气比较犟，父母很难说服他去完成一个目标。			
(9) 有时候孩子连自己喜欢做的事情也无法坚持下去。			
(10) 朋友们在玩游戏或者做其他娱乐活动时，孩子总是因为控制不住自己而停止当前的学习。			
(11) 孩子心态很随便，做事轻浮，认为一件事情能完成就完成，完不成就算了，反正也没多大的影响。			
(12) 孩子经常因为自己的失误陷入一些麻烦之中。			
(13) 孩子经常谈论一些子虚乌有的事情，并且信以为真，沉溺于其中。			
(14) 孩子总是会衡量事情的重要性，如果事情不重要，他根本不会在意。			
(15) 孩子总是因为各种顾虑，无法下定决心。			

续表

题 目	经常出现	偶尔出现	没有出现
(16) 孩子好不容易下定决心做一件事，但是没过多久就提不起劲，甚至半途而废。			
(17) 朋友基本不会相信孩子的承诺。			
(18) 父母陪孩子逛街，孩子购买的物品总是会超过他自己的购买预期。			
(19) 孩子坚信"今朝有酒今朝醉，明日愁来明日愁"这类消极的思想，甚至身体力行。			
(20) 孩子总是无法静下心来认真阅读完一整本书。			
(21) 对于枯燥而又乏味的事情，孩子从不感兴趣，而且从不会尝试去做。			
(22) 孩子习惯了有别人的帮助，在学习和生活中遇到困难，第一反应不是自己想办法，而是期待别人的援助，或者直接四处求援。			
(23) 孩子一旦遇到小困难或小阻碍，就会改变想法，放弃一直以来的努力。			
(24) 孩子喜欢好高骛远，这个目标还未完成，就希望去完成更高的目标，最后一事无成。			
(25) 对于别人的意见，孩子总是想都不想，全盘接受。			

父母在填完表格后，按照上面的表述统计分数，然后查看自己孩子的分数在哪个区间，便可知道孩子的坏习惯严不严重。

(1)1~18 分：孩子自控力很强，在学习和生活中总能有自己的想法，有自己的计划，不容易受到外界的干扰。

(2)19~36 分：孩子自控能力一般，需要父母对孩子进行监督和管理，加强孩子的自控能力。

(3)37~50 分：孩子自控力太差，他在生活和学习中总是无法独立或专注地完成一件事情，需要父母加强对孩子的监督和教育。

086 游戏辅助培养

"游戏"一词按语言学中的词语结构划分应该属于偏正结构，整个词的重心落在"戏"字上，段玉裁在《说文解字注》中是这么解释"戏"字的："一曰兵也。一说谓兵械之名也。引申为戏豫、戏谑。以兵杖可玩弄也。可相斗也。故相狎亦曰戏谑。"意思就是说"戏"本来是兵器的名字，我们从右边"戈"依然可以这一点。因为兵器可以用来打闹，于是"戏"引申为"嬉戏""戏谑"之意。

从广义上来说，"游戏"是人类生存和学习的第一步。为此，父母并不需要谈游戏色变，甚至认为游戏就是毒草，这是一种错误的观念。不过，父母的担心不无道理。如图 9-13 所示，是腾讯出品的热门游戏"王者荣耀"，一开始它将游戏角色荆轲设定为女性，导致很多孩子误以为历史人物荆轲是女性，后来经有关部门督促，腾讯已经将游戏角色荆轲改名为阿轲。

图 9-13 "王者荣耀"启动页

不过，游戏依然对年纪较小的孩子存在一些误导。笔者印象最深的是某老师上课叫同学回答问题——"李白是我国最伟大的什么？"孩子不假思索地回答："刺客。"孩子这么回答的原因是"王者荣耀"游戏中李白的属性是刺客。

父母需要明白的是，游戏本身不是"毒草"，使得游戏成为毒草的是人本身。如果孩子利用得好，依然可以从游戏中学习很多的知识。

生活中最常见的游戏是元宵节的灯谜，它不仅具有趣味性，还能启发孩子的思维。于是乎，有的抖音红包、微信小程序红包就设计成了答题或猜字谜赢红包，以吸引更多人的注意。

另外一类游戏就非"推箱子""俄罗斯方块"莫属了，如图 9-14 所示。看到这里很多家长肯定会嗤之以鼻，"推箱子""俄罗斯方块"这种幼稚的游戏居然也能叫游戏？

其实,"推箱子""俄罗斯方块"关卡越到后面越难,它不仅能训练孩子的空间想象力,在一定程度上还能培养孩子的专注力。对于年龄不大的孩子,父母可以尝试让孩子玩"推箱子""俄罗斯方块"这类益智游戏,锻炼孩子的思维。

(a) "推箱子"游戏　　　　　　　　(b) "俄罗斯方块"游戏

图 9-14　益智游戏

在"推箱子""俄罗斯方块"这类益智游戏的基础上,有人开发出了一些结合孩子课堂知识的益智小游戏,可帮助孩子巩固课堂所学知识,如图 9-15 所示。

图 9-15　结合孩子课堂知识的益智小游戏

087 矫正孩子的行为

影响孩子自控力的行为往往是孩子不经意的一些不良行为，比如咬指甲、转笔头、歪头斜脑等。那么，导致孩子产生不良行为的原因和最终解决办法是什么？

1 多动症

多动症是孩子身上最常见的精神行为障碍之一。根据研究，孩子进入青春期后，他的大部分多动症症状会消失，但是也有部分孩子会将注意力不集中、自控力差遗留下来。多动症的主要诱发因素有以下 6 种，如图 9-16 所示。

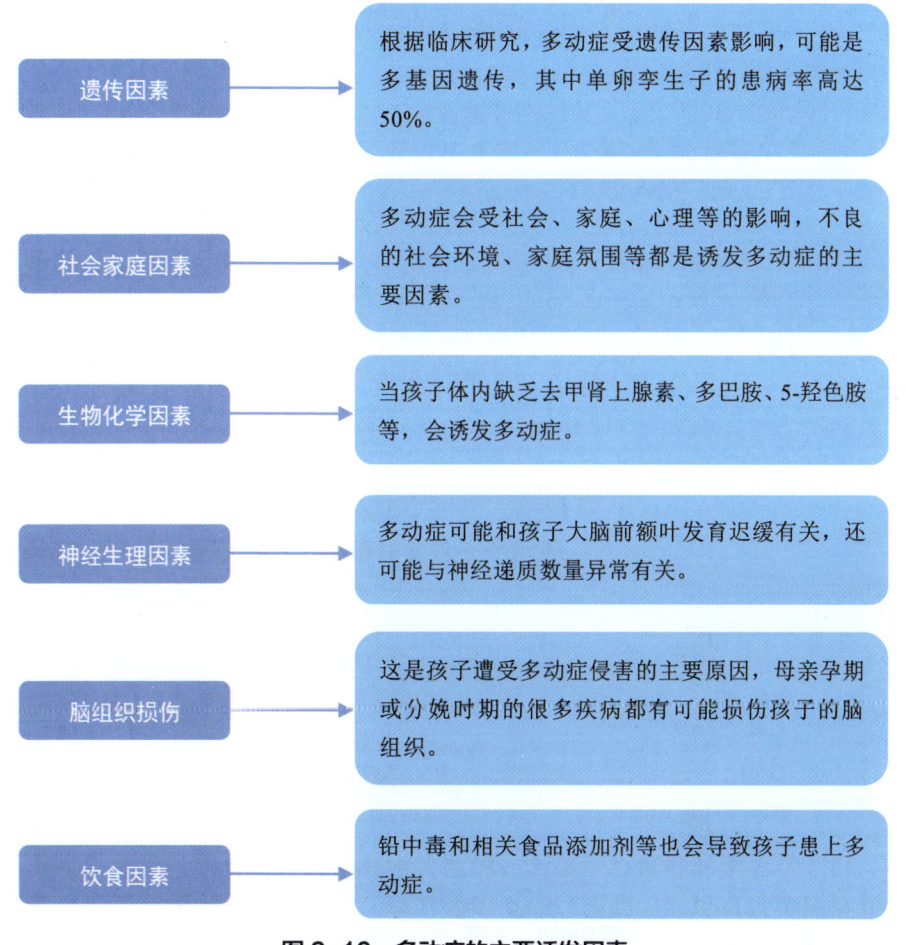

遗传因素：根据临床研究，多动症受遗传因素影响，可能是多基因遗传，其中单卵孪生子的患病率高达 50%。

社会家庭因素：多动症会受社会、家庭、心理等的影响，不良的社会环境、家庭氛围等都是诱发多动症的主要因素。

生物化学因素：当孩子体内缺乏去甲肾上腺素、多巴胺、5-羟色胺等，会诱发多动症。

神经生理因素：多动症可能和孩子大脑前额叶发育迟缓有关，还可能与神经递质数量异常有关。

脑组织损伤：这是孩子遭受多动症侵害的主要原因，母亲孕期或分娩时期的很多疾病都有可能损伤孩子的脑组织。

饮食因素：铅中毒和相关食品添加剂等也会导致孩子患上多动症。

图 9-16　多动症的主要诱发因素

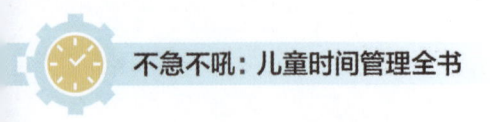

多动症的主要表现：
(1) 孩子经常表现为活动过多；
(2) 孩子注意力不集中；
(3) 孩子做事情容易冲动。

多动症的主要治疗方式：
(1) 药物治疗法；
(2) 行为动作治疗法；
(2) 家庭治疗法。

药物治疗法主要有以下缺陷或问题，如图9-17所示，笔者不主张父母使用药物治疗法治疗孩子的多动症。

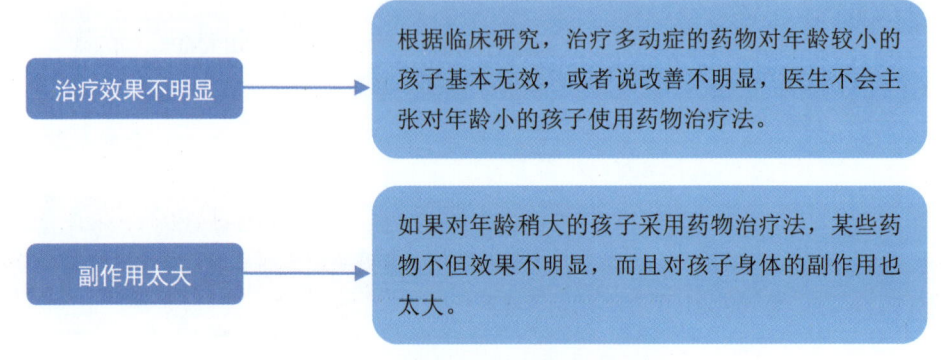

治疗效果不明显	→	根据临床研究，治疗多动症的药物对年龄较小的孩子基本无效，或者说改善不明显，医生不会主张对年龄小的孩子使用药物治疗法。
副作用太大	→	如果对年龄稍大的孩子采用药物治疗法，某些药物不但效果不明显，而且对孩子身体的副作用也太大。

图9-17 药物治疗法的缺陷或问题

家庭治疗法的具体做法如图9-18所示。

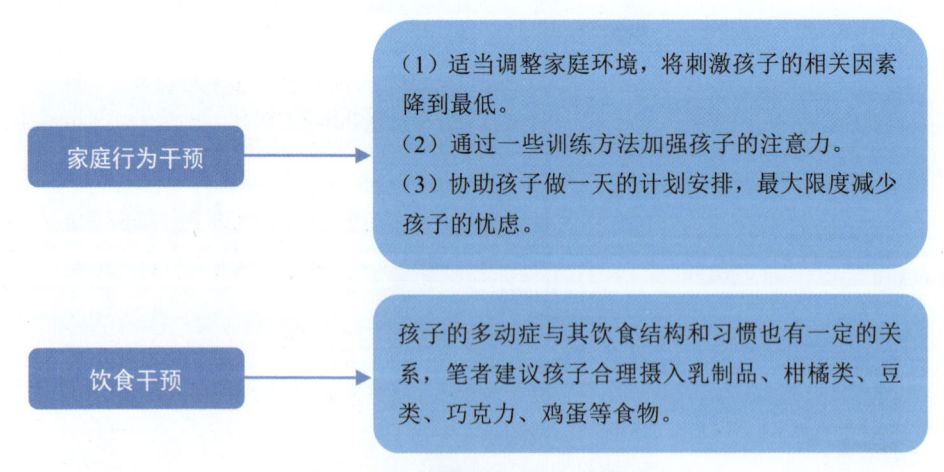

家庭行为干预	→	（1）适当调整家庭环境，将刺激孩子的相关因素降到最低。 （2）通过一些训练方法加强孩子的注意力。 （3）协助孩子做一天的计划安排，最大限度减少孩子的忧虑。
饮食干预	→	孩子的多动症与其饮食结构和习惯也有一定的关系，笔者建议孩子合理摄入乳制品、柑橘类、豆类、巧克力、鸡蛋等食物。

图9-18 家庭治疗法的具体做法

2 矫正孩子的不良行为

如果孩子不是多动症导致的不良行为,笔者建议父母从以下几个方面入手进行矫正,如图 9-19 所示。

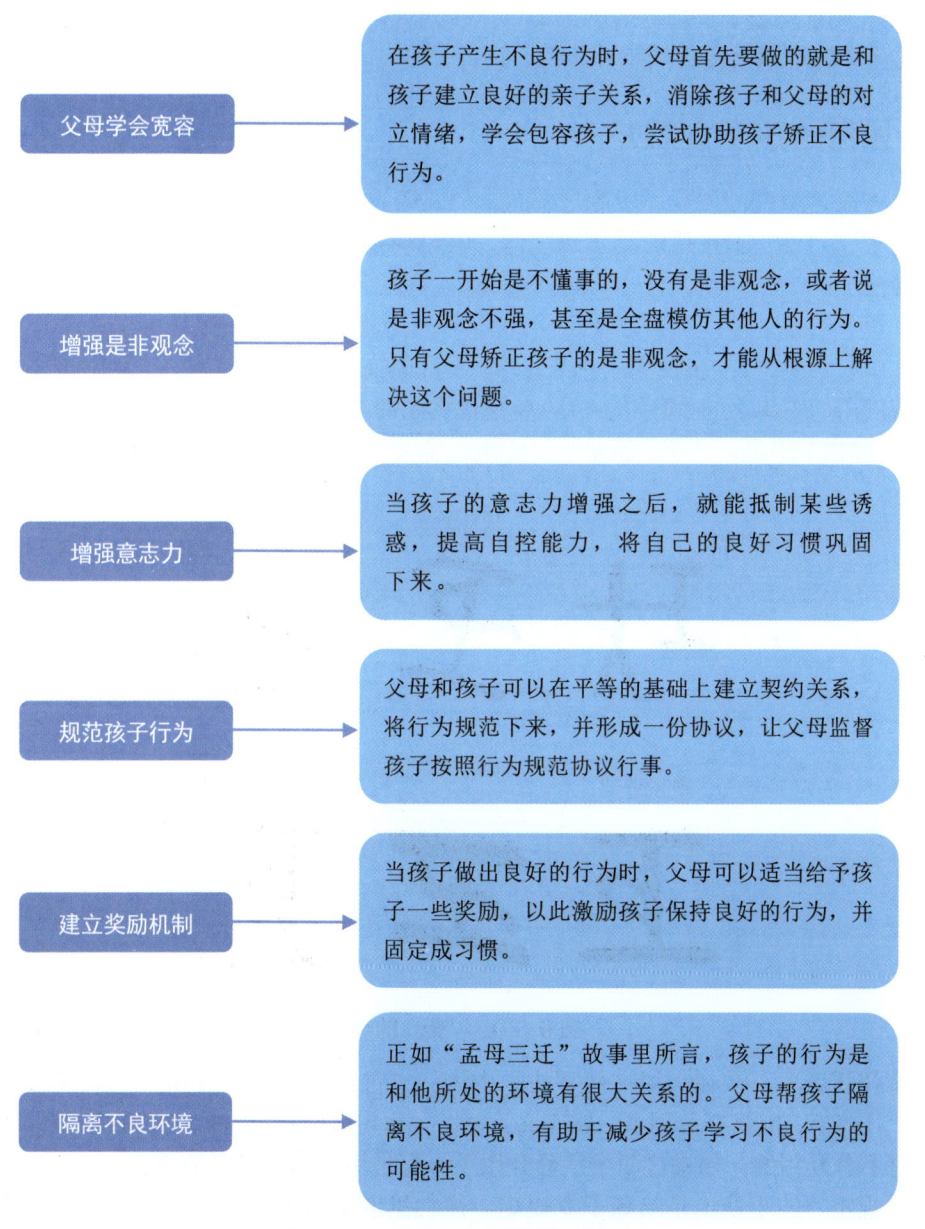

父母学会宽容 → 在孩子产生不良行为时,父母首先要做的就是和孩子建立良好的亲子关系,消除孩子和父母的对立情绪,学会包容孩子,尝试协助孩子矫正不良行为。

增强是非观念 → 孩子一开始是不懂事的,没有是非观念,或者说是非观念不强,甚至是全盘模仿其他人的行为。只有父母矫正孩子的是非观念,才能从根源上解决这个问题。

增强意志力 → 当孩子的意志力增强之后,就能抵制某些诱惑,提高自控能力,将自己的良好习惯巩固下来。

规范孩子行为 → 父母和孩子可以在平等的基础上建立契约关系,将行为规范下来,并形成一份协议,让父母监督孩子按照行为规范协议行事。

建立奖励机制 → 当孩子做出良好的行为时,父母可以适当给予孩子一些奖励,以此激励孩子保持良好的行为,并固定成习惯。

隔离不良环境 → 正如"孟母三迁"故事里所言,孩子的行为是和他所处的环境有很大关系的。父母帮孩子隔离不良环境,有助于减少孩子学习不良行为的可能性。

图 9-19 矫正孩子不良行为的方法

088 给孩子立规矩

笔者前文已经提到过父母需要给孩子签协议或立约定，这些做法相当于是给孩子立规矩。但是，父母如何给孩子立规矩？在立规矩的过程中碰到的棘手问题又如何解决？这是令父母很头疼的问题。

1 如何给孩子立规矩

《玉篇》中说："规，正圆之器也。"《说文解字》中说："规，有法度也。"意思是说，"规"本来指的是正圆之器，就是现在的圆规，这是它最初的意思，后来引申为法度。

"矩"的原字是"巨"，如图 9-20 所示，在金文和简牍中像是一个人拿着器物，在金文中有人误将右边的"大"写成了"夫"，在篆文异体字中又将"夫"误写成了"矢"，今天我们用的简体字的"矩"的"矢"就是这么来的。《玉篇》中说："圆曰规，方曰矩。"《尔雅·释诂》中说："矩，法也。""矩"本义为画方形的工具，后来也引申为法度。

图 9-20 "矩"的字源

清朝学者段玉裁在《说文解字注》中说："古规矩二字不分用，犹威仪二字不分用也。凡规矩、威仪有分用者，皆互文见意。"这句话的意思是古代"规矩"和"威仪"一样是不分开用的，如果这两个字分开用了，都是用的互文见义的手法。

立规矩，往小处说是给孩子立规矩，往大里说是给孩子立一个法度，影响孩子长大以后的三观，如图 9-21 所示。

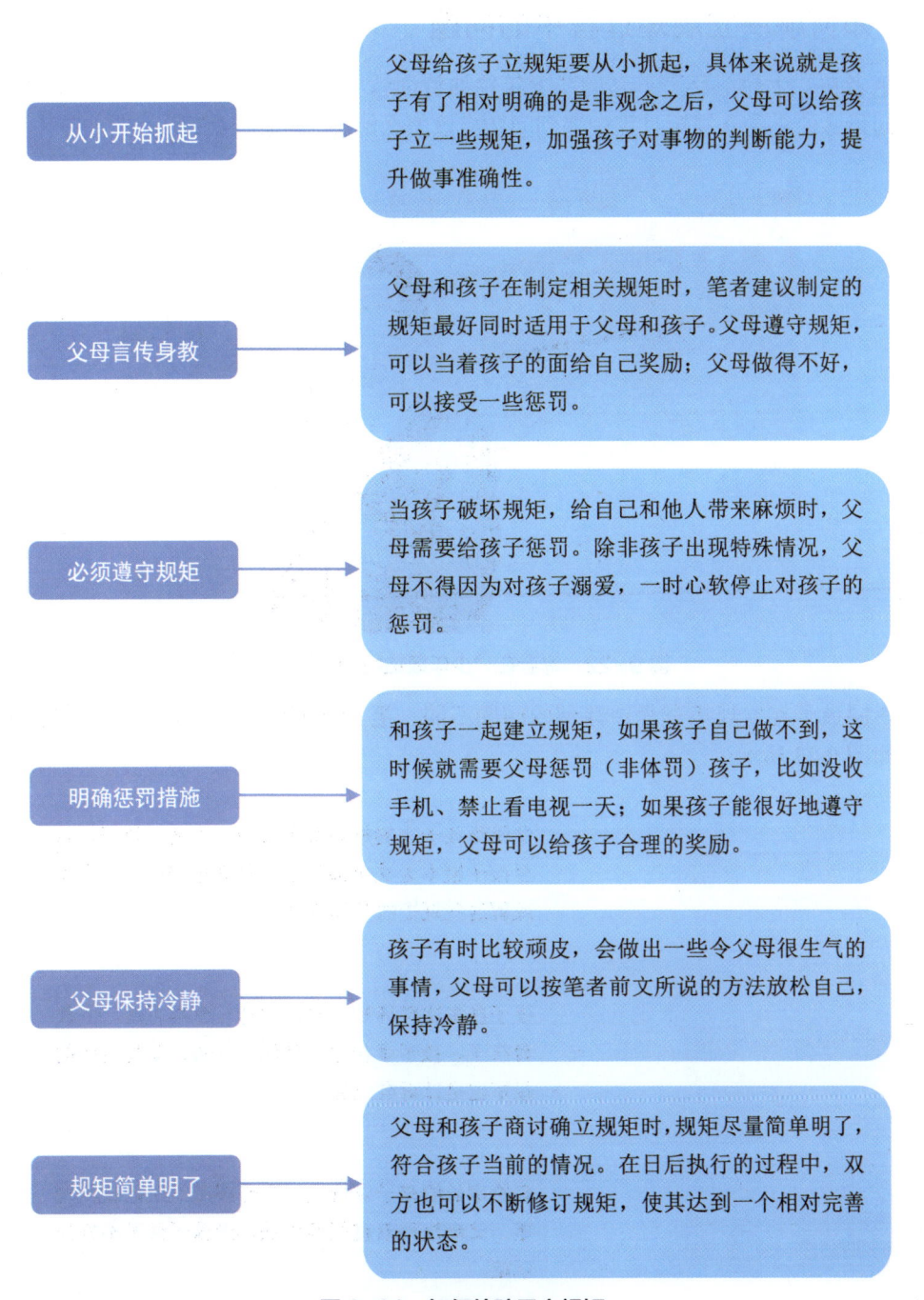

学会管理，10招提高孩子自控力 第9章

从小开始抓起 → 父母给孩子立规矩要从小抓起，具体来说就是孩子有了相对明确的是非观念之后，父母可以给孩子立一些规矩，加强孩子对事物的判断能力，提升做事准确性。

父母言传身教 → 父母和孩子在制定相关规矩时，笔者建议制定的规矩最好同时适用于父母和孩子。父母遵守规矩，可以当着孩子的面给自己奖励；父母做得不好，可以接受一些惩罚。

必须遵守规矩 → 当孩子破坏规矩，给自己和他人带来麻烦时，父母需要给孩子惩罚。除非孩子出现特殊情况，父母不得因为对孩子溺爱，一时心软停止对孩子的惩罚。

明确惩罚措施 → 和孩子一起建立规矩，如果孩子自己做不到，这时候就需要父母惩罚（非体罚）孩子，比如没收手机、禁止看电视一天；如果孩子能很好地遵守规矩，父母可以给孩子合理的奖励。

父母保持冷静 → 孩子有时比较顽皮，会做出一些令父母很生气的事情，父母可以按笔者前文所说的方法放松自己，保持冷静。

规矩简单明了 → 父母和孩子商讨确立规矩时，规矩尽量简单明了，符合孩子当前的情况。在日后执行的过程中，双方也可以不断修订规矩，使其达到一个相对完善的状态。

图 9-21 如何给孩子立规矩

2 如何解决立规矩过程中的问题

笔者在"生命惊喜"举办的"少年领袖特训营"课堂上给父母讲解立规矩时，父母提问最多的是在立规矩过程中遇到问题应该怎么解决，如图 9-22 所示。

图 9-22　笔者在"少年领袖特训营"讲课

不同孩子在立规矩过程中遇到的问题不同，笔者下面给出的解决方法仅供父母参考，如图 9-23 所示。

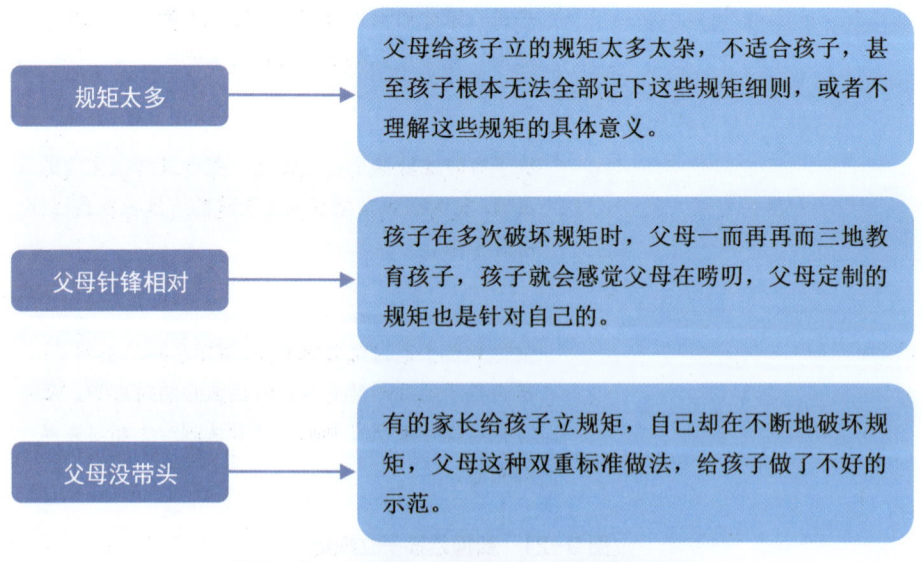

规矩太多	父母给孩子立的规矩太多太杂，不适合孩子，甚至孩子根本无法全部记下这些规矩细则，或者不理解这些规矩的具体意义。
父母针锋相对	孩子在多次破坏规矩时，父母一而再再而三地教育孩子，孩子就会感觉父母在唠叨，父母定制的规矩也是针对自己的。
父母没带头	有的家长给孩子立规矩，自己却在不断地破坏规矩，父母这种双重标准做法，给孩子做了不好的示范。

图 9-23　立规矩过程中遇到问题的解决方法

089 有效的惩罚方式

很多家长会有疑问：到底有哪些有效的惩罚方式？答案如图 9-24 所示。

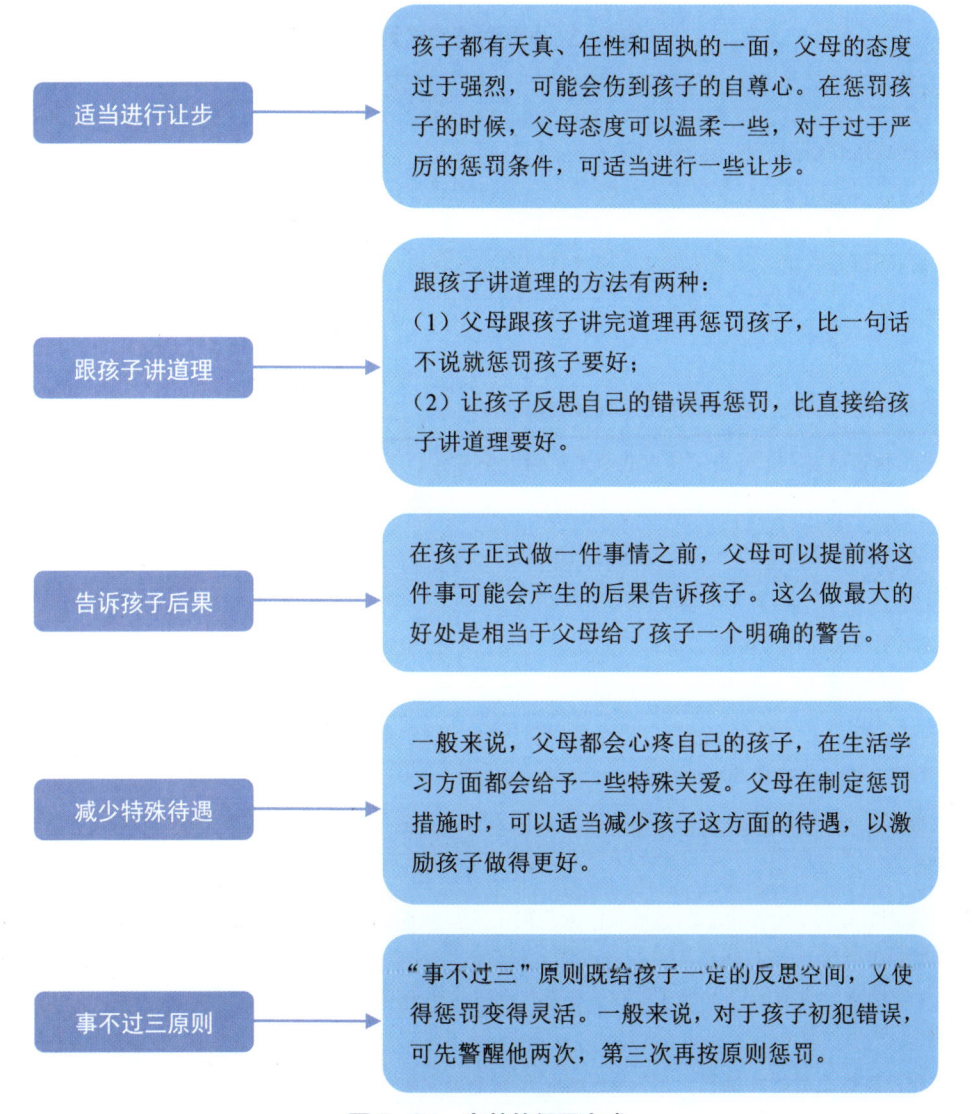

适当进行让步 → 孩子都有天真、任性和固执的一面，父母的态度过于强烈，可能会伤到孩子的自尊心。在惩罚孩子的时候，父母态度可以温柔一些，对于过于严厉的惩罚条件，可适当进行一些让步。

跟孩子讲道理 → 跟孩子讲道理的方法有两种：
（1）父母跟孩子讲完道理再惩罚孩子，比一句话不说就惩罚孩子要好；
（2）让孩子反思自己的错误再惩罚，比直接给孩子讲道理要好。

告诉孩子后果 → 在孩子正式做一件事情之前，父母可以提前将这件事可能会产生的后果告诉孩子。这么做最大的好处是相当于父母给了孩子一个明确的警告。

减少特殊待遇 → 一般来说，父母都会心疼自己的孩子，在生活学习方面都会给予一些特殊关爱。父母在制定惩罚措施时，可以适当减少孩子这方面的待遇，以激励孩子做得更好。

事不过三原则 → "事不过三"原则既给孩子一定的反思空间，又使得惩罚变得灵活。一般来说，对于孩子初犯错误，可先警醒他两次，第三次再按原则惩罚。

图 9-24 有效的惩罚方式

090 科学的教育方式

笔者列出了一个父母养育方式测试表，如表 9-3 所示，请孩子按照真实表现填写表格 (经常出现记 2 分，偶尔出现记 1 分，没有出现记 0 分)。

表 9-3　父母养育方式测试表

题　目	经常出现	偶尔出现	没有出现
(1) 有些时候父母会把我犯的错误推到兄弟姐妹的头上。			
(2) 很多时候我能感觉到父母并不是很喜欢我。			
(3) 当我犯错的时候，父母总是会采用体罚的方式惩罚我。			
(4) 吃饭的时候，父母在不考虑我喜好的情况下，强行给我添饭加菜。			
(5) 父母总是惩罚我，有时候甚至不需要理由。			
(6) 哪怕我事情做得很好，父母也会从中挑错，不会有一句表扬和鼓励。			
(7) 父母当着我的面和别人谈论我的缺点和我过去不光彩的事情。			
(8) 父母更偏爱弟弟（妹妹、哥哥、姐姐）一些，对我的关心程度不够。			
(9) 我不能自己去交朋友，因为父母总是挑剔他们，指摘他们身上的毛病，甚至让我远离他们。			
(10) 我穿什么样式的衣服父母都会安排，他们不会考虑我的感受。			
(11) 我能感受到父母很早之前就对我的人生做了安排，如我该上哪个高中、该上哪个大学、该去什么类型的公司上班……仿佛这些事情父母早就安排好了，我只不过是顺着他们规定的轨道前行。			
(12) 我没有什么爱好和理想，因为我的爱好和理想常常被父母否定。			
(13) 我做成功的事中都有父母干涉的影子。			

续表

题　目	经常出现	偶尔出现	没有出现
(14) 父母非常小气，从不会满足我的需求，不会给我真正想要的奖励。			
(15) 父母从不会在自己身上找问题，认为他们很多愤怒都是被我引起的。			
(16) 当我想参加学校夏令营和俱乐部的时候，父母总是不同意，认为我是浪费钱，或者认为我贪玩。			
(17) 父母在家里给我制定了严格的惩罚措施，而且很多时候我感觉其中一些惩罚措施已经超过了我的承受能力。			
(18) 我感觉自己和父母之间有代沟，每次想要和他们谈论一些事情，或发表一些看法的时候，我总是因为无法和父母谈到一起而欲言又止。			
(19) 父母望子成龙心切，他们不会考虑我的实际情况，总是给我确立许多宏大的目标。			
(20) 当我做错一些事情的时候，父母不容我解释就会说"你对得住我的一片苦心吗？""你这样令妈妈（爸爸）很失望"之类的话。			
(21) 当我表达一些不一样的看法和观点的时候，父母总是会指责我的立场不正确。			
(22) 父母总是以自己年轻时勤奋和努力之类的事迹来讽刺我不长进。			
(23) 父母总是以自己的喜好来干预我的喜好，甚至对我的喜好指指点点。			
(24) 当我参加课外活动或和同学聚餐的时候，父母总是有些多余的担心。			
(25) 父母总是拿我和其他兄弟姐妹比较，并经常以此讽刺我的缺点。			

孩子在填完表格后，按照上面的表述统计分数，然后查看自己的分数在哪个区间，便可了解父母教育方式的科学性。

(1) 1~18 分：对于某些孩子来说父母的这种教育方式可能过于松弛，对于有些孩子

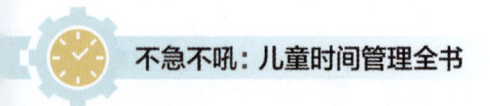

来说可能是最适合成长的教育方式。

(2) 19~36 分：父母的教育方式相对科学，父母对孩子的教育时而宽松，时而紧绷，一张一弛的搭配有利于孩子成长。

(3) 37~50 分：父母的教育方式很不科学，对孩子而言太过于极端，严重影响孩子性格的形成和日后的发展。

父母在教育孩子时，可能存在以下问题，在生活中父母们可以稍微留意一下，如图 9-25 所示。

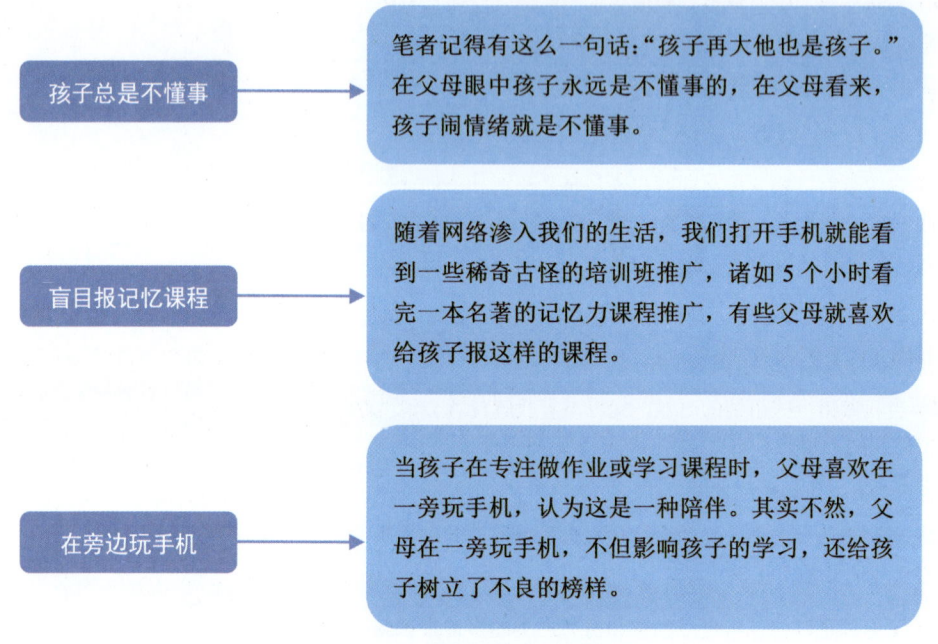

孩子总是不懂事 → 笔者记得有这么一句话："孩子再大他也是孩子。"在父母眼中孩子永远是不懂事的，在父母看来，孩子闹情绪就是不懂事。

盲目报记忆课程 → 随着网络渗入我们的生活，我们打开手机就能看到一些稀奇古怪的培训班推广，诸如 5 个小时看完一本名著的记忆力课程推广，有些父母就喜欢给孩子报这样的课程。

在旁边玩手机 → 当孩子在专注做作业或学习课程时，父母喜欢在一旁玩手机，认为这是一种陪伴。其实不然，父母在一旁玩手机，不但影响孩子的学习，还给孩子树立了不良的榜样。

图 9-25　父母教育孩子时的误区

第10章

劳逸结合，
10招让孩子更会学习

学前提示

机器一年四季不停地转，会出现故障，甚至坏掉。孩子也是这样，如果他一直处于紧张状态，那么就会渐渐倦怠，甚至厌恶学习。但是如果孩子过度松懈，就真成了"行成于思毁于随"了。因此，父母很有必要让孩子劳逸结合，提升孩子的学习能力。

要点展示

- ▶ 番茄工作法
- ▶ 激发孩子的竞争意识
- ▶ 制造生动的课堂
- ▶ 克服"拖延症"
- ▶ 学会科学用脑
- ▶ 学会消除疲劳
- ▶ 作息时间科学
- ▶ 合理安排周末时间
- ▶ 合理使用电子产品
- ▶ 运动释放压力

091 番茄工作法

番茄工作法是简单高效的时间管理方法，它是意大利人在 20 世纪 80 年代发明的，据说当时发明者是顺手从厨房拿的番茄闹钟，其命名正来源于此。

1 番茄工作法的概念

番茄工作法的具体规则很简单，如图 10-1 所示。

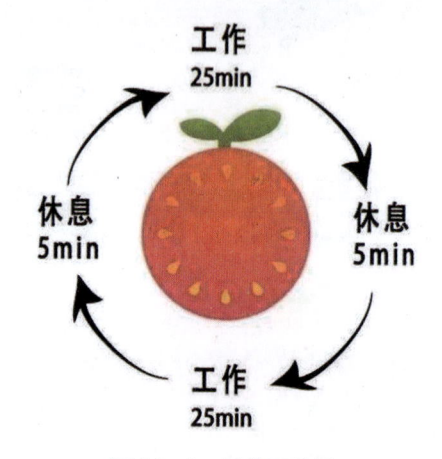

图 10-1　番茄工作法

笔者总结番茄工作法的几个特点如下：
(1) 工作时间以 25 分钟为单位，休息时间以 5 分钟为单位；
(2) 孩子每完成 1 个工作时间，必须休息 1 个工作时间；
(3) 孩子每完成 4 个工作时间，必须休息 3~6 个工作时间；
(4) 在孩子学习的过程中，父母可以用闹钟给孩子计时；
(5) 不能在非工作或非学习期间使用番茄工作法；
(6) 1 个工作时间必须是一个整体，不能分割成半个工作时间；
(7) 如果孩子在该工作时间内做不相关的事情，该工作时间不算数；
(8) 最好不要拿孩子的番茄工作时间和其他孩子比较。

2 番茄工作法工具

父母可以给孩子准备番茄闹钟用来计时，这是最传统、最便捷的方法，如图 10-2 所示。

图 10-2　番茄闹钟

父母也可以使用智能手机上的番茄工作法 App 或微信小程序，如图 10-3 所示。

图 10-3　番茄工作法微信小程序

3 番茄工作法的优点

番茄工作法主要有以下优点：
(1) 可以适当缓解孩子的时间焦虑；
(2) 在一定程度上，可以提升孩子的注意力；
(3) 提高孩子的决策效率；
(4) 增强孩子的决心；
(5) 有效改善孩子的学习流程；
(6) 增强孩子的决断力。

4 番茄工作法步骤

笔者提供的步骤仅供父母参考，具体实施时可根据孩子的实际情况进行相关修改，如图 10-4 所示。

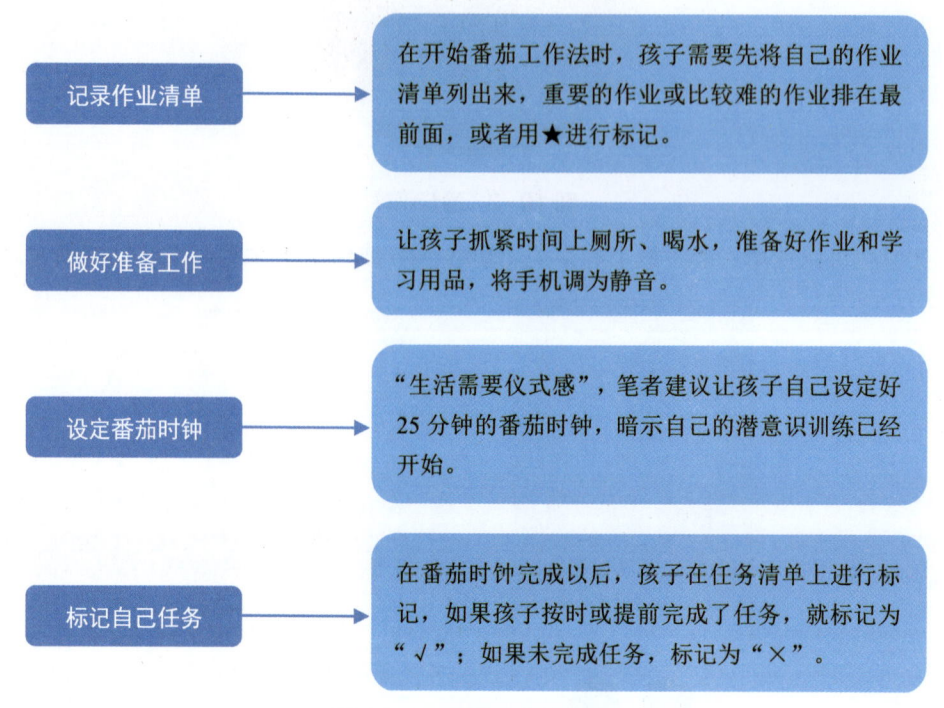

记录作业清单 → 在开始番茄工作法时，孩子需要先将自己的作业清单列出来，重要的作业或比较难的作业排在最前面，或者用★进行标记。

做好准备工作 → 让孩子抓紧时间上厕所、喝水，准备好作业和学习用品，将手机调为静音。

设定番茄时钟 → "生活需要仪式感"，笔者建议让孩子自己设定好 25 分钟的番茄时钟，暗示自己的潜意识训练已经开始。

标记自己任务 → 在番茄时钟完成以后，孩子在任务清单上进行标记，如果孩子按时或提前完成了任务，就标记为"√"；如果未完成任务，标记为"×"。

图 10-4　番茄工作法步骤

父母在帮孩子列任务清单时，可以以下面这个表格作为参考，如表 10-1 所示。

表 10-1　孩子今日作业任务

作业任务	番茄时钟数	干扰事件	自我表现
背熟两首五言绝句	2 个番茄时钟	同学来微信电话	√ 提前背完古诗，自我感觉良好。
课外阅读	1 个番茄时钟	无	× 阅读速度有点慢，下次得提高阅读效率。
抄写第 5 单元的英语单词	1 个番茄时钟	无	√ 提前抄完第 5 单元英语单词。
完成数学练习题	1 个番茄时钟	无	× 最后一道题太难，没有做出来。

续表

作业任务	番茄时钟数	干扰事件	自我表现
预习明天的课文	1个番茄时钟	无	√ 基本将课文了解了一遍,并且为生字词进行注音解释。
更正生物试卷错题	1个番茄时钟	营销电话干扰	× 由于孩子陷入思维困境,其中3道题重复做了很多次都没有解答出来。

092 激发孩子的竞争意识

有一句至理名言说:"学如逆水行舟,不进则退。"这是在说明竞争和努力的重要性。从某种意义上来说,竞争可以让孩子产生以下心理效应,如图10-5所示。

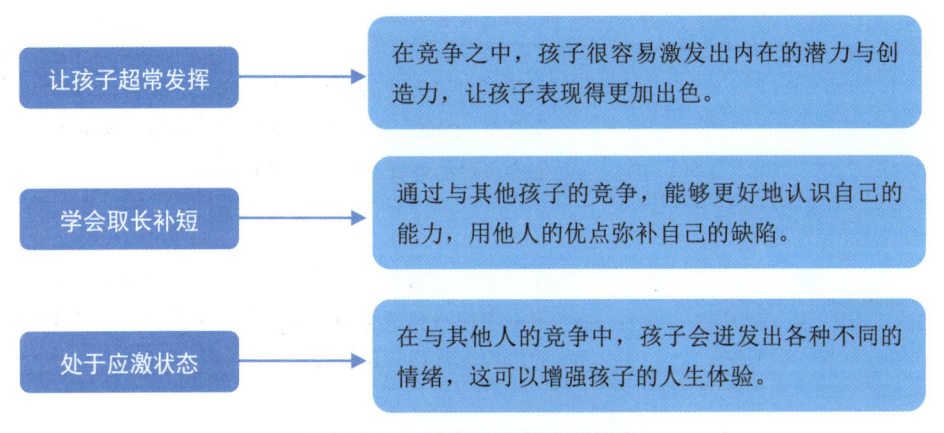

让孩子超常发挥 → 在竞争之中,孩子很容易激发出内在的潜力与创造力,让孩子表现得更加出色。

学会取长补短 → 通过与其他孩子的竞争,能够更好地认识自己的能力,用他人的优点弥补自己的缺陷。

处于应激状态 → 在与其他人的竞争中,孩子会迸发出各种不同的情绪,这可以增强孩子的人生体验。

图10-5 竞争产生的心理效应

合理的竞争可以让孩子产生以上这些心理效应,如果孩子因为竞争而出现嫉妒心过重、自卑等负面现象,那么孩子需要重新审视自己。

笔者建议父母可以从以下这些方面出发,积极培养孩子的合理竞争意识,如图10-6所示。

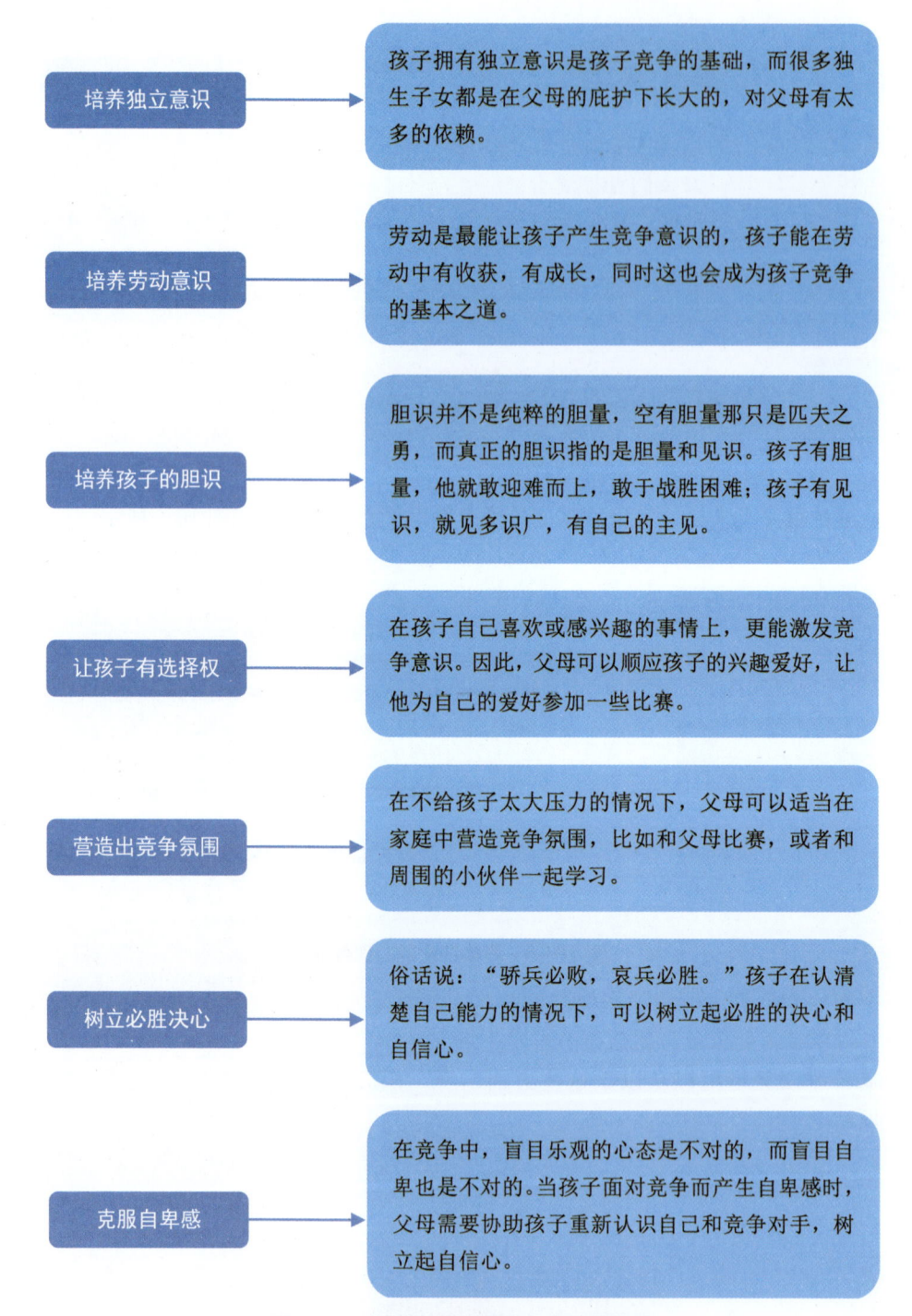

培养独立意识	孩子拥有独立意识是孩子竞争的基础，而很多独生子女都是在父母的庇护下长大的，对父母有太多的依赖。
培养劳动意识	劳动是最能让孩子产生竞争意识的，孩子能在劳动中有收获，有成长，同时这也会成为孩子竞争的基本之道。
培养孩子的胆识	胆识并不是纯粹的胆量，空有胆量那只是匹夫之勇，而真正的胆识指的是胆量和见识。孩子有胆量，他就敢迎难而上，敢于战胜困难；孩子有见识，就见多识广，有自己的主见。
让孩子有选择权	在孩子自己喜欢或感兴趣的事情上，更能激发竞争意识。因此，父母可以顺应孩子的兴趣爱好，让他为自己的爱好参加一些比赛。
营造出竞争氛围	在不给孩子太大压力的情况下，父母可以适当在家庭中营造竞争氛围，比如和父母比赛，或者和周围的小伙伴一起学习。
树立必胜决心	俗话说："骄兵必败，哀兵必胜。"孩子在认清楚自己能力的情况下，可以树立起必胜的决心和自信心。
克服自卑感	在竞争中，盲目乐观的心态是不对的，而盲目自卑也是不对的。当孩子面对竞争而产生自卑感时，父母需要协助孩子重新认识自己和竞争对手，树立起自信心。

图10-6　培养孩子合理竞争意识的方法

093 制造生动的课堂

生动的课堂容易使孩子着迷，激发孩子对这门功课的兴趣；同样地，枯燥无味的课堂会让孩子分神，对这门功课失去兴趣。父母和老师在教育孩子时，可以尝试以下这些方法制造生动的课堂，如图10-7所示。

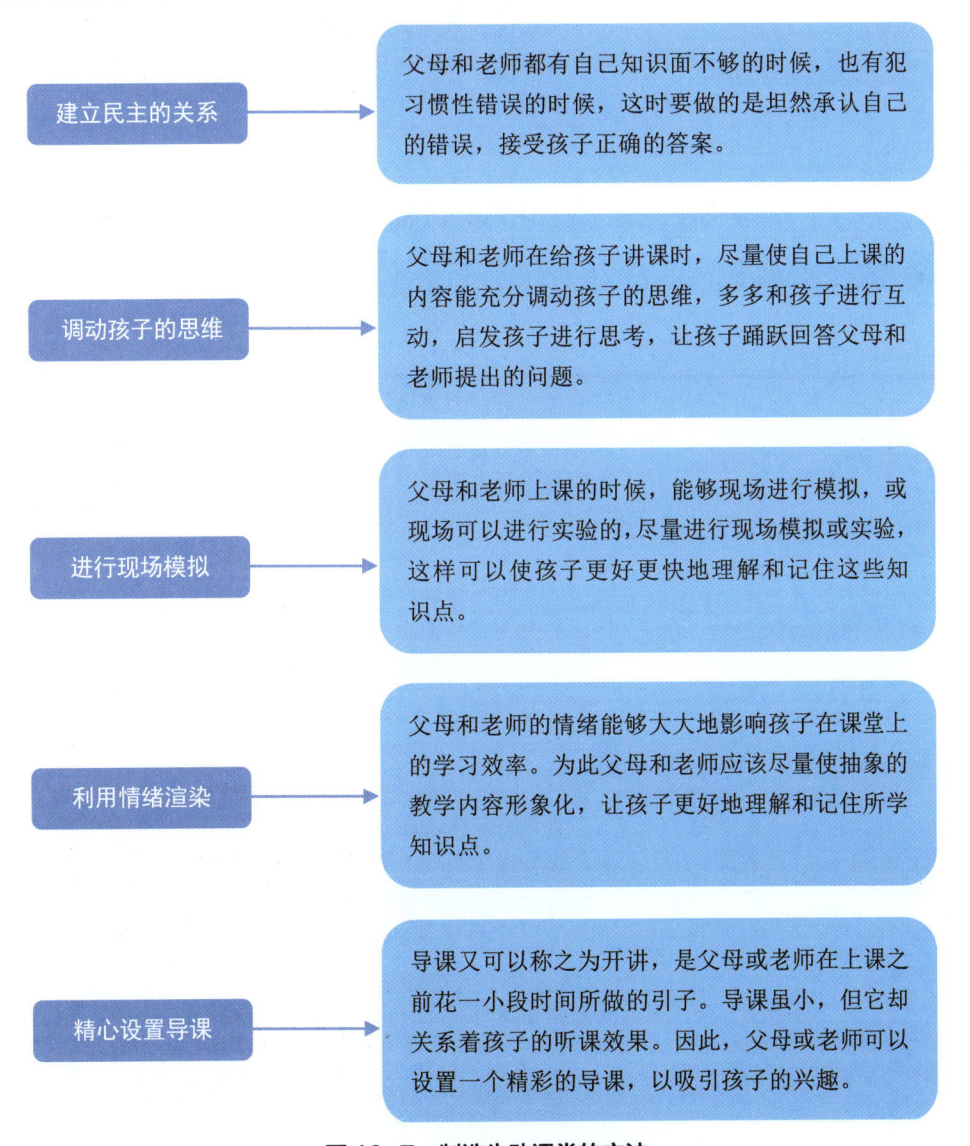

建立民主的关系 → 父母和老师都有自己知识面不够的时候，也有犯习惯性错误的时候，这时要做的是坦然承认自己的错误，接受孩子正确的答案。

调动孩子的思维 → 父母和老师在给孩子讲课时，尽量使自己上课的内容能充分调动孩子的思维，多多和孩子进行互动，启发孩子进行思考，让孩子踊跃回答父母和老师提出的问题。

进行现场模拟 → 父母和老师上课的时候，能够现场进行模拟，或现场可以进行实验的，尽量进行现场模拟或实验，这样可以使孩子更好更快地理解和记住这些知识点。

利用情绪渲染 → 父母和老师的情绪能够大大地影响孩子在课堂上的学习效率。为此父母和老师应该尽量使抽象的教学内容形象化，让孩子更好地理解和记住所学知识点。

精心设置导课 → 导课又可以称之为开讲，是父母或老师在上课之前花一小段时间所做的引子。导课虽小，但它却关系着孩子的听课效果。因此，父母或老师可以设置一个精彩的导课，以吸引孩子的兴趣。

图 10-7　制造生动课堂的方法

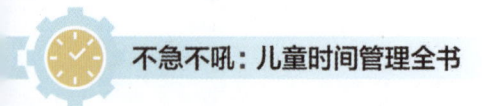

094 克服"拖延症"

在笔者看来，孩子产生拖延症，主要有以下 6 个原因，如图 10-8 所示。

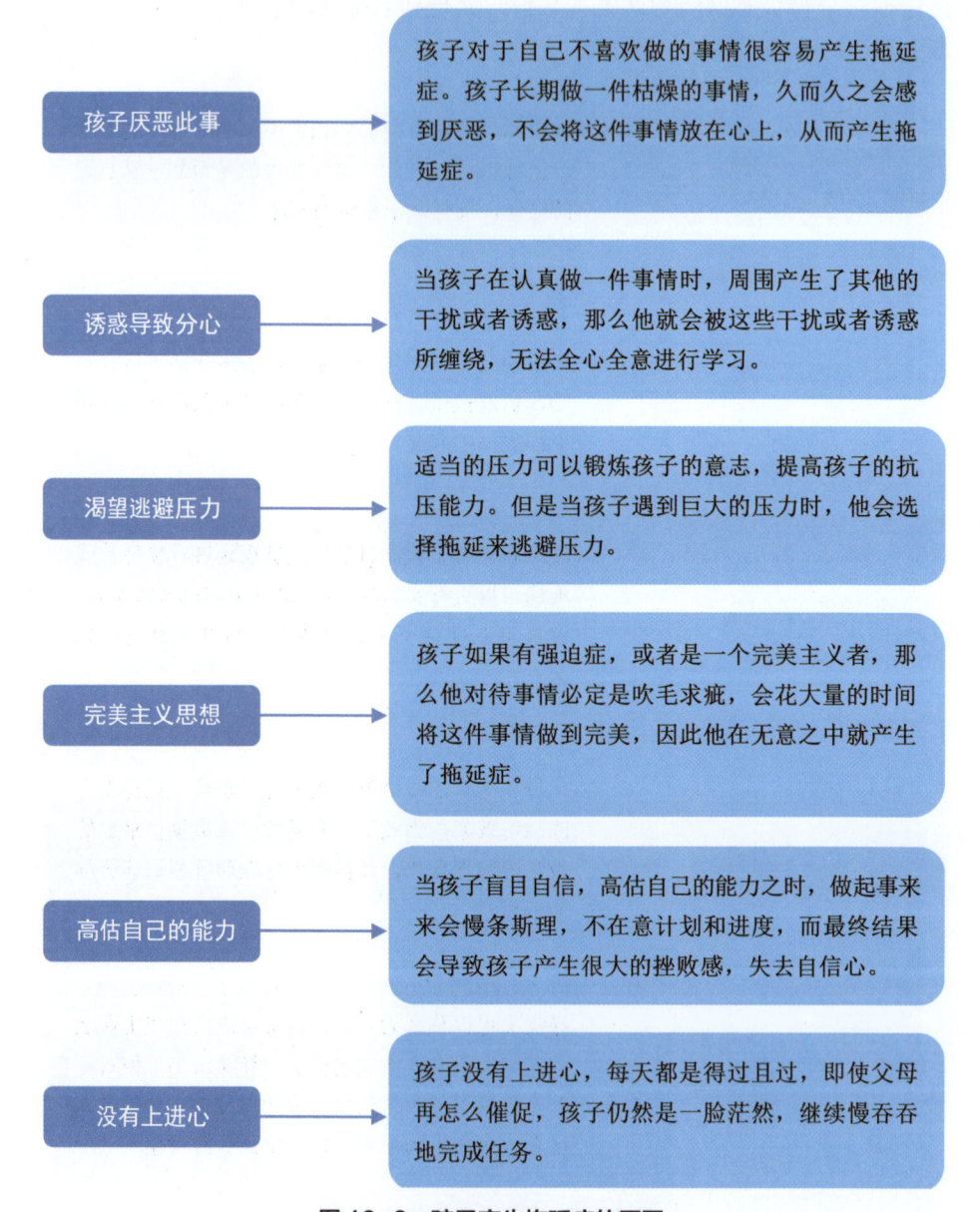

孩子厌恶此事 → 孩子对于自己不喜欢做的事情很容易产生拖延症。孩子长期做一件枯燥的事情，久而久之会感到厌恶，不会将这件事情放在心上，从而产生拖延症。

诱惑导致分心 → 当孩子在认真做一件事情时，周围产生了其他的干扰或者诱惑，那么他就会被这些干扰或者诱惑所缠绕，无法全心全意进行学习。

渴望逃避压力 → 适当的压力可以锻炼孩子的意志，提高孩子的抗压能力。但是当孩子遇到巨大的压力时，他会选择拖延来逃避压力。

完美主义思想 → 孩子如果有强迫症，或者是一个完美主义者，那么他对待事情必定是吹毛求疵，会花大量的时间将这件事情做到完美，因此他在无意之中就产生了拖延症。

高估自己的能力 → 当孩子盲目自信，高估自己的能力之时，做起事来来会慢条斯理，不在意计划和进度，而最终结果会导致孩子产生很大的挫败感，失去自信心。

没有上进心 → 孩子没有上进心，每天都是得过且过，即使父母再怎么催促，孩子仍然是一脸茫然，继续慢吞吞地完成任务。

图 10-8　孩子产生拖延症的原因

至于如何帮助孩子克服拖延症，笔者有以下几点建议，如图 10-9 所示。

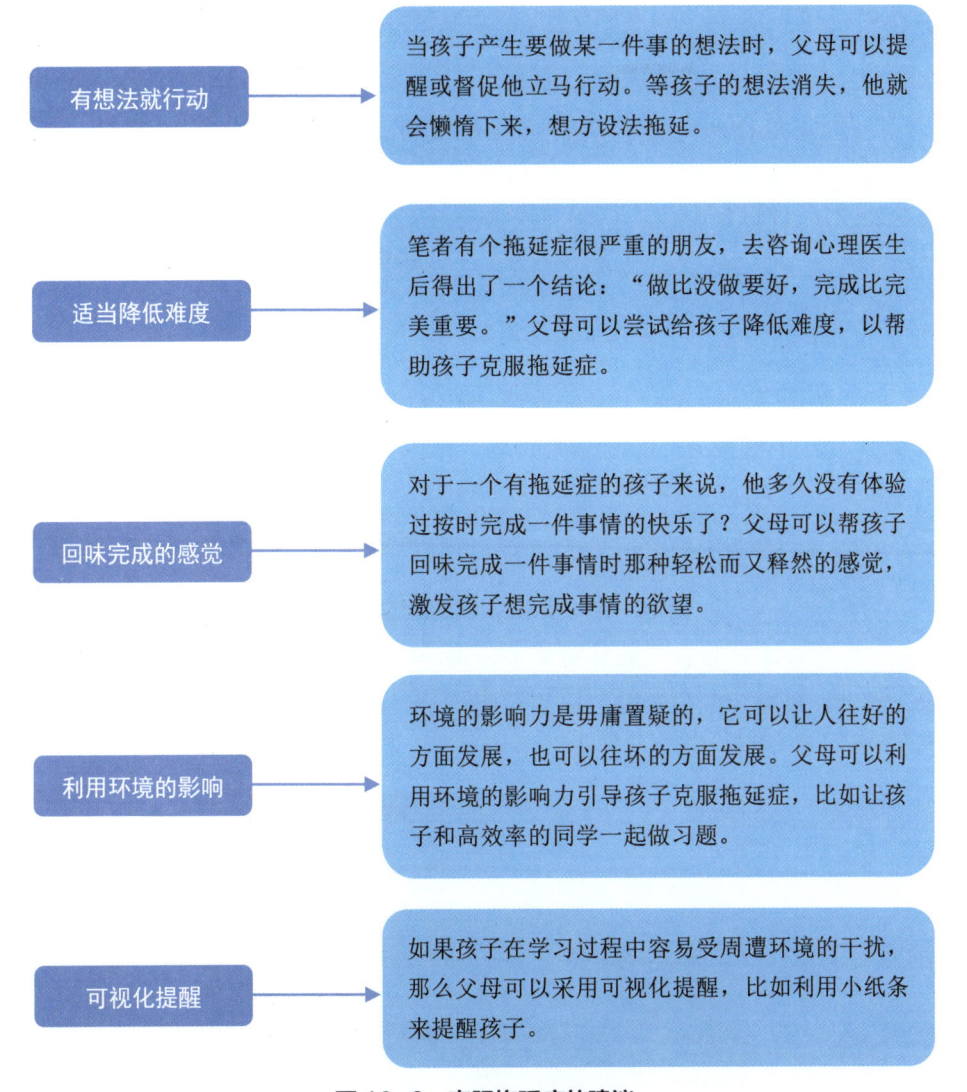

有想法就行动 → 当孩子产生要做某一件事的想法时，父母可以提醒或督促他立马行动。等孩子的想法消失，他就会懒惰下来，想方设法拖延。

适当降低难度 → 笔者有个拖延症很严重的朋友，去咨询心理医生后得出了一个结论："做比没做要好，完成比完美重要。"父母可以尝试给孩子降低难度，以帮助孩子克服拖延症。

回味完成的感觉 → 对于一个有拖延症的孩子来说，他多久没有体验过按时完成一件事情的快乐了？父母可以帮孩子回味完成一件事情时那种轻松而又释然的感觉，激发孩子想完成事情的欲望。

利用环境的影响 → 环境的影响力是毋庸置疑的，它可以让人往好的方面发展，也可以往坏的方面发展。父母可以利用环境的影响力引导孩子克服拖延症，比如让孩子和高效率的同学一起做习题。

可视化提醒 → 如果孩子在学习过程中容易受周遭环境的干扰，那么父母可以采用可视化提醒，比如利用小纸条来提醒孩子。

图 10-9　克服拖延症的建议

笔者自己在做一件事情之时，一不留意就会被其他事情所诱惑，耽误了手头的事情。比如，在笔者打开某个 App 查询数据时，抖音 App 推送一条很有悬念的消息，就会情不自禁地点进去。等笔者反应过来时，已经刷了半个多小时的抖音，时间就这么悄然流逝了，该干的事情什么也没干成。

现在很多孩子都有自己的手机，估计也会因为抖音、快手、王者荣耀之类的 App 的诱惑而造成拖延。为此孩子可以自己下载一个限制设备使用时长和 App 使用时长的软件。如图 10-10 所示，为小米 MIUI 系统自带的设备使用时长限制功能和 App 使用时长功能。

图 10-10　小米 MIUI 系统自带的功能

当然，如果孩子总是被一些外界的干扰吸引，造成拖延，父母首先要做的是屏蔽干扰源，或者在最醒目的位置贴上标签提醒孩子。其实这种方法屡试不爽，笔者经常在电脑桌前贴一张标签，将自己要做的事情写在上面，如图 10-11 所示。

图 10-11　用标签提醒自己

095 学会科学用脑

大脑是人类最重要的一部分，负荷工作容易对它造成损伤，因此如何让孩子学会科学用脑，是父母最应该要做的事情。

1 科学用脑原则

孩子应该怎么科学用脑？主要有以下 5 个原则。

(1) 早用脑原则：在孩子年纪尚小之时，可以适当增加对孩子大脑的刺激；

(2) 勤用脑原则：勤用脑有利于保持脑细胞活性，减缓大脑的衰老；

(3) 适时用脑原则：在脑细胞处于兴奋状态时用脑更有效率；

(4) 劳逸结合原则：学习与睡眠交替、学习与娱乐交替、脑力与体力交替；

(5) 强化右脑原则：传统教育一般偏向于逻辑、语言、数学、文字、推理、分析上，开发的是孩子的左脑，而右脑开发得少。父母可以通过让孩子学习绘画、音乐、韵律、情感、想象、创意等来开发右脑，如图 10-12 所示。

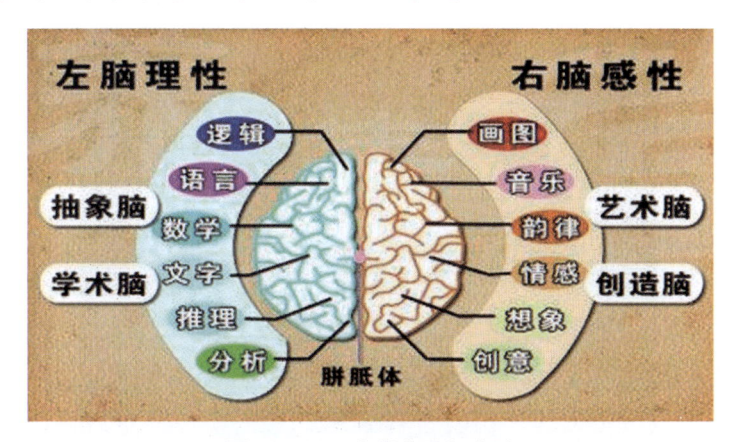

图 10-12　人类左脑与右脑

2 科学用脑方法

父母可以通过以下方式，帮助孩子学会科学用脑。

(1) 用脑劳逸结合。

帮助孩子进行科学用脑，首先要让孩子学会劳逸结合，张弛有度。最简单的做法是让孩子交替学习不同类型的课程。

(2) 用脑因时而异。

大脑在不同时间的活跃程度不一样，相关研究表明，大脑最活跃的时候是早晨，于是学生一般都是在早上进行朗读。

(3) 保证睡眠质量。

如果孩子睡眠质量不佳，大脑也会恍恍惚惚，没法达到最佳的学习状态。只有保证孩子 8~10 个小时的充足睡眠，才能让孩子的大脑得到相对充分的休息。

(4) 注意营养摄入。

为了补充大脑的营养，父母应该纠正孩子挑食和爱吃零食的坏习惯，让孩子多摄入豆类、鱼、蛋等食物。

096 学会消除疲劳

疲劳指的是人长时间处于活动或剧烈活动之后产生的效率变低的现象。不仅人会产生疲劳，连事物也会出现疲劳现象，如机器零件在某些条件下产生永久性的局部损伤，这称为"机械疲劳"，如图 10-13 所示。

图 10-13　机械疲劳

1 产生疲劳的原因

机器是铁打的，如果它一年四季不停地转，会产生"机械疲劳"。如果孩子不分昼夜地苦读，一般会出现两类疲劳症状。

(1) 身体上：手臂、腿、关节等位置会出现酸痛的现象；

(2) 精神上：整个人恍恍惚惚，做什么事情都不在状态，注意力无法集中，记忆力明显下降。

在笔者看来，导致孩子过度疲劳的"凶手"主要有以下 5 个，如图 10-14 所示。

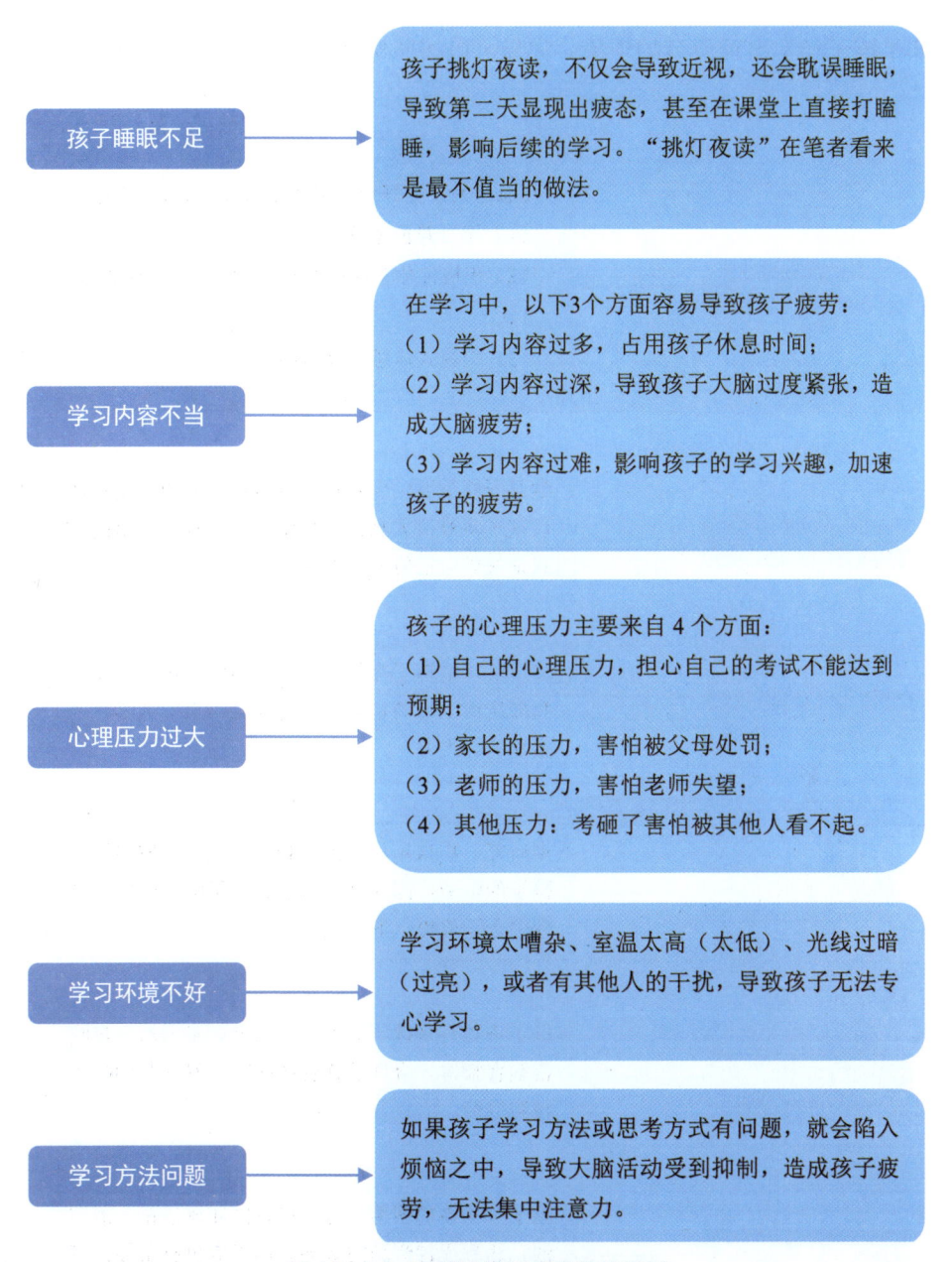

孩子睡眠不足	孩子挑灯夜读，不仅会导致近视，还会耽误睡眠，导致第二天显现出疲态，甚至在课堂上直接打瞌睡，影响后续的学习。"挑灯夜读"在笔者看来是最不值当的做法。
学习内容不当	在学习中，以下3个方面容易导致孩子疲劳： （1）学习内容过多，占用孩子休息时间； （2）学习内容过深，导致孩子大脑过度紧张，造成大脑疲劳； （3）学习内容过难，影响孩子的学习兴趣，加速孩子的疲劳。
心理压力过大	孩子的心理压力主要来自4个方面： （1）自己的心理压力，担心自己的考试不能达到预期； （2）家长的压力，害怕被父母处罚； （3）老师的压力，害怕老师失望； （4）其他压力：考砸了害怕被其他人看不起。
学习环境不好	学习环境太嘈杂、室温太高（太低）、光线过暗（过亮），或者有其他人的干扰，导致孩子无法专心学习。
学习方法问题	如果孩子学习方法或思考方式有问题，就会陷入烦恼之中，导致大脑活动受到抑制，造成孩子疲劳，无法集中注意力。

图 10-14　导致孩子过度疲劳的原因

2 如何消除疲劳

如果孩子经常出现疲劳的现象，父母可以按照笔者如下建议协助孩子，如图 10-15 所示。

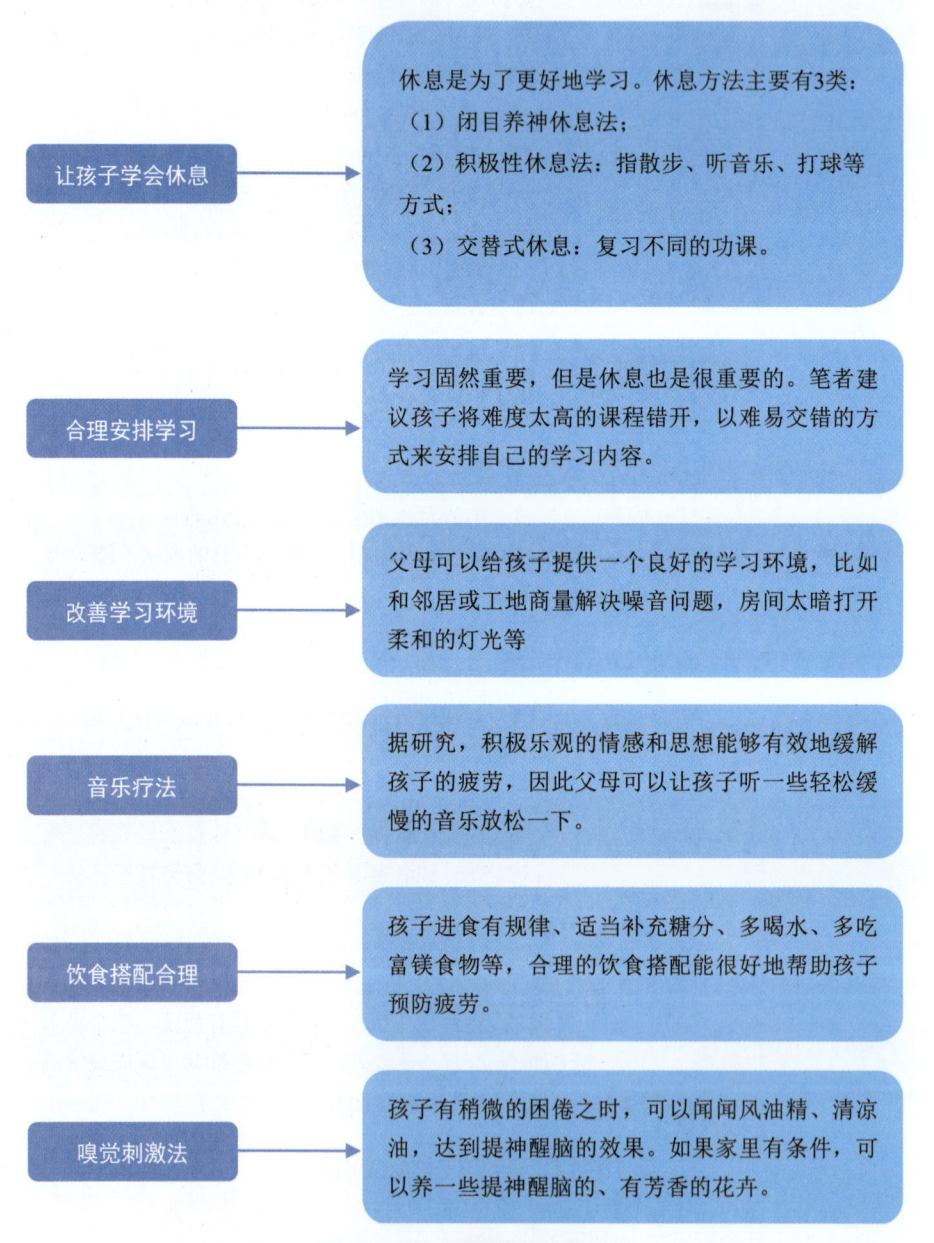

让孩子学会休息 → 休息是为了更好地学习。休息方法主要有3类：
（1）闭目养神休息法；
（2）积极性休息法：指散步、听音乐、打球等方式；
（3）交替式休息：复习不同的功课。

合理安排学习 → 学习固然重要，但是休息也是很重要的。笔者建议孩子将难度太高的课程错开，以难易交错的方式来安排自己的学习内容。

改善学习环境 → 父母可以给孩子提供一个良好的学习环境，比如和邻居或工地商量解决噪音问题，房间太暗打开柔和的灯光等

音乐疗法 → 据研究，积极乐观的情感和思想能够有效地缓解孩子的疲劳，因此父母可以让孩子听一些轻松缓慢的音乐放松一下。

饮食搭配合理 → 孩子进食有规律、适当补充糖分、多喝水、多吃富镁食物等，合理的饮食搭配能很好地帮助孩子预防疲劳。

嗅觉刺激法 → 孩子有稍微的困倦之时，可以闻闻风油精、清凉油，达到提神醒脑的效果。如果家里有条件，可以养一些提神醒脑的、有芳香的花卉。

图 10-15　消除疲劳的方法

除此之外，还有一些辅助工具可以帮助孩子缓解疲劳，其中最常见的就是眼保健操、缓解疲劳的体操。一般来说，主流视频网站都会有相关的缓解疲劳体操的教学视频。如图 10-16 所示为爱奇艺视频网站上的缓解疲劳体操的教学视频。

图 10-16　缓解疲劳体操的教学视频

当然，除了体操之外，还有一些缓解疲劳的工具，最常见的就是缓解疲劳的按摩器，如图 10-17 所示。

图 10-17　缓解疲劳的按摩器

097　作息时间科学

《老子》中说："日出而作，日落而息，逍遥于天地之间而心意自得。"这是最符合人类作息时间的规律。如果孩子作息时间不科学，很有可能会产生以下这些问题，

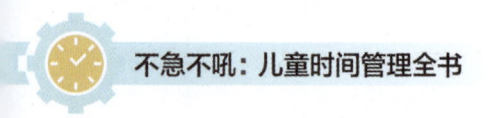

如图 10-18 所示。

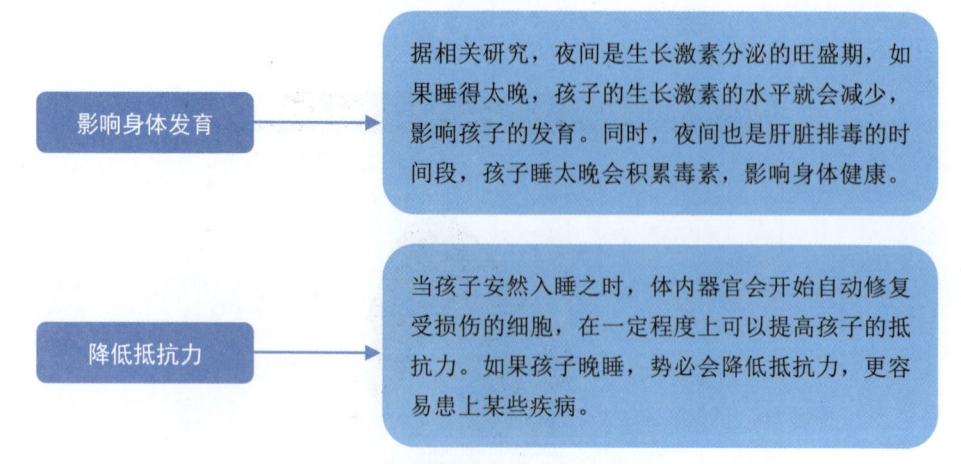

| 影响身体发育 | → | 据相关研究，夜间是生长激素分泌的旺盛期，如果睡得太晚，孩子的生长激素的水平就会减少，影响孩子的发育。同时，夜间也是肝脏排毒的时间段，孩子睡太晚会积累毒素，影响身体健康。 |

| 降低抵抗力 | → | 当孩子安然入睡之时，体内器官会开始自动修复受损伤的细胞，在一定程度上可以提高孩子的抵抗力。如果孩子晚睡，势必会降低抵抗力，更容易患上某些疾病。 |

图 10-18　作息不科学对孩子的影响

给孩子安排科学的作息时间，不仅需要孩子自己努力，矫正坏习惯，同时也需要父母的全力配合。如图 10-19 所示为训练孩子按时作息的方法。

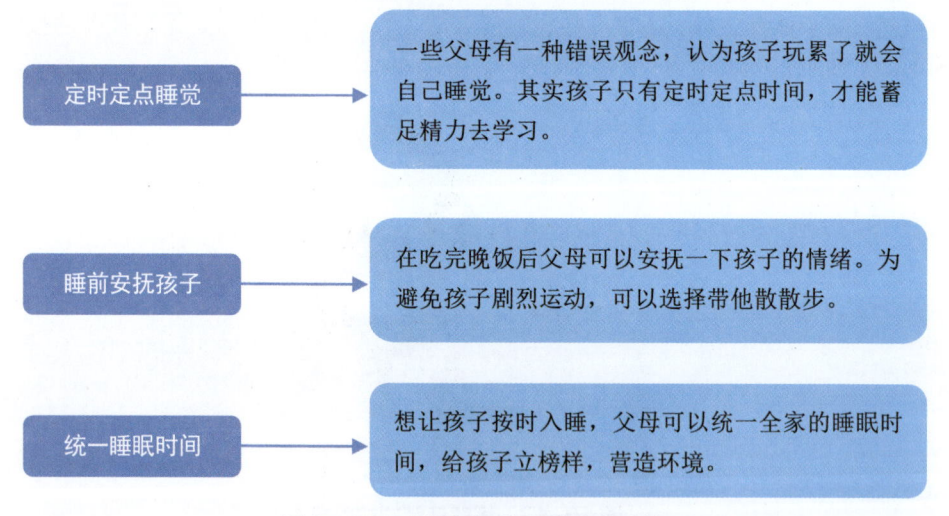

| 定时定点睡觉 | → | 一些父母有一种错误观念，认为孩子玩累了就会自己睡觉。其实孩子只有定时定点时间，才能蓄足精力去学习。 |

| 睡前安抚孩子 | → | 在吃完晚饭后父母可以安抚一下孩子的情绪。为避免孩子剧烈运动，可以选择带他散散步。 |

| 统一睡眠时间 | → | 想让孩子按时入睡，父母可以统一全家的睡眠时间，给孩子立榜样，营造环境。 |

图 10-19　训练孩子按时作息的方法

有些孩子不仅不早睡，还存在早上起不来、赖床的坏习惯。这时如果父母贸然粗暴地叫醒孩子，不仅会导致孩子生起床气，还会影响孩子后续一天的心情。如图 10-20 所示，为父母叫醒孩子的最佳方法。

孩子除了晚睡早起之外，往往也有一些不良的饮食习惯，父母可以尝试用以下方法去纠正孩子，如图 10-21 所示。

利用阳光叫醒	父母可以利用早上从窗户射进来的光线叫醒孩子，这种叫醒孩子的方法有一定的限制条件，如孩子卧室窗户向阳、当天有和煦的阳光、孩子早上睡眠不太沉。
声音叫醒法	用音乐叫醒孩子比直接叫醒孩子好，父母可以用小音量的音乐唤醒孩子，也可以用鸟叫虫鸣等白噪音来唤醒孩子。
抚摸叫醒法	在孩子还未醒来时，父母可以尝试抚摸孩子的后背，说一些劝慰和关心孩子的话，让孩子从与父母的接触之中醒来。

图 10-20　父母叫醒孩子的最佳方法

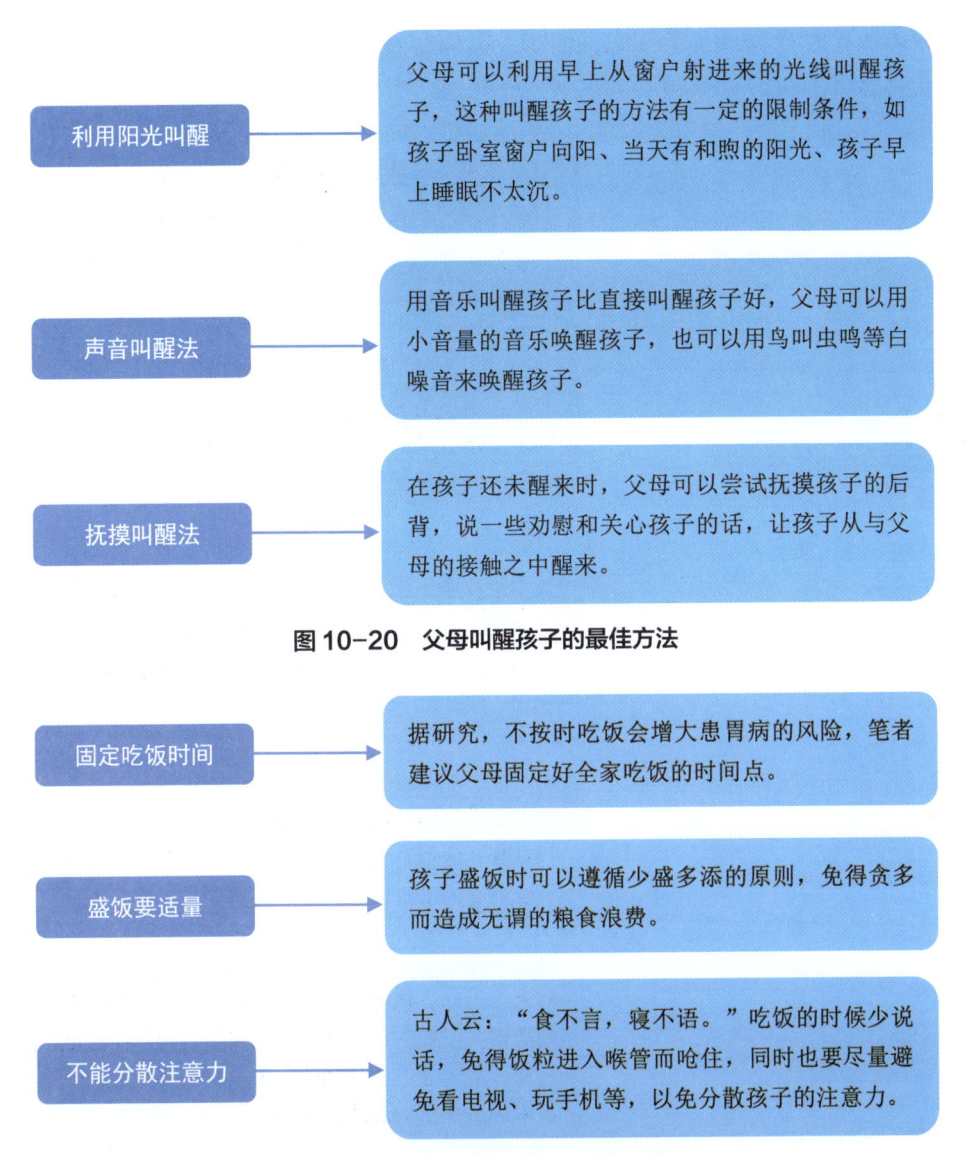

固定吃饭时间	据研究，不按时吃饭会增大患胃病的风险，笔者建议父母固定好全家吃饭的时间点。
盛饭要适量	孩子盛饭时可以遵循少盛多添的原则，免得贪多而造成无谓的粮食浪费。
不能分散注意力	古人云："食不言，寝不语。"吃饭的时候少说话，免得饭粒进入喉管而呛住，同时也要尽量避免看电视、玩手机等，以免分散孩子的注意力。

图 10-21　纠正不良饮食习惯的方法

098　合理安排周末时间

对于孩子来说，周末是难得休息的时间。但是对于父母来说，过周末是一件比较头疼的事情，担心孩子在周末贪玩，白白浪费了大好时光。如何合理安排周末时间？

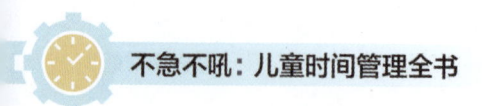

让孩子不因忙忙碌碌而失去周末的盼望，不因贪玩而浪费时间，父母可以参考笔者提供的几点思路，如图 10-22 所示。

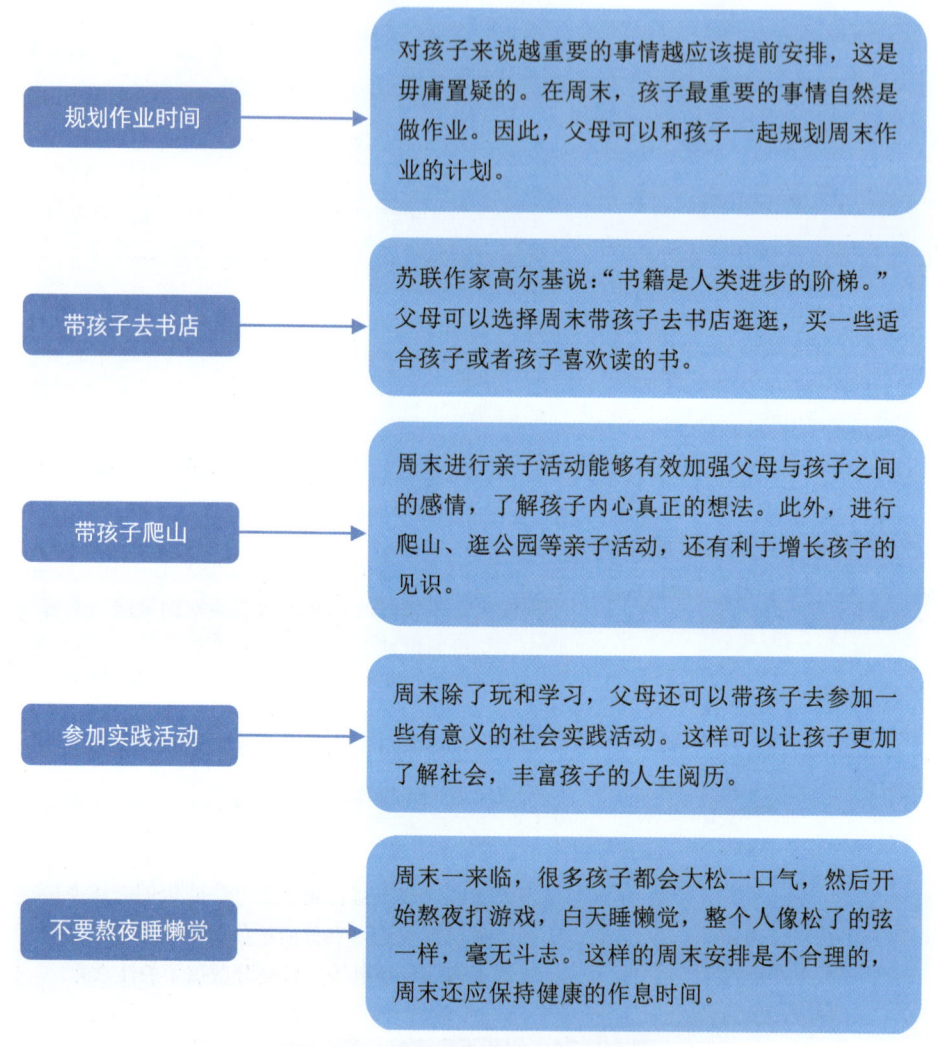

规划作业时间	对孩子来说越重要的事情越应该提前安排，这是毋庸置疑的。在周末，孩子最重要的事情自然是做作业。因此，父母可以和孩子一起规划周末作业的计划。
带孩子去书店	苏联作家高尔基说："书籍是人类进步的阶梯。"父母可以选择周末带孩子去书店逛逛，买一些适合孩子或者孩子喜欢读的书。
带孩子爬山	周末进行亲子活动能够有效加强父母与孩子之间的感情，了解孩子内心真正的想法。此外，进行爬山、逛公园等亲子活动，还有利于增长孩子的见识。
参加实践活动	周末除了玩和学习，父母还可以带孩子去参加一些有意义的社会实践活动。这样可以让孩子更加了解社会，丰富孩子的人生阅历。
不要熬夜睡懒觉	周末一来临，很多孩子都会大松一口气，然后开始熬夜打游戏，白天睡懒觉，整个人像松了的弦一样，毫无斗志。这样的周末安排是不合理的，周末还应保持健康的作息时间。

图 10-22 如何合理安排周末时间

099 合理使用电子产品

随着大数据和 AI 技术的发展，从互联网到物联网，电子产品已经融入我们的生活，越来越多的家居产品也可以联网，并且可以进行智能控制。比如小米智能家居覆盖层面大到电视机和冰箱，小到一支电动牙刷。如图10-23所示为小米智能家居的部分产品。

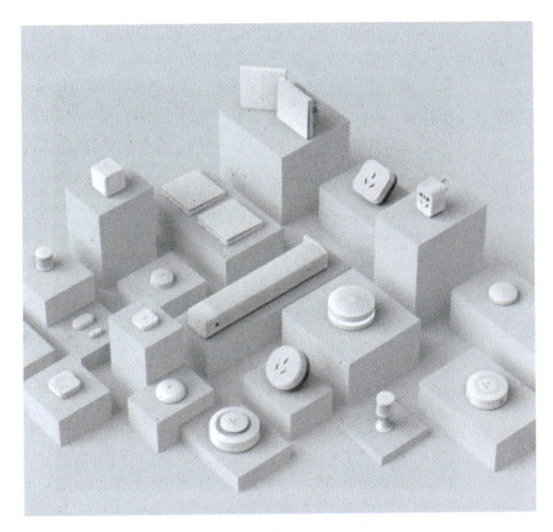

图10-23 小米智能家居部分产品

因此，孩子也越来越离不开电子产品，甚至对玩手机、玩电脑上瘾，引发了家长的担忧。有些极端的父母甚至将孩子送进网络成瘾戒治中心，如图10-24所示。

图10-24 山东某市的网络成瘾戒治中心

山东某市的网络成瘾戒治中心用电击治疗孩子的网瘾，曾在网上引发大范围的讨论。如图10-25所示，共青团中央官方微博对此事发表评论说："暴力治不了网瘾，但能彻底摧毁孩子。"

图 10-25　共青团中央官方微博

　　这不禁让笔者想起了一件往事。在 20 世纪 30 年代有一种手术叫额叶切除手术，看过电影《飞越疯人院》《禁闭岛》的读者对此应该不陌生，如图 10-26 所示。它指的是切除人类大脑的一部分，让人丧失一些功能，如同行尸走肉一般。如果在精神病患者和有自杀倾向者身上进行这种手术，能让患者从此"安静"下来。

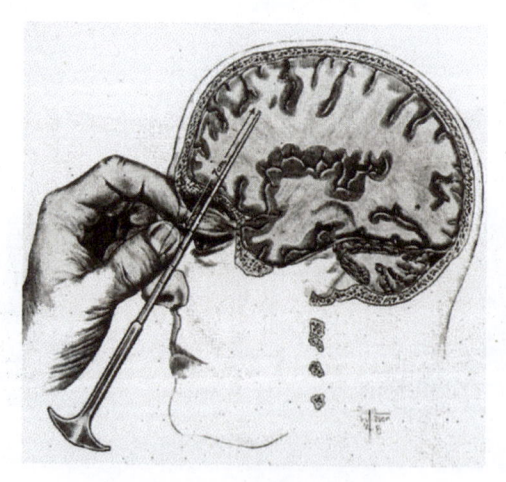

图 10-26　额叶切除手术

　　用电击法暴力治疗孩子和额叶切除手术一样，是一种缺乏人道主义的治疗方法，同时也是对患者人格的一种践踏。因此，父母有必要教育孩子合理使用电子产品，如图 10-27 所示。

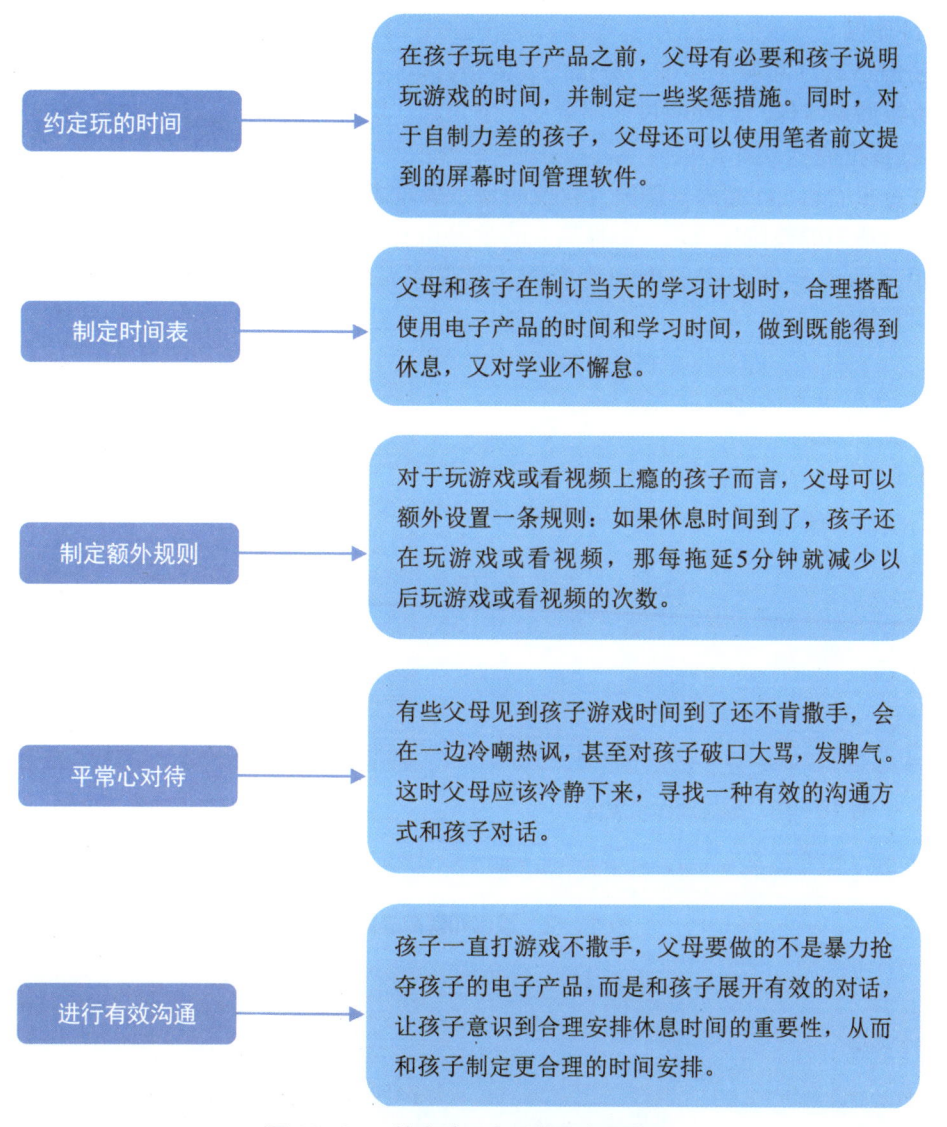

约定玩的时间	在孩子玩电子产品之前，父母有必要和孩子说明玩游戏的时间，并制定一些奖惩措施。同时，对于自制力差的孩子，父母还可以使用笔者前文提到的屏幕时间管理软件。
制定时间表	父母和孩子在制订当天的学习计划时，合理搭配使用电子产品的时间和学习时间，做到既能得到休息，又对学业不懈怠。
制定额外规则	对于玩游戏或看视频上瘾的孩子而言，父母可以额外设置一条规则：如果休息时间到了，孩子还在玩游戏或看视频，那每拖延5分钟就减少以后玩游戏或看视频的次数。
平常心对待	有些父母见到孩子游戏时间到了还不肯撒手，会在一边冷嘲热讽，甚至对孩子破口大骂，发脾气。这时父母应该冷静下来，寻找一种有效的沟通方式和孩子对话。
进行有效沟通	孩子一直打游戏不撒手，父母要做的不是暴力抢夺孩子的电子产品，而是和孩子展开有效的对话，让孩子意识到合理安排休息时间的重要性，从而和孩子制定更合理的时间安排。

图 10-27　教育孩子合理使用电子产品

100　运动释放压力

笔者前文已经提到过，通过适当的运动，孩子可以释放自己的压力。在生活中，我们常见的运动主要有打球、跑步等，下面笔者推荐一些可能冷门但是绝对能有效释放压力的运动。

(1) 瑜伽。

瑜伽 (Yoga) 起源于印度，瑜伽的姿势很古老但是又很简单。孩子通过练习瑜伽，不但可以锻炼身体，还能通过这项运动缓解焦虑，增强自信。

(2) 普拉提。

普拉提 (Pilates) 起源于德国，它指的是一系列的运动动作。根据相关专家的研究，每周进行适当的普拉提练习，能提高人的学习和工作效率，甚至还可以改善睡眠质量。

很多读者会分不清瑜伽和普拉提，其实单从图片来看，它们确实很相似，如图 10-28 和图 10-29 所示。

图 10-28　瑜伽动作示意图　　　图 10-29　普拉提动作示意图

瑜伽与普拉提的主要区别如表 10-2 所示。

表 10-2　瑜伽和普拉提的区别

瑜伽	普拉提
起源于印度	起源于德国
大多数是静态动作	大多数是动态动作
主要是调节关节灵活度和身体柔韧性	强调身体核心区域的力量训练
加强心肺能力和身体循环系统健康	调整体态，预防背部疼痛

(3) 骑自行车。

花几十分钟慢骑自行车，既可以锻炼身体，还能给孩子添加能量。

第11章

答疑解惑，
8个妙招解决问题

学前提示

笔者接触各种家长和孩子将近10年，在这漫长的岁月里，有无数的家长向我请教过问题，也见证过无数孩子的蜕变和成长。笔者将家长问得最多的问题全部总结罗列在本章里，方便家长查阅。

要点展示

- 孩子蛮不讲理怎么办
- 长辈过于干预怎么办
- 孩子不按表格执行任务怎么办
- 孩子黑星多于红星怎么办
- 孩子太小听不进话怎么办
- 孩子忘性太大忘记时间表怎么办
- 孩子注意力太弱总是分心怎么办
- 明明任务很少孩子总是完不成怎么办

101 孩子蛮不讲理怎么办

笔者在知乎上随便一搜索就能看到和"孩子蛮不讲理"的相关提问，如图11-1所示。

`育儿` `儿童教育` `儿童心理`

7岁小孩 胡搅蛮缠，不愿承认错误怎么办呢？

小孩7岁，一年级，特别喜欢化学，家里空闲就是看化学相关书，我们也给买了些比如神奇的化学元素、高中化学及各类科学书，都看得津津有味，而且会结合实际应用，...显示全部 ∨

关注问题　　写回答　　邀请回答　　添加评论　　分享　...

`育儿` `育儿经验`

四岁半孩子，困了不睡，总是发脾气，闹人，不讲理，胡搅蛮缠，大哭大闹？

经常都是这样，困了硬不睡。比如今天困了，当时在涂色，一个没涂好，就不愿意了，我给他拿了同样一张，说可以重新涂，就是不行，然后就发脾气，大哭。手上都是水...显示全部 ∨

关注问题　　写回答　　邀请回答　　添加评论　　分享　...

图 11-1 "孩子蛮不讲理"的相关提问

对于孩子不讲道理，甚至胡搅蛮缠，父母可以尝试笔者提供的方法，如图11-2所示。

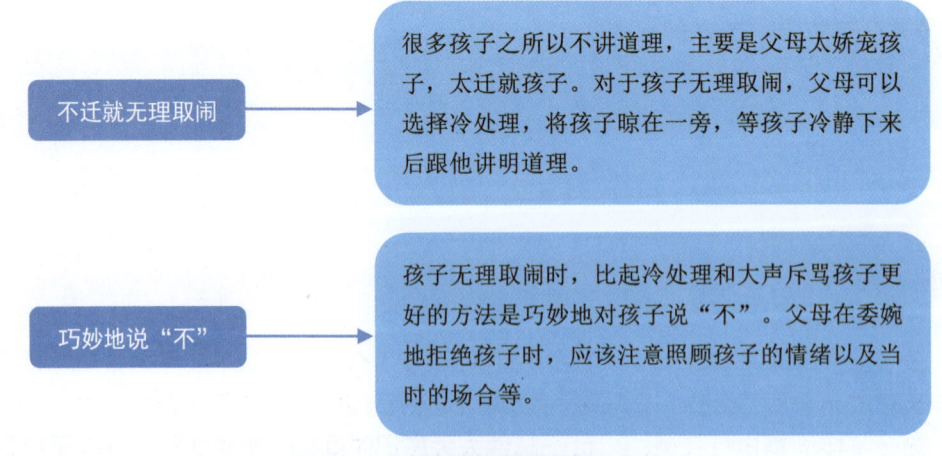

不迁就无理取闹 → 很多孩子之所以不讲道理，主要是父母太娇宠孩子，太迁就孩子。对于孩子无理取闹，父母可以选择冷处理，将孩子晾在一旁，等孩子冷静下来后跟他讲明道理。

巧妙地说"不" → 孩子无理取闹时，比起冷处理和大声斥骂孩子更好的方法是巧妙地对孩子说"不"。父母在委婉地拒绝孩子时，应该注意照顾孩子的情绪以及当时的场合等。

图 11-2 解决孩子胡搅蛮缠的方法

102　长辈过于干预怎么办

有些父母或长辈控制欲很强，他希望的不是发展孩子的特长，而是要让孩子完全按照他们的样子活着，甚至要求孩子活成自己所希望的样子。

在马德的散文《站上梦想的凳子》中写道：当代著名作家贾平凹在很小的时候没什么天赋，父母早将他以后波澜不惊的人生安排妥当。但是，贾平凹执意要去考大学，最终凭借着自己的努力成为了一名作家。在20世纪90年代，他的《废都》一书引起文坛震动。后来，贾平凹凭借《秦腔》一书一举夺得国家级文学奖最高奖项——"第七届茅盾文学奖"，如图11-3所示。

图11-3　《废都》与《秦腔》

在这篇散文之中，贾平凹有这么一段话，笔者认为值得父母们揣摩：

这个世界上更多的人，是被别人安排着过完一生的，被安排着学哪门技术，被安排着进哪个学校，被安排着在哪个单位上班……却从来没有真正自己为自己安排一件事情去做。人在这时候，最需要有一只凳子，你站上去，才会发现，你还有着许多没有挖掘出来的才能和智慧。

而这只凳子，就是突然闯进你心中的一个想法，一个念头。

——马德《站上梦想的凳子》

在笔者看来，父母可以先从以下两个方面做起，尝试不再强行干预孩子，如图11-4所示。

不急不吼：儿童时间管理全书

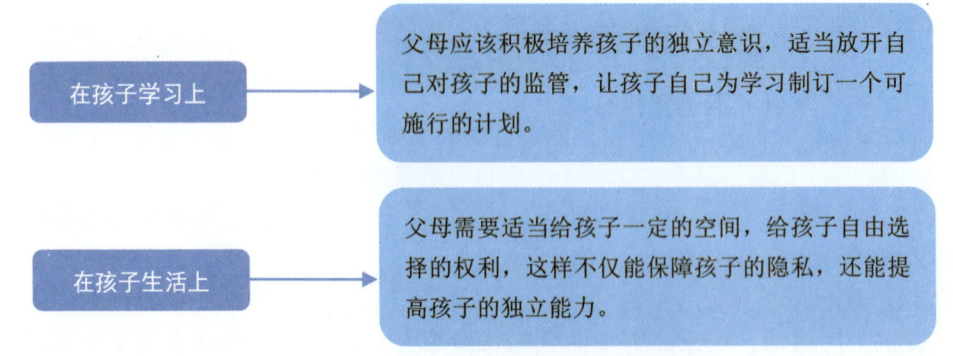

在孩子学习上 → 父母应该积极培养孩子的独立意识，适当放开自己对孩子的监管，让孩子自己为学习制订一个可施行的计划。

在孩子生活上 → 父母需要适当给孩子一定的空间，给孩子自由选择的权利，这样不仅能保障孩子的隐私，还能提高孩子的独立能力。

图 11-4　父母在哪些方面应当适当"放手"

103　孩子不按表格执行任务怎么办

孩子在做时间管理的时候，常常会出现不按照表格执行任务的情况，笔者总结了一下，主要有以下几种情况。

1　孩子对时间表不感兴趣

父母好不容易制定了时间表，结果孩子对时间表不感兴趣，根本不按照时间表上的计划行事。笔者建议父母可以采取以下两种方式，如图 11-5 所示。

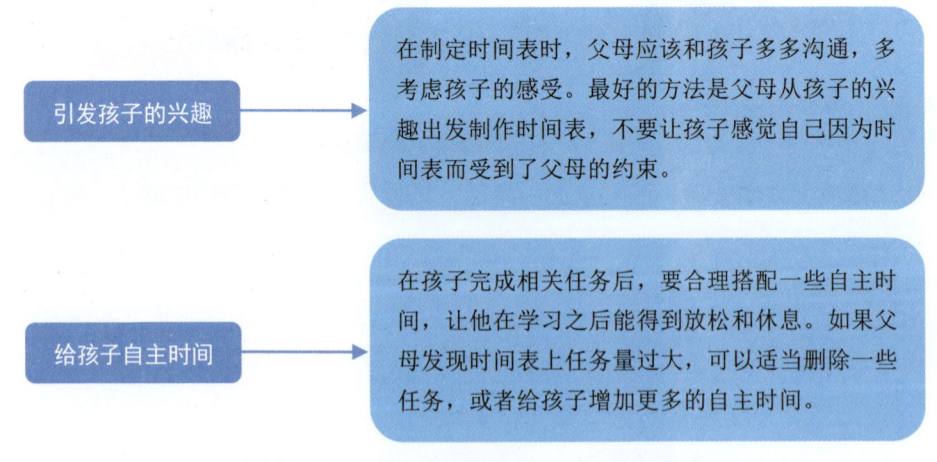

引发孩子的兴趣 → 在制定时间表时，父母应该和孩子多多沟通，多考虑孩子的感受。最好的方法是父母从孩子的兴趣出发制作时间表，不要让孩子感觉自己因为时间表而受到了父母的约束。

给孩子自主时间 → 在孩子完成相关任务后，要合理搭配一些自主时间，让他在学习之后能得到放松和休息。如果父母发现时间表上任务量过大，可以适当删除一些任务，或者给孩子增加更多的自主时间。

图 11-5　改变孩子对时间表不感兴趣的方式

❷ 孩子不愿意执行时间表

如果孩子出现了不愿意执行时间表的问题，那么极有可能是以下两点原因，如图 11-6 所示。

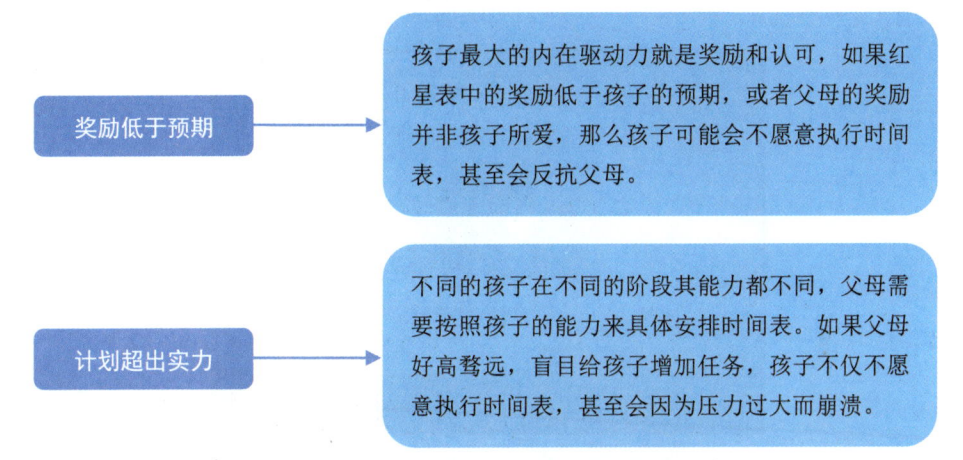

奖励低于预期 → 孩子最大的内在驱动力就是奖励和认可，如果红星表中的奖励低于孩子的预期，或者父母的奖励并非孩子所爱，那么孩子可能会不愿意执行时间表，甚至会反抗父母。

计划超出实力 → 不同的孩子在不同的阶段其能力都不同，父母需要按照孩子的能力来具体安排时间表。如果父母好高骛远，盲目给孩子增加任务，孩子不仅不愿意执行时间表，甚至会因为压力过大而崩溃。

图 11-6　孩子不愿意执行时间表的原因

❸ 孩子难以坚持执行时间表

孩子难以坚持执行时间表，其主要原因有以下两点，如图 11-7 所示。

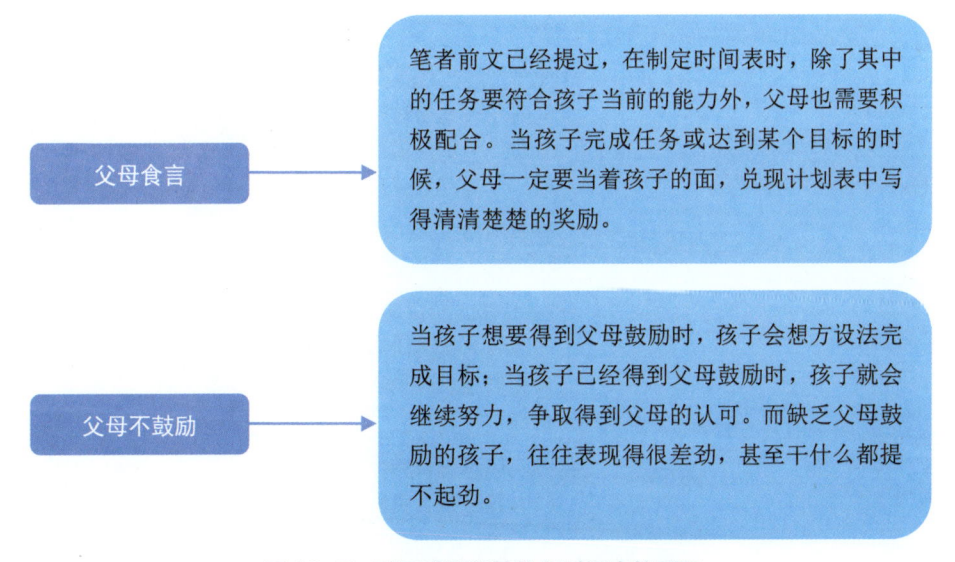

父母食言 → 笔者前文已经提过，在制定时间表时，除了其中的任务要符合孩子当前的能力外，父母也需要积极配合。当孩子完成任务或达到某个目标的时候，父母一定要当着孩子的面，兑现计划表中写得清清楚楚的奖励。

父母不鼓励 → 当孩子想要得到父母鼓励时，孩子会想方设法完成目标；当孩子已经得到父母鼓励时，孩子就会继续努力，争取得到父母的认可。而缺乏父母鼓励的孩子，往往表现得很差劲，甚至干什么都提不起劲。

图 11-7　孩子难以坚持执行时间表的原因

104 孩子黑星多于红星怎么办

主流视频网站有很多亲子类的视频栏目，其中让笔者感触最深的是《如何带好孩子？》中的一句话——"孩子不是狗，你不能像训练狗一样地训练孩子。"如图 11-8 所示。

图 11-8　亲子教育短片《如何带好孩子？》

因此，父母在执行黑星表和红星表时，不能一板一眼地按照笔者所言来执行，要根据孩子的实际情况做相关的调整，否则孩子容易出现黑星多于红星的尴尬情况。如果孩子出现了黑星多于红星的尴尬情况，可以采用以下两个措施进行补救，如图 11-9 所示。

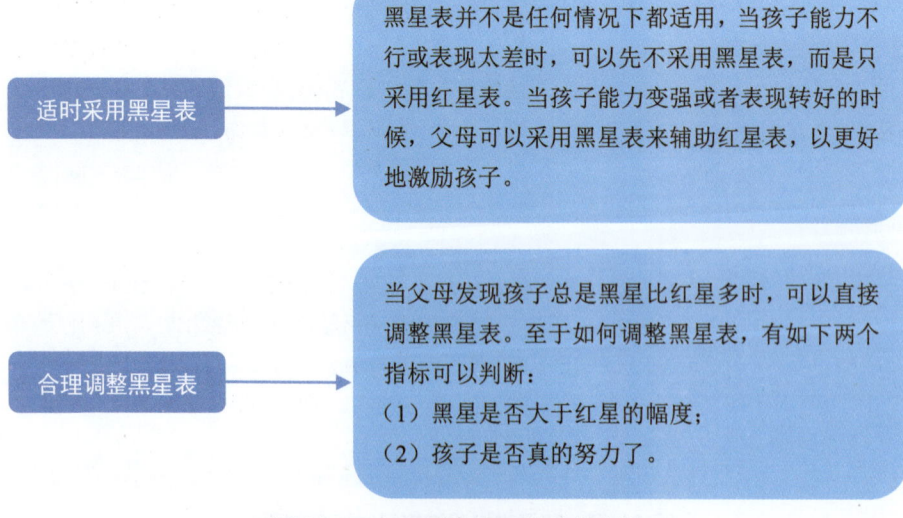

适时采用黑星表 → 黑星表并不是任何情况下都适用，当孩子能力不行或表现太差时，可以先不采用黑星表，而是只采用红星表。当孩子能力变强或者表现转好的时候，父母可以采用黑星表来辅助红星表，以更好地激励孩子。

合理调整黑星表 → 当父母发现孩子总是黑星比红星多时，可以直接调整黑星表。至于如何调整黑星表，有如下两个指标可以判断：
（1）黑星是否大于红星的幅度；
（2）孩子是否真的努力了。

图 11-9　黑星多于红星的补救方法

105 孩子太小听不进话怎么办

在孩子生气或不满的时候,很多家长采用的方法是说教和沟通,除此之外父母也可以像演员孙俪那样,选择给孩子一个拥抱,这种"此时无声胜有声"的行为抵得了千言万语,如图 11-10 所示。

turbosun
5-14 10:49 来自 iPhone客户端

当孩子有不满,愤怒,悲伤的情绪发生,他需要的只是你的一个拥抱,不要说教,站在他的角度理解他,支持他,鼓励他,那些大道理等他们情绪好的时候再去说吧……这些话也是写给我自己的,哈哈哈,现在拍戏录音师都会表扬我,嗓门变大了,有穿透力了……为什么进步那么大,是妈妈的应该都懂,还不是这7年练出来的😄😄

图 11-10　演员孙俪微博

孩子听不进父母的话,甚至对父母表现出不满,父母除了拥抱孩子之外,还应该从自己身上找原因,如图 11-11 所示。

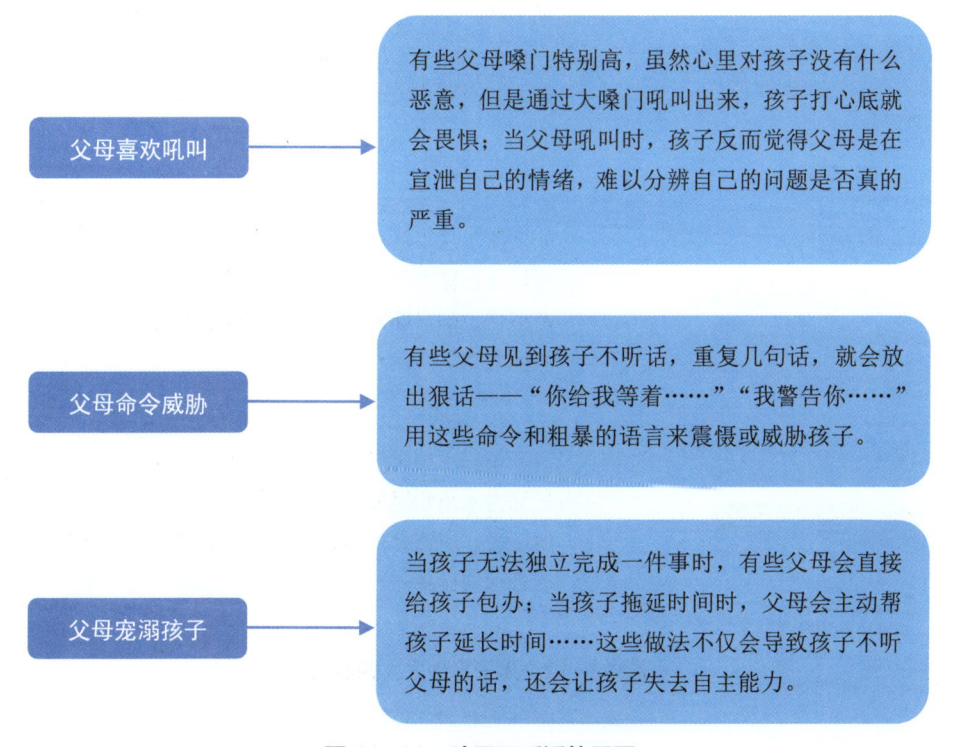

父母喜欢吼叫 → 有些父母嗓门特别高,虽然心里对孩子没有什么恶意,但是通过大嗓门吼叫出来,孩子打心底就会畏惧;当父母吼叫时,孩子反而觉得父母是在宣泄自己的情绪,难以分辨自己的问题是否真的严重。

父母命令威胁 → 有些父母见到孩子不听话,重复几句话,就会放出狠话——"你给我等着……""我警告你……"用这些命令和粗暴的语言来震慑或威胁孩子。

父母宠溺孩子 → 当孩子无法独立完成一件事时,有些父母会直接给孩子包办;当孩子拖延时间时,父母会主动帮孩子延长时间……这些做法不仅会导致孩子不听父母的话,还会让孩子失去自主能力。

图 11-11　孩子不听话的原因

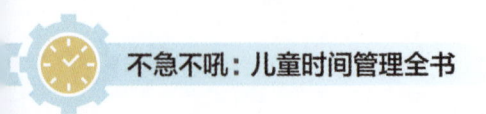

父母想要改变孩子不听话的现象，可以选择以下这些手段：
(1) 父母多和孩子沟通，了解孩子内心实际的想法；
(2) 父母做事不能武断，要从孩子的角度思考问题；
(3) 父母敢于向孩子承认错误；
(4) 父母可以鼓励孩子承认错误，并包容孩子的错误；
(5) 父母从小要教会孩子明辨是非；
(6) 父母从小培养孩子的自主管理能力；
(7) 不拿孩子和其他人比较；
(8) 培养孩子积极乐观的心态。

106 孩子忘性太大忘记时间表怎么办

孩子忘性太大，主要有以下原因，如图11-12所示。

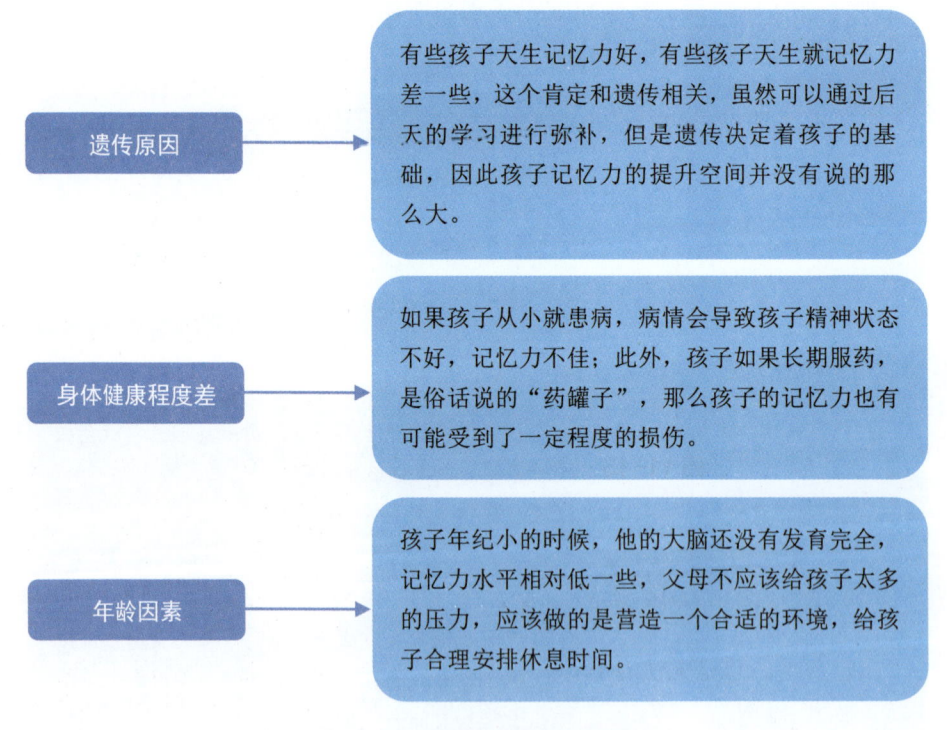

遗传原因 → 有些孩子天生记忆力好，有些孩子天生就记忆力差一些，这个肯定和遗传相关，虽然可以通过后天的学习进行弥补，但是遗传决定着孩子的基础，因此孩子记忆力的提升空间并没有说的那么大。

身体健康程度差 → 如果孩子从小就患病，病情会导致孩子精神状态不好，记忆力不佳；此外，孩子如果长期服药，是俗话说的"药罐子"，那么孩子的记忆力也有可能受到了一定程度的损伤。

年龄因素 → 孩子年纪小的时候，他的大脑还没有发育完全，记忆力水平相对低一些，父母不应该给孩子太多的压力，应该做的是营造一个合适的环境，给孩子合理安排休息时间。

图11-12 孩子忘性太大的原因

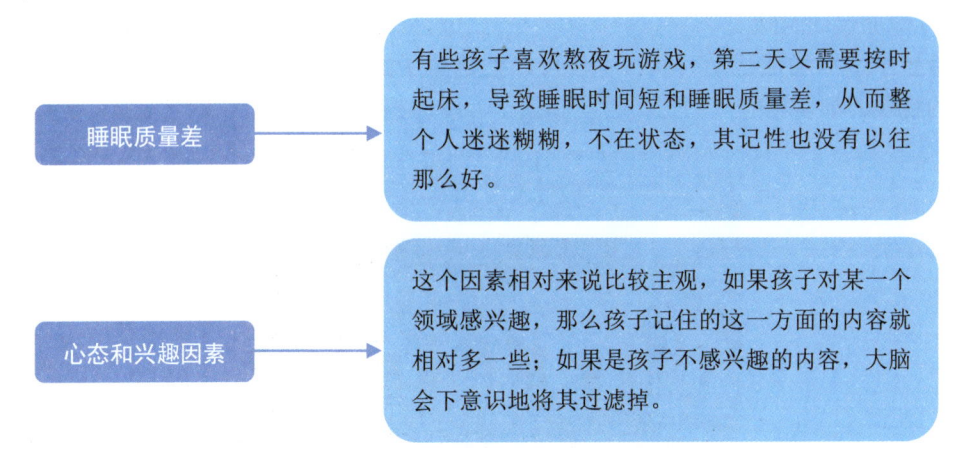

| 睡眠质量差 | → | 有些孩子喜欢熬夜玩游戏，第二天又需要按时起床，导致睡眠时间短和睡眠质量差，从而整个人迷迷糊糊，不在状态，其记性也没有以往那么好。 |
| 心态和兴趣因素 | → | 这个因素相对来说比较主观，如果孩子对某一个领域感兴趣，那么孩子记住的这一方面的内容就相对多一些；如果是孩子不感兴趣的内容，大脑会下意识地将其过滤掉。 |

图 11-12　孩子忘性太大的原因（续）

当然，以上说的是孩子自身的原因，其实父母也应该对此负责，如图 11-13 所示。

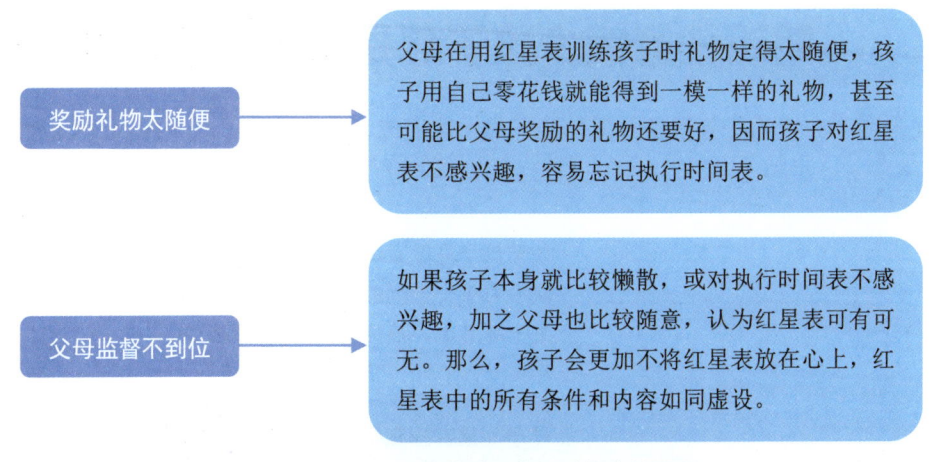

| 奖励礼物太随便 | → | 父母在用红星表训练孩子时礼物定得太随便，孩子用自己零花钱就能得到一模一样的礼物，甚至可能比父母奖励的礼物还要好，因而孩子对红星表不感兴趣，容易忘记执行时间表。 |
| 父母监督不到位 | → | 如果孩子本身就比较懒散，或对执行时间表不感兴趣，加之父母也比较随意，认为红星表可有可无。那么，孩子会更加不将红星表放在心上，红星表中的所有条件和内容如同虚设。 |

图 11-13　父母导致孩子忘记时间表的原因

107 孩子注意力太弱总是分心怎么办

孩子注意力差，总是无法专心做一件事情，主要有以下几种纠正方法。

(1) 选择培训机构。

父母如果有一定的条件，可以选择培训机构训练孩子的注意力，"生命惊喜"品牌下的特训营已涵盖相关内容，如图 11-14 所示。

223

(2) 增加运动时间。

给孩子适当增加运动时间，不仅可以锻炼孩子的身体，还能分泌一些提高孩子兴奋度的物质，如多巴胺，而这类物质和孩子专注力相关。

图 11-14 "生命惊喜"品牌下的特训营

108 明明任务很少孩子总是完不成怎么办

父母明明布置的任务很少，但是孩子却无法完成，主要有以下几个原因，如图 11-15 所示。

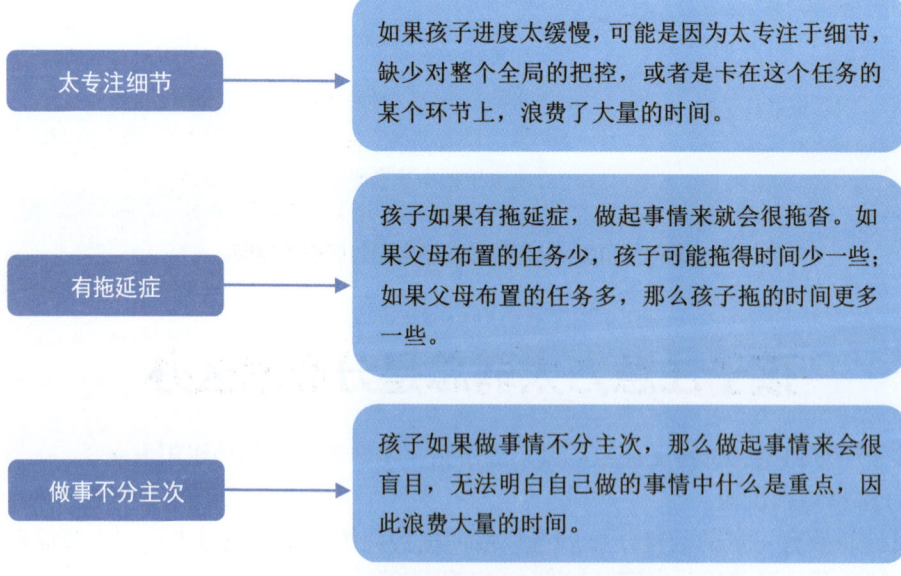

太专注细节 → 如果孩子进度太缓慢，可能是因为太专注于细节，缺少对整个全局的把控，或者是卡在这个任务的某个环节上，浪费了大量的时间。

有拖延症 → 孩子如果有拖延症，做起事情来就会很拖沓。如果父母布置的任务少，孩子可能拖得时间少一些；如果父母布置的任务多，那么孩子拖的时间更多一些。

做事不分主次 → 孩子如果做事情不分主次，那么做起事情来会很盲目，无法明白自己做的事情中什么是重点，因此浪费大量的时间。

图 11-15 任务少孩子却无法完成的原因

笔者认为，父母可以从以下 3 点来改变孩子任务少也无法按时完成的问题，如图 11-16 所示。

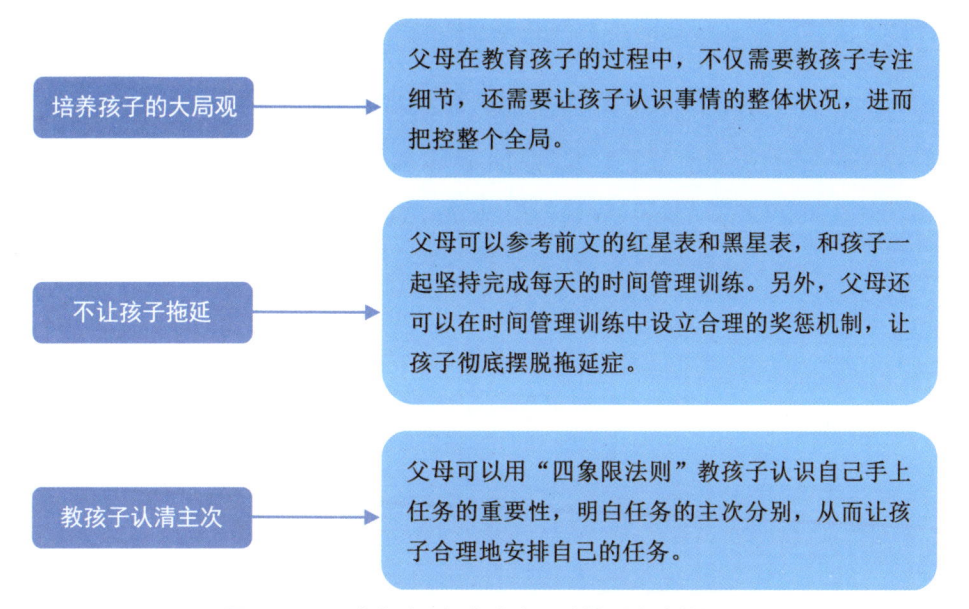

培养孩子的大局观 → 父母在教育孩子的过程中，不仅需要教孩子专注细节，还需要让孩子认识事情的整体状况，进而把控整个全局。

不让孩子拖延 → 父母可以参考前文的红星表和黑星表，和孩子一起坚持完成每天的时间管理训练。另外，父母还可以在时间管理训练中设立合理的奖惩机制，让孩子彻底摆脱拖延症。

教孩子认清主次 → 父母可以用"四象限法则"教孩子认识自己手上任务的重要性，明白任务的主次分别，从而让孩子合理地安排自己的任务。

图 11-16　改变孩子任务少也无法按时完成的问题